本书系2020年度浙江省哲学社会科学规划项目(20NDJC342YBM)
"新时代高校辅导员的胜任特征与职业发展培养研究"的研究成果

RESEARCH ON THE COMPETENCY CHARACTERISTICS AND

CAREER DEVELOPMENT OF COLLEGE COUNSELORS IN THE NEW ERA

新时代高校辅导员胜任特征与职业发展培养研究

俞慧刚◎著

ZHEJIANG UNIVERSITY PRESS

浙江大学出版社

·杭州·

图书在版编目（CIP）数据

新时代高校辅导员胜任特征与职业发展培养研究 /
俞慧刚著. -- 杭州：浙江大学出版社，2024.12.
ISBN 978-7-308-25754-1

Ⅰ．G645.1

中国国家版本馆 CIP 数据核字第 2025815LG9 号

新时代高校辅导员胜任特征与职业发展培养研究

俞慧刚　著

策划编辑	吴伟伟
责任编辑	刘婧雯
责任校对	蔡一茗
封面设计	雷建军
出版发行	浙江大学出版社
	（杭州市天目山路 148 号　邮政编码 310007）
	（网址：http://www.zjupress.com）
排　　版	杭州星云光电图文制作有限公司
印　　刷	小麦（杭州）印刷科技有限公司
开　　本	710mm×1000mm　1/16
印　　张	13
字　　数	200 千
版 印 次	2024 年 12 月第 1 版　2024 年 12 月第 1 次印刷
书　　号	ISBN 978 7 308-25754-1
定　　价	78.00 元

目　录

第一章　新时代新征程:高校辅导员职业功能再认识

高校辅导员是高等学校师资队伍的重要组成部分,是开展大学生思想政治教育的骨干力量。我国历来重视高校辅导员队伍建设,先后出台了一系列的政策和制度,旨在推动高校辅导员队伍朝着更加专业化、职业化的方向发展。作为制度实施的载体,高校辅导员的角色定位会随着制度的变迁而发生变化,其职业功能也会由于角色的演变而被重新建构。也就是说,辅导员本身是一个不断演变的概念,在不同的历史阶段有其不同的发展内涵。那么,具有中国特色的高校辅导员究竟是怎样的存在?在我国高校辅导员制度演进的过程中,辅导员的角色定位发生了怎样的变化?随着中国特色社会主义进入新时代,开启全面建设社会主义现代化国家新征程,作为高等教育事业改革的一部分,高校辅导员的职业功能又会呈现出哪些新的特征?本章将围绕上述问题对高校辅导员这个特殊群体进行系统的历史考察,对新时代新征程下高校辅导员的职业功能再做认识。

第一节　新时代高校辅导员的角色定位

一、高校辅导员制度变迁

任何职业岗位的产生都是与经济社会的发展紧密联系在一起的,是经济社会发展到一定阶段的必然产物。高校辅导员的产生和发展也同样与国家和社会的历史进程紧密相关,反映着不同阶段国家和社会对高校思想政治工作的需要程度以及对高校辅导员的角色期望。学者们对新中国成立以来我国高校辅导员制度的发展历程按时间节点进行了分类研究,区分了不同的发展阶段。例如,彭庆红和耿品认为高校辅导员队伍建设先后经历了初步建设与曲折发展、恢复重建、科学化发展、专业化与职业化发展、新时代的内涵式发展五个阶段[①];在此基础上,他们又将辅导员队伍建设进一步归结为初步探索期、科学化发展期、专业化发展期和精细化发展期四个阶段[②]。虽然这些研究在阶段划分及阶段命名上有所不同,但都较好地呈现了我国在不同历史时期关于辅导员队伍建设的制度变迁过程。以上述研究和相关文件为基础,全面梳理和回顾辅导员制度的探索、强化、巩固及完善的整个过程,有助于我们对辅导员角色定位有更加深入的了解和认识。

(一)高校辅导员制度的探索阶段

高校辅导员制度的理念与思想最初来源于党在军政干部院校中长期以来实行的"政治指导员"制度。在新中国成立之初,为加强对全国工学院的政治思想教育的领导,1951年政务院批准了《关于全国工学院调整方案的报告》,报告提出要有准备地试行政治辅导员制度,设立专人担任各级政治辅导员,主持政治学习思想改造工作。[③] 1953年,清华大学在全国率先试行"双肩挑"政治辅导员制度,建立了政治辅导处,并从学习成绩优良、觉悟较高的党团员中选取人员担任辅导员。这一举措开了国内高校辅导员队伍建设的先河,对国内其他高校起到了良好的示范作用。不少高校开始追随清华大学的步伐,相继设立政治辅导处,配备一定数量的

---

① 彭庆红,耿品.新中国成立70年来高校辅导员队伍建设的历史进程、总体趋势与经验启示[J].思想理论教育导刊,2019(8):132-137.

② 耿品,彭庆红.新中国成立以来高校辅导员角色的发展演变[J].学校党建与思想教育,2020(3):81-85.

③ 中央人民政府教育部.关于全国工学院调整方案的报告[N].人民日报,1952-04-16(1).

政治辅导员。严格意义上说,这一时期的辅导员还不是完全独立的职业群体,更像是因工作需要而临时设立的岗位,其角色定位是单一的"政治引路人"。1978年底,中国开始实施改革开放政策,国家进入新的发展阶段,高等学校学生思想政治工作也面临新的机遇和挑战。为了加强和改进高校学生思想政治工作,教育部、共青团中央在1980年印发了《〈关于加强高等学校学生思想政治工作的意见〉的联合通知》。该通知突出强调了政治辅导员的重要性,指出政治辅导员要做好学生思想政治工作,对学生进行系统的马列主义思想教育,培养学生用马列主义的思想、观点和方法分析解决问题,同时也要加强学习,甚至承担部分教学任务。[①] 这不仅为当时的高校思想政治工作提供了有力指导,也为后续的辅导员制度发展奠定了坚实基础。

(二)高校辅导员制度的强化阶段

从20世纪80年代开始,我国高校辅导员制度建设开始进入强化阶段。这种强化主要体现在两个方面,一是要求各高校尽快完成政治辅导员配备,二是更加注重高校辅导员工作的科学化发展。1986年,中共中央、国务院批转《〈国家教委关于加强高等学校思想政治工作的决定〉的通知》,要求各高等学校尽快配齐在班级从事学生思想政治工作的政治辅导员。[②] 此文件的出台标志着我国辅导员队伍建设从局部试点正式进入规模化发展阶段。1987年印发的《中共中央关于改进和加强高等学校思想政治工作的决定》指出,从事学生思想政治教育的专职人员是教师队伍的组成部分,应列入教师编制,实行教师职务聘任制。同时还要求高等学校的每个班级都配备兼职辅导员,与专职的思想政治工作人员、教师共同做好马克思主义理论教育和形势政策教育等。[③] 1995年,国家教委颁布试

[①]　教育部思想政治工作司.加强和改进大学生思想政治教育重要文献选编(1978—2014)[M].北京:知识产权出版社,2015.

[②]　教育部思想政治工作司.加强和改进大学生思想政治教育重要文献选编(1978—2014)[M].北京:知识产权出版社,2015.

[③]　教育部思想政治工作司.加强和改进大学生思想政治教育重要文献选编(1978—2014)[M].北京:知识产权出版社,2015.

行的《中国普通高等学校德育大纲》指出,辅导员和班主任是日常思想政治教育的直接组织者和协调者,要深入学生,搞好班集体、宿舍和年级工作;组织开展形式多样、生动活泼的教育活动;有针对性地做好深入细致的个别思想工作;加强心理健康和心理素质方面的咨询与指导。[①] 2000年,中共教育部党组印发《关于进一步加强高等学校学生思想政治工作队伍建设的若干意见》,明确辅导员作为专职思想政治工作人员,应将其纳入高校师资培训规划,并充分发挥马克思主义理论与思想政治教育硕士点和博士点的培养作用。在这一阶段,总的来看,高校辅导员的制度建设不断加强,全国高校辅导员的规模迅速扩大,辅导员的工作内容也大大增加,且工作要求朝着科学化方向发展。

(三)高校辅导员制度的巩固阶段

进入 21 世纪,中国高等教育的大众化转型使得高校思想政治工作面临前所未有的挑战。在新形势下,加强和改进大学生思想政治教育工作迫在眉睫,而作为思政教育主力军的辅导员队伍自然就成为国家重点建设对象。2004 年,中共中央、国务院下发了《关于进一步加强和改进大学生思想政治教育的意见》,指出辅导员是大学生思想政治教育的骨干力量,要采取有力措施,着力建设一支高水平的辅导员队伍,解决好他们的教师职务聘任问题,鼓励支持他们安心本职工作,成为思想政治教育方面的专家。[②] 2005 年,教育部紧接着印发了《关于加强高等学校辅导员、班主任队伍建设的意见》,指出辅导员是高等学校教师队伍的重要组成部分,是高等学校从事德育工作、开展大学生思想政治教育的骨干力量,是大学生健康成长的指导者和引路人,高校总体上要按 1∶200 的比例科学合理地配备足够数量的辅导员。[③] 2006 年,教育部出台了《普通高等学校

---

① 范跃进.新中国成立以来高等教育元政策(1949—2016)[M].北京:中国社会科学出版社,2017.

② 教育部思想政治工作司.加强和改进大学生思想政治教育重要文献选编(1978—2014)[M].北京:知识产权出版社,2015.

③ 教育部.教育部关于加强高等学校辅导员、班主任队伍建设的意见[EB/OL].(2005-01-13)[2023-07-04].http://www.moe.gov.cn/srcsite/A12/moe_1407/s3017/200501/t20050113_76797.html.

辅导员队伍建设规定》，指出辅导员是高等学校教师队伍和管理队伍的重要组成部分，明确辅导员具有教师和干部的双重身份，且辅导员应当努力成为学生的人生导师和健康成长的知心朋友。① 为宣传表彰有突出表现的优秀辅导员，发挥先进典型的引领和示范作用，教育部于 2009 年开始举办"全国高校辅导员年度人物"评选活动。三年后，教育部又开始举办全国辅导员职业能力大赛。正是在国家层面一系列制度文件的指导和推动下，各地区各高校不断巩固加强辅导员队伍建设。在这一阶段，高校辅导员队伍规模继续快速扩大，并且朝着更加专业化、职业化的方向发展。

（四）高校辅导员制度的完善阶段

党的十八大以来，以习近平同志为核心的党中央高度重视辅导员工作，高校辅导员制度不断发展完善，辅导员队伍专业化、职业化趋势持续向好。2013 年，中共教育部党组印发《普通高等学校辅导员培训规划（2013—2017 年）》，提出要努力造就一支政治强、业务精、纪律严、作风正的高水平辅导员队伍。② 2014 年，教育部印发《高等学校辅导员职业能力标准（暂行）》，将高校辅导员职业功能分为思想政治教育、党团和班级建设、学业指导、日常事务管理、心理健康教育与咨询、网络思想政治教育、危机事件应对、职业规划与就业指导以及理论和实践研究 9 个维度，构建了高校辅导员队伍职业能力标准体系，进一步充实丰富了辅导员工作的专业内涵，规范了辅导员职业的工作范畴，明晰了辅导员岗位职责和工作边界。③ 2017 年 2 月，中共中央、国务院印发《关于加强和改进新形势下高校思想政治工作的意见》，强调了高校思想政治工作队伍的教师和管理人员的双重身份，要求将辅导员等思政工作人员纳入高校人才队伍建设

---

① 教育部.普通高等学校辅导员队伍建设规定[EB/OL].(2006-07-23)[2023-07-04]. http://www. moe. gov. cn/srcsite/A02/s5911/moe_621/200607/t20060723_81843. html.

② 中共教育部党组. 中共教育部党组关于印发《普通高等学校辅导员培训规划（2013—2017 年）》的通知[EB/OL].(2013-05-03)[2023-07-05]. http://www. moe. gov. cn/srcsite/A12/moe_1407/s3017/201305/t20130506_151815. html.

③ 教育部.教育部关于印发《高等学校辅导员职业能力标准（暂行）》的通知[EB/OL].(2014-03-25)[2023-07-05]. http://www. moe. gov. cn/srcsite/A12/s7060/201403/t20140327_167113. html.

总体规划,建设形成一支数量充足、素质优良的工作力量。① 为贯彻落实该意见精神,切实加强高校辅导员队伍专业化、职业化建设,2017 年 9 月,教育部新修订了《普通高等学校辅导员队伍建设规定》,进一步明确了高校辅导员的工作职责和"双线晋升"发展路径,要求各高校将辅导员专业技术职务评聘单列计划、单设标准、单独评审,鼓励支持辅导员开展科学研究和攻读专业学位,提升辅导员工作的专业水平。② 2020 年发布的《教育部等八部门关于加快构建高校思想政治工作体系的意见》明确提出要进一步完善高校专职辅导员职业发展体系,建立职级、职称"双线"晋升办法。③ 总的来看,党的十八大以来,高校辅导员制度建设持续完善,从职业功能的界定到"双线晋升"的发展路径,高校辅导员的工作内容和职业发展路径更加清晰,队伍建设更趋专业化、职业化。

二、高校辅导员角色变迁

从我国高校辅导员制度的变迁过程可以看出,作为制度实施载体的高校辅导员,其角色定位在不断地发生变化。虽然在不同的历史时期高校辅导员有着不尽相同的角色内涵,但总体来看,主要呈现出以下发展趋势。

(一)从政治辅导员到辅导员:角色内涵更加多样化

新中国成立之初,我国高校辅导员的角色定位是政治辅导员,主要承担的是大学生的政治思想引导与教育工作。因为当时国际国内环境仍然比较复杂,党和国家认为应将政治学习和思想改造作为工作重点,尽快肃

---

① 中共中央,国务院.关于加强和改进新形势下高校思想政治工作的意见[EB/OL].(2017-02-27)[2023-07-05]. https://www.gov.cn/zhengce/2017-02/27/content_5182502.htm.

② 教育部.普通高等学校辅导员队伍建设规定[EB/OL].(2017-09-29)[2023-07-05]. http://www.moe.gov.cn/srcsite/A02/s5911/moe_621/201709/t20170929_315781.html.

③ 教育部等八部门.教育部等八部门关于加快构建高校思想政治工作体系的意见[EB/OL].(2020-04-22)[2023-07-05]. http://www.moe.gov.cn/srcsite/A12/moe_1407/s253/202005/t20200511_452697.html.

清封建、买办、资产阶级腐朽思想对青年的不良影响，故研究设立政治辅导员对学生进行思想政治教育。此时的高校辅导员角色突出强调政治性，强调在政治思想上与党中央保持一致，强调要有马列主义、毛泽东思想的理论修养。[①] 随着社会的不断发展和国家对德育工作的日益重视，国家教委于1995年颁布了《中国普通高等学校德育大纲》，辅导员的职能由此扩展为思想政治教育、学生事务管理和学生心理健康教育。辅导员成为大学生日常思想政治教育的直接组织者和协调者。进入21世纪以来，随着《关于进一步加强和改进大学生思想政治教育的意见》《教育部关于加强高等学校辅导员、班主任队伍建设的意见》《普通高等学校辅导员队伍建设规定》等一系列重要文件的出台，"辅导员"彻底取代了原来一直沿用的"政治辅导员"称谓，高校辅导员完成了从思想政治教育者向教育者、管理者、服务者和研究者多重角色合而为一的转变，极大地丰富了高校辅导员的角色内涵。[②] 此时的辅导员不仅是学生思想政治的引导者，还是大学生健康成长的指导者和引路人，是学生的人生导师和健康成长的知心朋友，同时还是一名理论和实践的研究者。2014年出台的《高等学校辅导员职业能力标准（暂行）》则进一步从职业功能的9个维度明晰了高校辅导员的工作职责和角色内涵，促进了不同主体对高校辅导员的角色认知和理解。总的来说，随着从政治辅导员到辅导员的转变，高校辅导员的角色内涵变得更加丰富和多样，行为模式也由最初的"权威、说教"向"平等、引导和促成长"转变。

（二）从干部身份到教师与干部双重身份：角色定位更加专业化

新中国成立之初，我国在高校辅导员制度的探索中赋予辅导员的首先是政工干部身份。这种定位与当时国内的社会政治环境相适应，此时的辅导员是专职政治思想工作者，是管理领导干部，且具有显著的政治化

---

① 耿品，彭庆红.新中国成立以来高校辅导员角色的发展演变[J].学校党建与思想教育，2020(3):81-85.

② 吴巧慧，王树荫.高校辅导员制度建设的历史进程与基本经验述评[J].思想理论教育导刊，2013(7):128-131;陈素权.高校辅导员的角色冲突及其调适[J].思想理论教育，2007(3):86-89.

特征。① 直到后来发生"文化大革命",政工干部形象遭受了不良影响,学生当中也出现了不少思想问题。为了尽快改善高校学生的思想政治工作,1980年,教育部、共青团中央印发《〈关于加强高等学校学生思想政治工作的意见〉的联合通知》,要求各校建立政治辅导员制度,指出政治辅导员除了要做好学生思想政治工作之外,还要担负部分教学任务。该意见首次将教师的身份特征嵌入高校辅导员的政工干部身份之中,为接下来高校辅导员的教学实践和教师身份的确立奠定了基础。1987年,《中共中央关于改进和加强高等学校思想政治工作的决定》的出台明确了高校辅导员是教师队伍的组成部分,应列入教师编制。经过近20年的实践摸索,教育部于2006年7月颁布了《普通高等学校辅导员队伍建设规定》,进一步强调辅导员是高等学校教师队伍和管理队伍的重要组成部分,具有教师和干部的双重身份。至此,高校辅导员的双重身份得以正式确立,此后的一系列文件的出台或修订,都是以辅导员双重身份为基本前提,对辅导员的职业功能、职业发展等方面进行规定。随着高校辅导员从纯干部身份向教师与干部双重身份的转变,辅导员的角色定位更加趋向专业化。这种专业化体现在两个方面,一是思想政治教育学科的发展和硕士、博士培养点的设立推动思想政治教育工作本身不断朝着专业化方向发展;二是辅导员双重身份的确立要求辅导员除了具备管理干部的基本素养外,还要具备作为一名教师的专业素养。高校辅导员被纳入教师系列讲师、副教授、教授等专业技术职务评聘,这正是对其专业化发展最好的支持和证明。

(三)从单一功能到一专多能:角色规范更加标准化

新中国成立之初,国内政治、社会环境的复杂性决定了国家和社会对高校辅导员的角色期望是政治辅导员,主要承担大学生的政治思想引导和教育工作。在此后的很长一段时间内,高校辅导员都是以做好学生思想政治教育为工作内容,应该说角色规范功能比较单一。直到1995年,

---

① 罗公利,聂广明,陈刚.从国际比较中看我国高校辅导员的角色定位[J].中国高等教育,2007(7):61-63.

随着《中国普通高等学校德育大纲》的颁布,辅导员角色功能开始多元化发展,除了做好学生思想政治教育之外,还要承担学生事务管理、心理健康、心理素质等方面的咨询与指导。2006 年,教育部《普通高等学校辅导员队伍建设规定》对高校辅导员的角色功能做了进一步的规定,此时辅导员的工作职责主要包含思想政治教育、日常事务管理、突发事件应对、就业指导和服务、党团和班级建设等方面。从此,辅导员的角色功能更加丰富,角色定位也更加专业化。2014 年,《高等学校辅导员职业能力标准(暂行)》的发布更是直接将高校辅导员职业功能划分为思想政治教育、党团和班级建设、学业指导、日常事务管理、心理健康教育与咨询、网络思想政治教育、危机事件应对、职业规划与就业指导以及理论和实践研究 9 个维度,并根据辅导员的职业等级区分了各项职业功能的工作内容、能力标准和相关理论知识要求。根据该文件精神,要成为高级辅导员,需要在胜任 9 个维度职业功能的基础上,在某一领域有深入的研究并具备有影响力的成果,成为该领域的专家。也就是说,辅导员专业化、职业化的最终发展形态是要实现一专多能。至于何为一专、何为多能,该文件给予了全面解答并给出了参考标准,这也意味着高校辅导员角色规范变得更加有序和更加标准化。

(四)从个体经验行动到团体专业合作:角色实践更加科学化

在高校辅导员制度探索初期,辅导员本身没有接受过专业化培训,开展工作主要依靠个体实践摸索和经验积累。这种辅导员个体角色的经验行动持续了 30 年左右,直到 1984 年思想政治教育学科的设立,为高校辅导员队伍的专业化发展提供了强有力的支撑。高校辅导员的角色实践开始从经验型向学理型转变。2008 年,教育部设立"高校辅导员攻读思想政治教育专业博士学位计划",鼓励和支持高校辅导员提升学历层次、知识水平和实际工作能力,努力成为思想政治教育工作方面的专门人才。这是继思想政治教育学科设立以来国家在针对辅导员队伍科学素养提升方面所做出的又一重要举措。2011 年,教育部人文社科项目新设了高校思想政治工作辅导员骨干专项研究课题,专门面向高校专职辅导员开放申报。2013 年,教育部启动了高校辅导员工作精品项目建设,引导高校辅导员加强工作研究、深化实践成效、提升理论素养,促进辅导员工作规范化、精品化、科学化。课题的申报、立项和精品项目的建设都需要辅导员自行组建团队,还需要辅导员具备一定的科学素养,这对辅导员的专业能力和团队建设能力提出了新要求,促使高校辅导员从纯个体经验行动向团队专业合作发展转变。2014年,《高等学校辅导员职业能力标准(暂行)》,将高级辅导员定位为一专多能,即要求辅导员在胜任各项职业功能的基础上深耕某一方面并产出系列研究成果。这就要求辅导员在工作过程中必须加强理论和实践研究,通过研究促进其他各项职业功能的提质增效。由此可见,学术研究是推动高校辅导员从初级向高级跃迁的根本途径,也是实现高校辅导员角色实践科学化发展的关键所在。

三、新时代高校辅导员的角色分类

党的十九大报告指出"中国特色社会主义进入了新时代",这是对我国发展新的历史方位的科学判断。进入新时代,社会主要矛盾已发生变化,思想政治工作也面临新问题和新挑战。2021年,中共中央、国务院印发了《关于新时代加强和改进思想政治工作的意见》,提出了新时代我国思想政治工作的一些新要求,如加快构建学校思想政治工作体系,实施时代新人培育工程;完善青少年理想信念教育齐抓共管机制,培养德智体美劳全面发展的社会主义建设者和接班人;加强网络思想政治工作,深入实施网络内容建设工程;加强网络传播能力建设,依法加强网络社会管理;推动思想政治工作传统优势与信息技术深度融合,使互联网这个最大变量变成事业发展的最大增量等。

随着中国特色社会主义进入新时代,开启全面建设社会主义现代化国家新征程,我国高等教育事业迎来了重要发展机遇期。"双一流""双高计划"等一批国家层面的建设项目启动实施,对高校的思想政治工作也提出了新的要求。高校思想政治教育工作关系到培养什么样的人、如何培养人以及为谁培养人这个关键性、根本性的问题,是高校一切工作的出发点和立足点。辅导员作为思想政治工作的骨干力量,国家对其显然是有明确的角色期望的。国家对高校辅导员的角色期望就隐含在相应的辅导员制度的变迁过程当中。根据高校辅导员制度变迁过程中辅导员角色演变的过程及趋向,综合李建伟①、肖涵和戴静雅②、冯培③、魏金明④的观点,以新时代党对高校的思想政治工作提出的新要求为基本参照,可将新时代高校辅导员的角色定位分类如下。

第一,高校辅导员是一个思想政治教育者。我国高等教育肩负着培养德智体美劳全面发展的社会主义事业建设者和接班人的重大任务,必须坚持正确的政治方向。高校辅导员扮演的正是学生政治引路人的角色,需要用马列主义、毛泽东思想、邓小平理论、"三个代表"重要思想、科学发展观和习近平新时代中国特色社会主义思想武装自己,增强自身政治信念,站稳政治立场。同时用这些先进思想教育影响学生,提高学生的思想政治素质,坚定学生的理想信念,引导学生确立正确的发展方向,增强学生认识世界和改造世界的能力,促进学生的全面发展。⑤ 虽然高校辅导员的角色内涵经历了不断的扩充与演变,但在高校辅导员的"角色丛"中,学生思想政治教育者的角色是一以贯之、始终未变的。高校辅导员首先必须是一个合格的思想政治教育者,然后才是其他角色的扮演者。

第二,高校辅导员是一个学生事务管理者。高校辅导员是在学校中与学生联系最密切的群体。从辅导员工作的实际情况来看,学生事务千头万绪,细碎庞杂,且往往涉及学校多个部门,只要与学生相关的事情基本上都与辅导员直接或者间接相关。例如,学生的奖助贷勤、新生入学教育、学生军训管理、毕业生离校管理、平时进出校管理、宿舍文化建设等常规性事务工作,都需要辅导员直接参与。又如,组织学生等级考试报名、发放准考证、学生证注册盖章、通知学生参加讲座等琐碎性事务工作,也

① 李建伟."大思政"视域下的高校辅导员角色探析[J].国家教育行政学院学报,2017(5):51-57.

② 肖涵,戴静雅.新时代高校辅导员角色认知及履职理念[J].学校党建与思想教育,2018(12):87-88.

③ 冯培.高校辅导员新时代角色定位的再认知[J].思想政治教育,2019(5):99-102.

④ 魏金明."三全育人"背景下高校辅导员新使命与角色定位[J].思想理论教育,2020(2):96-99.

⑤ 教育部思想政治工作司.思想政治教育原理与方法[M].北京:高等教育出版社,2010.

需要在辅导员的直接或间接参与下完成。辅导员处理这些事务的过程正是其扮演学生事务管理者角色的过程,需要其根据相应的规章制度或通知要求对学生的情况做出具体的判断和决策。

第三,高校辅导员是一个班级和党团建设者。高校辅导员除了要完成班级事务性工作之外,还承担着大量的班级和党团建设工作。众多高校的学生党支部书记及委员、分团委书记及委员都是由辅导员担任。辅导员在班级和党团建设方面需要做好学生骨干的遴选、培养和考核激励工作,发挥学生骨干在班级管理中的作用;做好学生入党积极分子培养教育、学生党员发展和教育管理服务工作;做好团干部选拔培养,指导学生开展丰富多样的第二课堂活动;组织开展学院级党校、团校的相关工作,适时讲授党课、团课等。总的来看,高校辅导员开展班级建设、党员发展、团员教育和学生活动指导等工作的过程,正是其作为一名班级和党团建设者履行相应角色职责的过程。

第四,高校辅导员是一个学生学业指导者。大学生作为新时代中国特色社会主义建设的未来中坚力量,肩负着实现中华民族伟大复兴的重要使命。在新的历史条件下,大学生唯有树立远大的学习理想,通过不断学习掌握应有的知识和技能,才能为国家和社会创造更大的价值。作为高校辅导员,要了解学生所学专业的培养计划、专业前景等具体情况,组织开展专业教育,增强学生的专业认同;要培养学生的学习兴趣,激发学生的学习热情,指导学生养成良好的学习习惯;要组织开展班级学风建设,营造浓厚的学习氛围等。与专业教师所主导的第一课堂专业教学不同,高校辅导员扮演的是一个学生学业指导者的角色,其行为重在通过"精神助产"激发学生学习的内驱力,而不是直接传授相关知识。

第五,高校辅导员是一个心理健康咨询者。大学生心理健康问题是高校长期以来重视并试图解决的复杂而重要的现实问题。目前,从大学生心理问题产生的原因来看,比较集中的主要有角色转换适应障碍、学业与生活的压力、人际交往困难、恋爱情感受挫、对网络过度依赖等,且这些因素所诱发的学生行为表现、致病机理都各不相同。① 这就要求高校辅

---

① 黄希庭,郑涌.大学生心理健康教育[M].3版.上海:华东师范大学出版社,2020.

导员必须是一个学生心理健康咨询者,承担起大学生心理健康教育与咨询、心理测验的实施、心理问题的识别、心理危机的干预等相关心理工作职责。但心理健康咨询也并非解决学生心理问题的万能钥匙,作为高校辅导员要能够识别一般心理问题、心理障碍和精神疾病,对在自己能力范围之外的问题学生要转介到心理咨询中心或精神卫生医院。

第六,**高校辅导员是一个危机事件应对者**。稳定是发展的基本前提,高校只有在维持校园安全稳定的基础上才有可能谋求自身事业更好的发展。虽然各高校都十分重视安全稳定工作,并将这项工作放在重中之重,但是危机事件往往突如其来、防不胜防,并不以教育者的意志为转移。比如,学生因心理危机爆发而采取伤害行为、学生寝室发生火灾、学生遭遇电信网络诈骗、学生打架斗殴、学生卷入传销等,已有案例不胜枚举。事实证明,只要发生与学生相关联的突发应急事件,高校辅导员就必须第一时间采取应对措施,包括对事件做初步处理,将事件信息汇总并逐级上报,对事件发展及影响持续跟踪以及组织安全教育等。显然,此时的高校辅导员扮演的又是一个危机事件应对者的角色。

第七,**高校辅导员是一个网络媒体工作者**。互联网时代的到来对我国高等教育事业的发展产生了深远的影响,同时也给高校辅导员的思想政治教育工作带来了机遇和挑战。一方面,QQ、微信、微博、钉钉、网络论坛、云课 App 等互联网平台和交流工具为高校辅导员开展工作提供了便利,辅导员可以充分利用这些网络媒体构建网络思想政治教育阵地,拓展与学生的互动交流途径,为学生提供多方面的服务。另一方面,这些网络媒体也成为学生的思想交流平台,学生可以在这些平台上学习、交流、召集会议,当然也可能会发表不当言论、诱发网络舆情等。应该说,网络的发展普及对高校思想政治工作而言其实是一把"双刃剑"。新时代高校辅导员必须是一个合格的网络媒体工作者,要善于运用网络媒体技术加强对学生的引导和监督,牢牢把握网络空间的话语权和主导权。

第八,**高校辅导员是一个职业生涯规划者**。大学阶段是学生走向社会的重要过渡阶段,也是学生进行个人职业生涯规划的重要时期。虽然高校针对大一新生普遍开设了大学生职业生涯规划课程,也设置了新生始业教育,但对刚刚从高中切换到大学的学生来说,仍然处于适应调整期,无法在短时间内形成对大学生活的清晰规划,更无从谈起长远的职业生涯规划。此时学生最需要做的是尽快确定职业理想和目标,因为职业理想和目标既影响到学生对大学生活的规划,也影响到学生毕业后对职业的选择和人生的规划。高校辅导员要掌握职业生涯规划的基本理论,引导学生正确分析自己的职业倾向,尽快确定自己的职业理想和目标,帮助学生完成对大学生活的合理规划,同时也要为学生提供就业指导服务,帮助学生规划未来的职业生涯。

第九,高校辅导员是一个兼职教学工作者。现有制度规定高校辅导员具有法定教师身份,可以逐级评聘思政系列的专业技术职务。众多高校在具体的实践中都对辅导员职称评聘提出了明确的授课要求,辅导员必须满足相应的授课学时,才能申报高一级的专业技术职务。这样的制度设计显然促逼着高校辅导员在做好管理工作的同时积极兼顾教学授课任务。辅导员可以根据自身情况在高校开设的"毛泽东思想和中国特色社会主义理论体系概论""习近平新时代中国特色社会主义思想概论""思想政治理论实践""思想道德修养与法律基础""形势与政策""大学生心理健康教育""大学生职业发展与就业指导"等课程中择课而授,努力提升自身的专业素养,使自己成长为一名称职的兼职教学工作者。

第十,高校辅导员是一个理论和实践研究者。高校辅导员的工作对象主要是学生,学生群体思维的复杂性和动态性决定了辅导员工作本身的高度挑战性。高校辅导员在面对不同学生、不同的问题时,往往扮演着不同的角色,每一种角色都需要辅导员具备相应的知识和技能。辅导员从初级到高级跃迁的过程也正是其知识和技能全面提升的过程。对于高校辅导员而言,不论是从职业等级提升的角度,还是从专业技术职务晋升的角度,抑或是从做好学生思想政治工作的角度,都需要其成为一个理论和实践的研究者,朝着科学化、专业化方向发展,用理论指导实践,提升实践效能,同时用实践反哺理论,提升理论水平。因而,高校辅导员需要正视自己的研究者身份,并努力成长为一名合格的理论和实践研究者。

第二节　新时代高校辅导员的职业功能

一、高校辅导员的职业功能及其内部关系

高校辅导员的职业功能规定了辅导员职业所要实现的工作目标，体现了辅导员职业的具体工作任务。高校辅导员的职业功能是与其角色内涵及角色定位紧密联系在一起的。伴随着高校辅导员制度的变迁，高校辅导员的角色内涵在不断扩展，角色定位也显现出多样化发展趋势，由此而引起高校辅导员的职业功能加速演变，最终形成以思想政治教育为核心的9个维度职业功能并存的局面。随着中国特色社会主义进入新时代，高校思想政治工作将面临新的挑战，高校辅导员的职业功能也呈现出新的特征。在新形势下厘清辅导员职业功能的构成维度及其相互关系，对更好地认识辅导员以及如何胜任辅导员工作具有现实意义。

（一）高校辅导员的职业功能及工作构成

职业是指个体为了谋生而从事的专业活动或专业工作。[①] 自从我国研究设立辅导员以来，辅导员制度建设不断完善，但辅导员职业化发展之路依然方兴未艾，对辅导员职业功能的探讨也从未停止。2014年教育部《高等学校辅导员职业能力标准（暂行）》的印发，以官方文件形式确立了辅导员职业概念，规范了辅导员的工作职能，明晰了辅导员的岗位职责和工作边界。根据《高等学校辅导员职业能力标准（暂行）》，辅导员职业功能分为思想政治教育、党团和班级建设、学业指导、日常事务管理、心理健康教育与咨询、网络思想政治教育、危机事件应对、职业规划与就业指导、理论和实践研究等9个维度，每个维度都包含了不同的工作内容以及实现该职业功能所需具备的理论、知识和能力要求。

---

① 姜大源.工作、职业和教育若干概念疏释[J].职教发展研究，2022(4):1-11.

　　《高等学校辅导员职业能力标准(暂行)》是国家对高校辅导员专业素质的基本要求,是高校辅导员开展学生工作的基本规范,是引领高校辅导员专业化、职业化发展的基本准则。[①]《高等学校辅导员职业能力标准(暂行)》将高校辅导员职业等级划分为初级、中级和高级三个层次,并区分了不同等级辅导员的工作内容。以学业指导为例,初级辅导员的工作内容为了解学生所在专业,组织实施专业教育;培养学生的学习兴趣,帮助学生养成学习习惯;组织开展学风建设,营造优良的学习氛围。中级辅导员的工作内容为帮助学业困难的学生适应大学学习生活,激发学生的学习兴趣;研究分析学生的学习状态和学习成绩变化,开展针对性分类指导;指导学生开展课外科技学术实践活动;指导学生考研、出国留学等学习事务。高级辅导员的工作内容为组织学生参与各种实验或研究项目,培养学生的学术爱好和研究能力;研究分析学生的学习创新能力,培养学生的创新思维和创造性人格;研究完善学生综合评价体系,建立健全创新人才培养机制。从这些工作内容的要求和完成难度来看,不同等级辅导员的职业功能呈现出典型的渐进性和阶段性特征,所展现的是一个从经验到概括、从实践到理论、从应用到研究的职业能力升华过程。

　　根据《高等学校辅导员职业能力标准(暂行)》,不同等级辅导员在各项职业功能上的工作内容并不相同,但这并不意味着标准中所界定的工作内容就是相应等级的辅导员要完成的全部工作内容。事实上,中级辅导员是在初级辅导员的基础上发展而来,中级辅导员的工作内容应包含标准中界定的初级辅导员和中级辅导员的全部工作内容。高级辅导员是在中级辅导员的基础上发展而来,高级辅导员的工作内容应包含标准中界定的所有等级辅导员的全部工作内容。从当前我国高校辅导员工作的实际情况来看,各个年龄层次、不同发展阶段的辅导员所做的工作其实大同小异,主要都是围绕着辅导员职业功能的 9 个维度展开,与具体职业等级并无直接关系。初级辅导员也可以去做标准中界定的中级和高级辅导员的工作,中级辅导员也可以去做标准中界定的高级辅导员的工作,只是

[①] 教育部关于印发《高等学校辅导员职业能力标准(暂行)》的通知[EB/OL].(2014-03-27)[2023-08-05]. http://www. moe. gov. cn/srcsite/A12/s7060/201403/t20140327_167113.html.

不同等级的辅导员对具体工作内容的胜任能力不同而已。因此，我们以《高等学校辅导员职业能力标准（暂行）》为依据，整合其对初级、中级和高级三种不同职业等级辅导员的工作界定，重新归纳提炼我国高校辅导员的职业功能及工作内容，结果如表 1-1 所示。

表 1-1　高校辅导员职业功能与相应工作内容表征

职业功能	工作内容
思想政治教育	熟悉学生个人及家庭信息；掌握学生思想动态；开展中国特色社会主义、中国梦、社会主义核心价值观宣传教育；协助处理学生的学习生活问题；组织多方力量共同开展教育；担任思政课教学；开展理想信念教育；开展思想政治工作调查研究
党团和班级建设	选拔任用学生骨干；培养入党积极分子；发展学生党员；指导党支部建设；指导班团组织建设；指导党支部和班团组织开展活动；讲授党课、团课；开展党团建设理论研究
学业指导	组织开展专业教育；培养学生的学习兴趣；规范学生的学习行为；开展学风建设；引导帮扶学习困难的学生；开展针对性分类指导；指导课外科技学术技能实践活动；指导专升本、考研、出国等学习事务；组织学生参与研究项目
日常事务管理	新生入学教育；毕业离校管理；组织学生军训；贫困资助；评优评奖；生活咨询指导；宿舍文化建设；违纪学生教育处理；开展学生事务管理创新研究
心理健康教育与咨询	新生心理筛查；心理问题排查；心理疏导；心理健康教育宣传；心理危机识别；心理危机干预；开展心理工作研究
网络思想政治教育	构建网络思政教育阵地；提供网上咨询服务；掌握网络舆情信息；研判网上思想动态；开展网络思想政治教育研究
危机事件应对	危机事件初步处理；稳定控制局面；信息逐级上报；事件持续关注和跟踪处理；组织安全教育；建立应急队伍；完善预警和应对机制；开展危机事件应对研究
职业规划与就业指导	提供就业指导；提供就业信息服务；开展职业生涯规划活动；开展创业指导；开展职业指导应用性研究
理论和实践研究	攻读专业学位；参加学术交流；主持或参与课题研究；发表学术论文

表 1-1 所列的工作内容反映的是一个合格的高校辅导员应该要完成的具体工作。考虑到作为类型教育的职业教育与普通教育具有同等重要地位,且截至 2021 年,在全国 3012 所高等学校中职业高等学校有 1516 所,在校生 1590.10 万人①,已经占据高等教育的半壁江山,但原有《高等学校辅导员职业能力标准(暂行)》中所列内容主要针对的是普通高等学校的辅导员,缺少对高等职业院校辅导员的关注,故在此处根据高职教育的特点,新加入了"指导专升本""指导课外科学技术技能实践"等与高等职业教育学生工作密切相关的内容,从而使得所列的高校辅导员工作内容更具全面性和代表性。

(二)高校辅导员职业功能的内部关系

从高校辅导员职业功能构成的角度来看,辅导员工作包含的 9 个维度职责贯穿于辅导员日常工作始终,构成了辅导员职业的全部工作内容。从布鲁姆认知目标分类的角度,辅导员 9 个维度的职业功能并不是平行并列的关系,而是一个从记忆、理解、应用、分析、评价到创造的不断演化进阶的过程。其中,做好学生事务管理只是基础,通过理论和实践研究引领其他维度的提质增效才是关键。因而,要胜任辅导员工作,必须对 9 个维度的职业功能同时涉猎、同时发展,不可偏废。而要完成从一名初级辅导员到高级辅导员的蜕变,更需要以科学研究为引领,在某个维度或多个维度上有所突破、有所建树。这正是国家对高级辅导员提出的职业能力标准要求,也是从事高校辅导员工作必须坚持的正确方向。我们可以根据辅导员 9 个维度职业功能所涵盖的工作内容的基本特点,结合布鲁姆认知目标分类的基本思路,对高校辅导员职业功能的内部关系进行解构,以助于我们更好地认识辅导员工作。解构结果如图 1-1 所示。

由图 1-1 可知,辅导员不同维度的职业功能对辅导员提出了不同的知识和能力要求。日常事务管理在辅导员职业功能中处于最低层次,因为它更多地体现为辅导员对学生管理、奖助贷勤等国家相关政策以及学

---

① 教育部.2021 年全国教育事业发展统计公报[EB/OL].(2022-09-14)[2024-04-01].http://www.moe.gov.cn/jyb_sjzl/sjzl_fztjgb/202209/t20220914_660850.html.

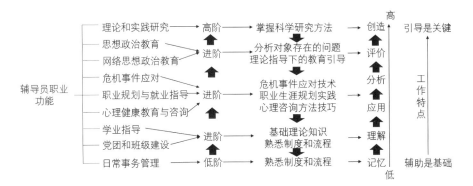

图 1-1　辅导员职业功能的内部关系及演进逻辑

生手册、教务安排等校内制度性规定的熟悉程度。辅导员只要严格按照这些规章制度或任务安排进行常规化操作即可，具体的包括新生入学适应性教育、新生军训、毕业生离校的教育管理和服务、贫困生的认定和资助、奖学金和先进个人的评选、文明宿舍建设、违纪违规学生的批评教育等。这些工作基本有章可循，或者凭个人积累的经验可以轻松应对，应属于初级辅导员要做"对"，中、高级辅导员要做"熟"的工作内容。

　　党团和班级建设、学业指导相比学生日常事务管理难度更大，对辅导员的要求也更高。因为要做好这些工作，不但要求辅导员能够熟知中国共产党党员发展要求、流程以及学生所在专业的培养计划、毕业资格、学位授予等制度性规定，同时还要运用这些规定去教育引导学生，做好"人"的工作，具体包括：选拔培养学生干部，指导学生干部开展工作，推选入党积极分子，培养、考察和发展学生党员，指导党支部和班级、团组织建设及活动，讲授党课、团课，开展常态化专业教育，培养、激发学生学习兴趣，规范学生学习行为，开展班级学风建设，针对性帮扶学习困难学生，指导学生课外实践活动，指导学生专升本、考研、出国等。做"人"的工作比起做事务性工作显然要更有挑战性。要做好这些工作，还需要辅导员进一步掌握教育学、心理学的相关理论知识，用理论来指导实践，并在实践过程中充分了解学生、理解学生，从而更好地引导学生。

　　心理健康教育与咨询、职业规划与就业指导、危机事件应对这 3 个维度的职业功能则对辅导员的专业实践技能提出了更高的要求。心理健康教育与咨询需要辅导员具备教育心理学、应用心理学等相关知识，掌握心理咨询的方法与技巧,能够对心理健康状况及心理异常做出判断,具体包括:协助心理中心开展学生心理普查、对学生进行心理问题排查和疏导、开展心理健康教育与宣传、对心理危机进行识别和干预等。职业规划与就业指导需要辅导员掌握职业生涯规划基本知识与实践技能,结合国家相关政策开展就业观、择业观教育,为学生提供个性化咨询指导,具体包括:为学生提供就业信息服务和就业指导、帮助学生树立正确的就业观念、开展职业生涯规划活动、提供创新创业指导等。危机事件应对需要辅导员具备突发事件应对与管控、公共危机管理以及社会学、心理学的相关知识,掌握危机事件应对技术,对危机事件进行及时的干预、分析和处理,具体包括:危机事件的及时发现和初步处理、尽最大努力稳定控制局面、危机事件信息逐级上报、对事件进行持续的跟踪处理、组织全员安全教育、建立健全应急队伍、完善预警和危机应对机制等。显然,上述3个维度的职业功能相比党团和班级建设、学业指导,更加凸显了辅导员工作的技术性和应用性,更加需要辅导员掌握应对问题和分析解决问题的能力,因而对辅导员的认知水平和职业能力提出了更高的要求。

思想政治教育和网络思想政治教育这2个维度的职业功能其实同属于思想政治教育概念范畴。前者概念更为泛化和宽广,后者是前者的特殊且重要的组成部分。在互联网时代将网络思想政治教育单独列出作为高校辅导员的职业功能之一,尤见其重要性。网络思想政治教育一方面需要辅导员具备政治学、社会学、伦理学等基础知识,掌握思想政治教育的原理与方法,客观分析对象可能存在的问题,进而进行理论指导下的教育引导,具体包括:熟悉学生个人及家庭信息,掌握学生思想动态,开展中国特色社会主义和社会主义核心价值观教育,协助学生处理学习、交友、生活等方面的问题,组织协调思政课教师和班主任等共同做好教育工作,承担思政课教学任务等。另一方面还需要辅导员掌握网络技术和传播学的相关知识,熟练应用现代信息技术构建网络思想政治教育阵地,具体包括:加强与学生网络互动、运用网络平台提供咨询服务、研判和引导网络舆情等。由于大学生处在世界观、人生观和价值观形成的关键时期,思想变化快且易受外界影响,给思想政治教育工作带来了极大的挑战,因此需要高校辅导员掌握思想政治教育的重点和规律,能够实时根据教育对象出现的问题进行分析、评价和灵活应对,从而提升思想政治教育的针对性和实效性。

理论和实践研究在高校辅导员职业功能中应属于最高层次的工作,因为它更多地体现为在工作分析和评价的基础上进行的创新与创造,应属于布鲁姆认知目标的终极结果。从国家对不同等级辅导员的界定可以看出,辅导员能否发展成为高级辅导员,关键在于其是否具有较高的理论水平和学术修养,能否在思想政治教育工作的某一领域有深入的研究并形成有影响力的成果,成为该领域的专家。对高校辅导员而言,随着时间的推移,八年的工作时间和丰富的实践经验都能具备,但理论水平和学术修养并不是随着时间的推移就能简单实现的,需要辅导员提升自我学术意识,掌握教育研究方法,持续不断地围绕工作当中的问题开展深入的科学研究,力争形成具有一定影响力和推广价值的研究成果。

二、高校优秀辅导员职业功能的群体特征

前面我们从理论层面探讨了高校辅导员职业功能的维度及其关系,明晰了高校辅导员从初级成长到高级的基本路径和行动要领。事实上,辅导员从初级到高级的成长过程也正是其从一名普通辅导员发展为一名优秀辅导员的过程,这也是每一名高校辅导员从业者所应该努力追求的方向。那么,究竟何为优秀辅导员? 新时代高校优秀辅导员又具有怎样的群体特征呢? 接下来,将围绕上述问题,以教育部组织推选认定的"全国高校辅导员年度人物"为研究对象,从职业功能的角度探讨新时代高校优秀辅导员的群体特征,以期为我国高校辅导员职业发展提供现实参考和理论依据。

(一)研究对象与数据来源

"全国高校辅导员年度人物"评选是高校辅导员职业化发展的一项重要制度创新[①],旨在培养选树新时代高校辅导员先进榜样,宣传高校优秀

---

① 李明忠.高校优秀辅导员的群体特征与职业发展——以 2008—2014 年全国高校辅导员年度人物为例[J].高等教育研究,2016(3):68-79.

辅导员的先进事迹，引导广大辅导员不忘初心、牢记使命，培养德智体美劳全面发展的社会主义建设者和接班人。① 教育部自 2008 年启动首届"全国高校辅导员年度人物"评选活动以来，截至 2022 年已连续举办十四届，共推选出 171 名优秀辅导员。这些辅导员是全国 20 多万专兼职辅导员的典型代表，都具有成果丰硕、事迹感人、社会影响大等基本特点。他们能够在这么庞大的辅导员群体中脱颖而出，得到社会各界的认可并获此殊荣，足见其优秀。因而，以"全国高校辅导员年度人物"为研究对象，完全符合"优秀辅导员"的概念逻辑。

综观当前关于高校优秀辅导员的研究，以年度人物为研究对象的不多，主要集中在 2015 年和 2016 年，主要探讨的是高校辅导员的成长、角色、培育、特质和评选等内容②，尚未有研究关注高校辅导员在各项职业功能上的行为表现特征。另外，随着时代的发展，优秀辅导员的评价标准也在发生变化。比如根据《教育部办公厅关于开展第十三届"高校辅导员年度人物"暨 2021 年"最美高校辅导员"推选展示活动的通知》，推选条件由原来的 3 项增加到了 6 项，新增的推选条件体现出了新时代对高校优秀辅导员工作提出的新要求。故为了切合新时代的主题和语境，使数据来源更能反映当前我国高校优秀辅导员的实际情况，本书以 2021 年第十三届"全国高校辅导员年度人物"为研究对象，从职业功能角度对其公开在"中国大学生在线"网站上的先进事迹进行文本分析，以揭示新时代我国高校优秀辅导员的群体特征。

（二）研究对象基本情况

经在"中国大学生在线"网站检索，笔者共收集到 20 份获评第十三届"全国高校辅导员年度人物"的事迹材料，平均每份 4000 多字，总计约 9万字。事迹材料主要包含了个人简介、工作思路、育人实效、所获奖项等

---

① 教育部办公厅.教育部办公厅关于开展第十三届"高校辅导员年度人物"暨 2021年"最美高校辅导员"推选展示活动的通知[EB/OL].(2021-07-19)[2023-08-01].http://www.moe.gov.cn/srcsite/A12/moe_1407/s3017/202107/t20210728_547448.html.

② 金文斌.改革开放 40 年来高校优秀辅导员群体研究述评[J].高校辅导员学刊，2018(6):16-19,42.

内容，非常翔实，所涵盖的信息也颇为丰富，能够满足文本分析研究所需。对以 20 位年度人物为样本的高校优秀辅导员群体的人口学信息进行多维的检视和数据整理，其基本情况如表 1-2 所示。

表 1-2　2021 年度"全国高校辅导员年度人物"的基本情况

项目（获奖时信息）	项目类别	人数/人	所占比例/%
性别	男	6	30
	女	14	70
民族	汉族	16	80
	少数民族	4	20
学历	博士研究生	4	20
	硕士研究生	15	75
	不详	1	5
年龄	30—35 岁	9	45
	36—40 岁	9	45
	41—45 岁	2	10
教育背景	对口专业学科	4	20
	其他专业学科	16	80
任辅导员工作年限	1—5 年	4	20
	6—10 年	6	30
	11—15 年	7	35
	16—20 年	3	15
所在高校类型	普通本科院校	19	95
	职业高等学校	1	5
职务	普通辅导员	14	70
	校团委副书记	1	5
	院系党委副书记	5	25
职称	高级	1	5
	副高	4	20
	中级	15	75

注：(1)教育背景是指辅导员的学历背景，其中的对口专业包括教育学、心理学、马克思主义理论相关的专业，除此之外一律归入其他专业；(2)职务主要看是否有行政级别，校团委副书记和二级学院党委书记都是中层副处级领导，除此之外的二级学院学工办主任、团委书记、党支部书记、专职带班辅导员等无行政级别，一律归入普通辅导员；(3)职称当中的高级、副高和中级既包括了教师系列专业技术职务，也包括了研究系列专业技术职务。

1.高校优秀辅导员群体的人口自然特征

性别方面,男性辅导员有 6 人,占比 30％;女性辅导员有 14 人,占比 70％。民族方面,汉族有 16 人,占比 80％;回族、维吾尔族等少数民族有 4 人,占比 20％。年龄方面,主要集中在 35 岁前后,其中 30—35 岁的有 9 人,36—40 岁的有 9 人,各占比 45％;40 岁以上的有 2 人,占比 10％。这说明高校辅导员在 35 岁前后是事业的爆发期,此阶段正是辅导员年富力强、敢闯敢干的黄金时期。任辅导员工作年限方面,任职 5 年以内的有 4 人,占比 20％;6—10 年的有 6 人,占比 30％;11—15 年的有 7 人,占比 35％;16 年及以上的有 3 人,占比 15％。可见不同的任职年限段获奖人数分布较为均衡,这也说明了辅导员优秀事迹与工作时间长短并无直接关联。

2.高校优秀辅导员群体的教育背景

学历方面,博士研究生有 4 人,占比 20％;硕士研究生有 15 人,占比 75％,其中 3 人正在攻读博士学位;信息不详的有 1 人,占比 5％。专业背景方面,属于对口专业的有 4 人,占比 20％;属于其他专业的有 16 人,占比 80％,分别来自理、工、农、医、管理、经济等不同专业。由此可见,高校优秀辅导员专业分布广泛,其中来自辅导员职业对口专业的人并不多。这也恰恰说明以年度人物为代表的优秀辅导员群体具有很强的学习能力和工作能力,才能够在短短几年时间内完成跨专业学习并创造出不俗的工作业绩。

3.高校优秀辅导员群体的任职情况

高校类型方面,来自普通本科院校的有 19 人,占比 95％;来自职业高等学校的仅有 1 人,占比 5％。职务方面,一线专职辅导员人数最多,有 14 人,占比 70％,其中部分还兼任院系学工办主任、团委书记和学生党支部书记等非副处级职务;有副处级职务的如校团委副书记 1 人、院系党委副书记 5 人,分别占比 5％和 25％。职称方面,已获评高级职称的仅有 1 人,占比 5％;获评副高职称的有 4 人,占比 20％;获评中级职称的共有 15 人,占比 75%。这也从侧面反映了我国高校辅导员长期以来在专业技术职务晋升方面面临的竞争压力。当然,随着近年来思政系列专业技术职务单列计划的实施,辅导员的竞争范围和竞争压力也有所缩减。

(三)数据处理与特征分析

先随机对 20 份事迹材料分别从 A1 到 A20 进行编码,再结合辅导员职业功能的 9 个维度所包含的工作内容,对每一份事迹材料按完整语义进行编码。如 A1-1 表示第一份事迹材料中出现的第一段有关辅导员职业功能实践的文本数据,Ann 表示第 n 份事迹材料中出现的第 n 段有关辅导员职业功能实践的文本数据。完成编码后,对这些编码后的数据按照职业功能的 9 个维度进行分类,然后对每个维度的类别数据做概括分析,以归纳提炼出高校优秀辅导员在每个维度职业功能上的群体特征。按上述方法对 20 份"全国高校辅导员年度人物"事迹材料进行处理和分析,发现以"全国高校辅导员年度人物"为样本的高校优秀辅导员群体在职业实践方面呈现出以下典型特征。

1.思想政治教育精品化

思想政治教育是高校辅导员工作的生命线,因为它涉及"为谁培养人"的根本性问题。随着时代的发展和社会的进步,思想政治教育的内涵在不断地发生变化,思想政治教育的理念、方式和方法也需要与时俱进。通过对 20 份年度人物事迹材料的分析,可以发现他们对思想政治教育都极为重视,材料中也都花了大量的篇幅介绍其个人在思想政治教育方面的经验和成效。总的来看,以年度人物为样本的高校优秀辅导员群体具有追求思想政治教育精品化的典型特征。他们的思想政治教育行为可以概括为四个方面:一是强化特色理论宣讲,二是打造精品工作项目,三是开展精品教育活动,四是讲授精品思政课程,具体见表 1-3。

表 1-3　年度人物在思想政治教育方面的行为特征及具体行为表现

行为特征	年度人物在思想政治教育方面的具体行为表现
强化特色理论宣讲	A4:打造富有特色的理论"微宣讲"平台,为学生提供有思想、有内涵的线上学习资源;A8:参加自治区高校优秀辅导员宣讲团,面向全区高校学生开展理论宣讲;A14:组建以学生党员为主体的"红色基因"宣讲团,面向高校师生和基层群众开展理论宣讲;A17:加入首都教育系统服务保障国庆活动宣讲团,走进 53 所高校及中小学进行宣讲;A19:组建红色故事宣讲团,带着学生走近军事理论课,走进湘西大山深处的教室,用红色故事宣讲开展好党史学习教育
打造精品工作项目	A3:打造辅导员精品项目"青年榜样说",用直播的形式,让学院各类青年榜样讲述他们的成长之路;A17:打造音乐视频(Music Video)、微视频(Micro Video)、移动图书(Mobile Book),"3M"社会主义核心价值观宣传践行品牌,入选教育部全国首批"高校原创文化精品推广行动计划"项目;A18:创办"湖北新时代丝路青年成长社",开展学习实践习近平新时代中国特色社会主义思想,全面加强各民族学生思想政治教育引领和社会主义核心价值观的培养教育
开展精品教育活动	A1:构建学院党史学习教育工作矩阵,开展活动百余期;A4:带领学生深入基层,前往边境地区、革命老区、贫困地区开展"延安红色新闻溯源之行""发现美,传播美"等社会实践活动;A8:不断探索"思政＋专业"的教育模式,在重要节日组织举办各类主题画展与活动;A9:建立"红色印记"文化实践基地,开展"入党启蒙""追寻红色记忆""我身边的优秀党员"等活动
讲授精品思政课程	A3:坚持读原著学原文悟原理,将所学转化为工作实际,录制党史学习微党课;A4:录制"辅导员说"微课,将四史学习教育网络化;A14:推出"让红色基因绽放时代光芒""你为什么要加入中国共产党"等精品宣讲课程;A20:讲授"形势与政策""思想道德修养与法律基础"等思政课程

注:为节省篇幅,表 1-3 中年度人物进行思想政治教育的具体行为表现只罗列了部分材料作为证据。

(1)强化特色理论宣讲。良好的理论储备和宣讲能力是作为一名高校优秀辅导员所必备的职业素养。在事迹文本材料中,年度人物普遍都具有较深的理论功底,在理论学习方面始终不松懈、不动摇。因为他们深知只有具有良好的理论储备才能坦然自若地开展理论宣讲。他们通过组建特色宣讲团或加入各种类型的宣讲团来获取合法宣讲身份,宣讲的内容紧紧围绕新时代各具特色的"红色基因"展开,宣讲的对象从本校的师生扩展到中小学、其他高校以及基层群众。总的来看，年度人物的理论宣讲覆盖范围广，受益人数多，媒体关注度高，已经形成一定的影响力。

（2）打造精品工作项目。从事迹文本材料来看，年度人物普遍追求高校思想政治工作实践创新，并在实践育人、文化育人和网络育人等具体实践中形成了一批可示范、可推广的工作经验和模式，也被称为辅导员工作精品项目，如"青年榜样说""湖北新时代丝路青年成长社"等。有的还入选了教育部"高校思想政治工作精品项目""高校原创文化精品推广行动计划"等。这些精品项目都具有个性化的项目名称、显性化的教育目标和特色化的项目内容，是"全国高校辅导员年度人物"在思想政治教育工作方面的重要抓手，也是推动其工作不断提质升级，朝着特色化和品牌化方向发展的重要载体。

（3）开展精品教育活动。从事迹文本材料来看，除了精品工作项目本身包含的活动之外，年度人物还围绕不同主题开展了其他一系列精品教育活动。例如，前往边境地区、革命老区、贫困地区开展"延安红色新闻溯源之行""发现美，传播美"等社会实践活动；在重要节日组织举办各类主题画展与活动；在实践基地开展"入党启蒙""追寻红色记忆""我身边的优秀党员"等活动；等等。这些活动虽然不像精品工作项目中的活动那样具有连续性、系统性和逻辑性，但其因时因地的巧妙设计往往显现出特殊的教育价值和意义，故而成为年度人物思想政治教育的常规手段。

（4）讲授精品思政课程。高校辅导员讲授思政课程是其作为一名兼职教学工作者的具体角色体现。从事迹文本材料来看，辅导员讲授思政课的形式比较多样，包括直接担任"形势与政策""思想道德修养与法律基础"等"法定"思政必修课的兼课教师，面向特定班级学生开展思政教育，也包括在特定时期围绕特定主题或活动录制"微课"，担任相应微课的主讲教师，面向广大学生开展特定主题的思政教育。不论何种形式的课程，年度人物都始终以精品化思维认真对待和反复打磨，积极塑造思政教育精品，以求达到更好的教育效果。

2.党团和班级建设品牌化

党支部、团支部和班级是高校辅导员的重要工作载体。辅导员通过加强党团和班级建设可以促进学生集体意识的培养、行为的约束和凝聚力的形成。通过对 20 份年度人物事迹材料的分析，可以发现以年度人物为样本的高校优秀辅导员群体在党团和班级建设方面经验都非常丰富，且普遍注重理念模式的创新，积极追求工作的品牌化。他们在党团和班级建设方面的具体行为可以概括为三个方面：一是打造党建特色项目，二是开展特色团日活动，三是凝练班级文化品牌，具体见表 1-4。

表 1-4　年度人物在党团和班级建设方面的行为特征及具体行为表现

行为特征	年度人物进行党团和班级建设的具体行为表现
打造党建特色项目	A6：发起"星火国际"党史故事国际传播计划，组织学生发挥专业特长，翻译、宣讲英文版党史故事，努力把中国化的马克思主义传播到全世界；A7：带领学生党总支与十余家单位建立面向实践的"商学＋"红色联盟，形成"1＋1＋X"支部共建模式；A8：开设"美术经典中的党史"板块，连续推出革命题材美术作品导赏；A14：提出"123"党建进公寓育人模式，打造"党员宿舍""党员服务角""支部共建平台"三个阵地，形成上下联动、横向交流、优势互补的交叉型党员教育体系
开展特色团日活动	A6：发起"胸怀祖国走向国际"迎新活动、"从'一封家书'到'家国天下'"主题团日活动、红色足迹寻访活动；A17：建成包含理论学习资料等 21 大类 500 余项上百万字的资源库，以及包含主题党团、知识问答等百余项活动的活动库；A18：发起"共青团员先锋队"，让学生讲团结、讲奉献、讲担当，形成良好的学风
凝练班级文化品牌	A2：深入开展文化艺术和社会实践活动，精心挖掘整合育人元素，建设协同育人文化馆，策划打造"数计青年·牛牛汇"、"天窗论谈"、班级文化巡礼等品牌活动，凝练特色文化品牌；A5：创新开展"班长沙龙"系列活动，组织班风采展、先进班集体评选答辩会等；A20：坚持铸魂育人价值理念，把牢"以文育人"的主线，开展特色文化品牌活动，增强"以文育人"的活力等

注：为节省篇幅，表 1-4 中年度人物进行党团和班级建设的具体行为表现只罗列了部分材料作为证据。

（1）打造党建特色项目。党建工作是高校辅导员工作的重要组成部分。能否善于发现和吸纳优秀大学生加入党的队伍中来，并不断实现党员教育推陈出新和达到良好的教育效果，考验着每一个辅导员的工作智慧。在事迹文本材料中，年度人物每人都有组织实施一项及以上的党建项目，且党建项目的内容比较贴近学生所在专业实际，呈现出"党建＋专业"的特色发展路线。例如，组织发挥学生专业特长，发起"星火国际"党史故事国际传播计划；与多家企业建立"商学＋"红色联盟；通过开设"美术经典中的党史"板块推出革命题材美术作品导赏；推进"三型"党支部建设；等等。总的来看，年度人物都较为注重为学生党员的培育发展提供良好的环境支持，打造的党建项目贴近学生实际，学生受教育效果显著，不少学生支部还被评为省级以上样板支部。

（2）开展特色团日活动。团日活动是以团支部为单位开展的一系列有益于学生身心发展的活动。高校辅导员通过组织开展团日活动可以实现对支部成员的多方面教育，提升支部成员的整体素质。在事迹文本材料中，年度人物都是组织实施团日活动的一把好手。一方面，他们对团干部进行精心培养和使用，能够紧紧依靠这股力量协助组织好各项团日活动；另一方面，他们对团日活动主题、内容、形式等方面进行精心设计，促进团日活动特色化、品牌化发展，并积极推动团日活动走出校园，融入社会，不断扩大社会影响力和辐射面。

（3）凝练班级文化品牌。班级文化是作为社会群体的班级成员所共有的信念、价值观、态度的复合体。班级文化时刻滋润着学生的学习、生活，并不断促进其个性成长。[1] 高校辅导员可以通过班级文化建设形塑学生的价值和规范学生的行为。在事迹文本材料中，年度人物都极为注重班级文化建设以及文化品牌的凝练，通过组织各具特色的班级活动来影响学生的学习、生活。例如，有联合外界打造的"数计青年·牛牛汇"、"天窗论谈"、班级文化巡礼等品牌活动，有从班级内部着手打造的"班长沙龙"、班级风采展和先进班集体评选答辩会等活动。总之，班级文化品牌建设的最终目的是达到"以文化人"的育人效果。

3.学风建设体系化

学风建设是高等学校永恒的主题，是高等学校实现人才培养目标的重要条件，也是衡量办学水平的重要标志。良好的学风是一种潜移默化

---

[1] 殷蕾.基于场域理论的班级文化育人研究[J].中国教育学刊,2018(2):64-67.

的精神力量,能够激励学生奋发努力,健康向上。高校辅导员通过加强学业指导和学风建设可以推动班级形成良好的学习氛围,从而对学生的学习行为产生正向促进作用。通过对 20 份年度人物事迹材料的分析,可以发现以年度人物为样本的高校优秀辅导员群体在学风建设方面普遍遵循系统化思维,注重学生学习生涯的全过程设计与管理,力争使学业学风建设自成体系。他们在学业指导和学风建设方面的具体行为可以概括为三个方面:一是形成独特工作模式,二是打造系列教育活动,三是分层分类构建体系,具体见表 1-5。

表 1-5 年度人物在学业指导和学风建设方面的行为特征及具体行为表现

行为特征	年度人物进行学业指导和学风建设的具体行为表现
形成独特工作模式	A1:建立学院学生发展指导中心,构建"一梁五柱"工作模式;A17:打造大学 SPOC(small private online course,小规模定制化在线课程)移动育人云平台,首创并推广学生"动态数字化绿色成长方案";A20:坚守在培养临床医学生的辅导员岗位上,梳理出"三环五扣"医学生育人体系
打造系列教育活动	A1:连续 10 年组织"走进光电系列活动",聚焦课程学习和专业教育,每年开展主题活动 100 余场次;A2:先后打造形成覆盖本硕博学生的 12 项国家级学科竞赛体系,组织学生参与竞赛训练的年人均时长超过 600 小时,服务参赛团队超过 500 支 2000 多人次;A16:组织学生走访乡镇社区,聚焦产业实习,参加志愿公益服务,引导学生学农、支农、爱农
分层分类构建体系	A2:在低年级持续实施"青禾计划",选拔本科生进实验室、进科研团队,在高年级连续五年举办"数计升学 101",组建"最强导师团",提升考研实效;A6:构建并推动了"三四四"三全育人长效机制,联动"第一课堂""第二课堂""第三课堂",贯穿"迎新季""成长季""毕业季""校友季"四个阶段;A8:利用中午、晚上和周末休息时间,自发为学生构建多层次培训体系;A17:打造"知行"学业辅导品牌,构建四横四纵分层次、分阶段、分类型全过程学业辅导体系

注:为节省篇幅,表 1-5 中年度人物进行学业指导和学风建设的具体行为表现只罗列了部分材料作为证据。

(1)形成独特工作模式。工作模式是指根据工作实际提炼而成的一套工作方式或标准样式。它是理论和实践之间的中介环节,具有一般性、简单性、重复性、结构性、稳定性、可操作性等基本特征。工作模式的构建离不开辅导员对学业指导和学风建设实践的深度反思。从事迹文本材料来看,年度人物普遍注重对工作的凝练和总结,并通过反复的实践和思考,逐渐建构起一套符合所带学生专业实际的独特工作模式。例如,以学院学生发展指导中心为依托的"一梁五柱"工作模式、以 SPOC 移动育人云平台为依托推广实施学生"动态数字化绿色成长方案"、针对医学生专业特点的"三环五扣"育人体系等。总的来看,年度人物在学业指导和学风建设方面经验丰富,且不断地追求从经验向理论的升华。

(2)打造系列教育活动。特定的工作模式离不开教育活动作为载体的支撑。高校优秀辅导员正是在设计和组织实施系列教育活动的过程中逐渐形成一套特有的工作模式。从事迹文本材料来看,年度人物围绕学生学业指导和学风建设所打造的教育活动普遍呈现出专业特色鲜明、时间跨度长、实践性强、影响力大等特点。例如,聚焦专业教育打造的"走进光电系列活动"、覆盖本硕博学生的国家级学科竞赛体系以及聚焦产业实习的志愿公益服务等。这些活动构成了年度人物进行班级学风建设和学业指导的重要抓手,贴近专业的教育内容对学生的学习发挥了重要的促进作用。

(3)分层分类构建体系。大学阶段的教育教学与管理模式不同于高中阶段,对学生学习提出了更高的适应性要求。适应性体现在多个方面,如新生入学适应性、中期专业学习适应性以及最后实习就业适应性,又如课堂学习适应性、课余学习生活适应性,等等。从事迹文本材料来看,年度人物结合大学生的学习特点,从不同角度出发构建了全面分层分类的学习支持体系。例如,根据学生所处年级的不同,实施不同的帮扶计划;推动第一课堂、第二课堂和第三课堂的联动,构建贯穿大学全过程的育人长效机制;利用课余时间构建多层次培训体系;等等。总的来看,年度人物构建的学习支持体系具有层次性和阶段性特征,能够有效服务于学生大学学习的全过程。

4.日常事务管理精细化

学生日常事务管理是高校辅导员工作最基础的部分,也是衡量辅导员管理效率的重要标尺。学生日常事务具有重复、琐碎、杂散等共性特征,同时因不同的学生在个性、家庭、能力、素质等方面的差异而呈现出不同的个性特征。这需要辅导员在管理过程中处理好一般与特殊之间的关系,尤其要针对特殊问题特殊处理,以提升整体管理水平。通过对 20 份年度人物事迹材料的分析,可以发现以年度人物为样本的高校优秀辅导员群体在学生日常事务管理方面普遍遵循精细化管理思维,注重学生整体状况的把握和个性化特征的识别,努力关注每一个学生,力争为每一个学生提供有针对性的管理服务。他们在学生日常事务管理方面的具体行为可以概括为三个方面:一是精准识别学生,二是精准资助学生,三是精细管理学生,具体见表 1-6。

表 1-6　年度人物在学生日常事务管理方面的行为特征及具体行为表现

行为特征	年度人物进行日常事务管理的具体行为表现
精准识别学生	A1:从行为习惯、心理健康、学业水平等维度,对学生进行"精准画像",实现一人一档、精确建档;A16:按照"摸底了解—目标设计—资源帮扶—搭建平台—助力成才"的模式,建立了学生的入学档案、成长档案、社会实践档案和梦想手册等
精准资助学生	A1:采集分析学生客观数据,精准化开展学生资助;A2:注重"资助+励志"的同频共振,落实精准资助、阳光资助,积极推动开拓引进社会、企业奖助基金;A16:健全评估反馈和发展式资助,分群体做好动态资助信息库,助力学生发展成才
精细管理学生	A2:注重"精细管理和人文关怀"的交互融合,一年里听过学生的每一门课、见过每一个宿舍的早与晚,成家之后仍常住宿舍,学生缺勤、晚归、网溺、失恋等情况尽在掌握中并及时应对;A5:采取"精细化管理+制度化管理+集成化管理",确保将每项工作落到实处,工作有章法、有条理、有效率

注:为节省篇幅,表 1-6 中年度人物进行学生日常事务管理的具体行为表现只罗列了部分材料作为证据。

(1)精准识别学生。识别学生是高校辅导员开展各项工作的基本前提,辅导员只有在充分了解所带班级学生的个性、家庭、心理及学习等情况的基础上,才能有的放矢地做好事务管理工作。从事迹文本材料来看,年度人物都极为注重对学生的精准识别,有的从行为习惯、心理健康、学业水平等方面对学生精准画像,实施一人一档,有的根据学生的特点设计帮扶目标,为学生建立个性化的入学档案、成长档案、社会实践档案和梦想手册等。这充分说明了以年度人物为样本的高校优秀辅导员群体对于基础工作的重视。因为他们深知只有精准地识别学生，才能更好地管理和服务学生。

（2）精准资助学生。"不让一个学生因家庭经济困难而失学"，这是国家层面对高校学生资助工作提出的基本要求。要实现这种精准识别和帮扶，需要高校辅导员高度重视此项工作，全面掌握学生信息，分层分类做好资助服务，绝不落下一人。精准资助是学生资助的基本要求和基本方法，同时也是每一个高校辅导员必须履行的重要职责。从事迹文本材料来看，年度人物都极为注重采集分析学生数据，分群体构建动态资助信息库，落实精准资助、阳光资助。在实际资助育人过程中，年度人物普遍将资助和励志相结合，并不断健全评估反馈和发展式资助，通过"资助＋励志"的同频共振助力学生发展成才。

（3）精细管理学生。精准识别学生的最终目的是精细管理学生。管理工作既包括事关学生切身利益的奖、贷、助、学等特别内容，也包含学生上课、住宿、请假、缺勤等一系列日常内容。从事迹文本材料来看，年度人物一方面注重精细管理和人文关怀相结合，在实践中通过频繁地听课、走访宿舍等方式，实时掌握学生缺勤、晚归、网溺、失恋等情况并及时采取应对措施；另一方面强化制度建设，采取精细化管理＋制度化管理相集成的方式，促进管理标准精细化、日常行为规范化和岗位责任明确化，确保管理工作有章法、有条理、有效率。

5.心理健康教育专业化

心理健康教育是教育者对教育对象的心理施加积极影响，以促进其心理发展和维护其心理健康的教育实践活动。心理健康教育是大学生素质教育的重要组成部分，包括面向全体学生的心理健康维护以及面向少数问题学生的心理行为矫正两个方面。可见，心理健康教育是一项专业性很强的工作，尤其是针对心理异常学生的教育咨询，需要在专业知识和专业技能的加持下进行专业化的处理。这在某种程度上对高校辅导员的知识和技能提出了新的要求。通过对20份年度人物事迹材料的分析，可以发现以年度人物为样本的高校优秀辅导员群体在学生心理健康教育方面普遍注重心理知识的积累和咨询技能的提升,呈现出不断追求专业化的发展趋势。他们在学生心理健康教育方面的具体行为可以概括为四个方面:一是获取职业技能,二是讲授心理课程,三是开展心理教育,四是做好心理咨询,具体见表1-7。

表1-7　年度人物在心理健康教育方面的行为特征及具体行为表现

行为特征	年度人物进行心理健康教育的具体行为表现
获取职业技能	A2、A3、A5、A6、A8、A11、A13、A14:考取国家三级或二级心理咨询师
讲授心理课程	A8:担任"大学生心理健康教育"授课教师
开展心理教育	A9:成立"同心"少数民族学生就业创业帮扶站,开设"微讲坛",积极促进少数民族学生健康人格和心理成长;A20:借助云端开展一系列心理教育活动
做好心理咨询	A3:结合辅导员谈心日及各学院特殊问题学生档案,筛选出在学习和生活中具有发展性问题的学生,依托团体心理辅导技巧,开展针对性强的团体辅导工作坊,帮助大学生正确面对学习生活困难,形成良好心理品质;A8:组建心理咨询室,倾听和关爱学生,成为学生安全的港湾;A20:借助公众号对全年级学生进行问卷调查,及时发现问题,对学生进行指导和帮扶

注:为节省篇幅,表1-7中年度人物进行心理健康教育的具体行为表现只罗列了部分材料作为证据。

(1)获取职业技能。职业技能反映的是对从事某一类职业所必备的知识、技术和能力的基本要求。长期以来,我国在心理咨询方面实施的是职业资格考试制度,即参加由人社部统一组织的心理咨询师考试并获取心理咨询师证书就认为具备了相应的专业技能及资格。从事迹文本材料来看,年度人物绝大多数并非心理学相关专业出身,但是普遍重视心理学知识和技能的积累,其行为主要表现在心理咨询师职业资格证书的获取。通过参与心理咨询师职业资格培训并考取相应的证书,年度人物在学生心理健康教育及心理咨询方面的知识和技能获得了质的提升,并逐步实现由"门外汉"向"内行人"的过渡。虽然国家已经于2017年将心理咨询师调出了国家职业资格目录,但是心理咨询作为一项专业性很强的工作,仍然对高校辅导员相关知识与技能的储备有着基本要求。

（2）讲授心理课程。"大学生心理健康教育"是高校面向所有大一新生开设的公共基础必修课，同时也是高校对大学生进行心理健康教育的主阵地。高校教师讲授心理课程的前置条件一般是获得三级以上心理咨询师职业资格证书或通过心理助人能力认证。从事迹文本材料来看，不少获取了资格证书的年度人物都积极承担了心理课程的教学任务，通过课堂教学主渠道向学生传播心理知识，教育引导学生树立正确的人生观和价值观，帮助学生形成健康向上的心理品质。讲授心理课程需要年度人物掌握心理学的相关知识，同时也对年度人物相应知识的积累起到了重要的促进作用。

（3）开展心理教育。心理教育主要是面向普通学生群体心理素质提升的除心理课程外的其他心理方面的教育，具体包括学习、人际关系、情感等常规性的心理健康教育以及因外部不确定性事件而引起的非常规性的心理健康教育。从事迹文本材料来看，年度人物都极为注重学生健全人格和健康心理品质的培养，开展了面向全体学生的系列常规教育训练，以提升学生整体心理素质水平。同时，年度人物还针对特殊群体和特殊情境开展相适应的专门性心理教育。通过常规性教育与非常规性教育相结合的方式，构建了以预防为主的大学生心理健康教育体系。

（4）做好心理咨询。心理咨询主要是面向少数具有心理、行为问题的学生所进行的专门性的问题咨询与矫正。具体而言，包括学习适应问题的咨询与调适，如考试焦虑、学习困难、厌学等；情绪问题的咨询与缓解，如抑郁、恐惧、焦虑、紧张等；常见行为问题的咨询与矫正，如说谎、打架等。从事迹文本材料来看，年度人物的心理咨询工作主要体现在心理问题的发现、心理问题的诊断和心理问题的矫治三个方面。首先，通过问卷调查、谈心谈话、查阅档案等形式主动发现问题；其次，判断问题的性质、根源及严重程度，对问题做出初步诊断；最后，根据问题属性采用适当的方式进行咨询与矫正。可以认为，正是心理咨询对知识和技能的高要求倒逼着高校辅导员更加专业化。

6.网络思政教育实时化

网络思想政治教育是借助网络媒体将先进的思想理念、政治素养和道德品质等传播给大学生,对大学生的心理及行为施加影响的过程。网络思想政治教育具有即时性、移动性和互动性等特点,它是思想政治教育的重要组成部分。相比传统的思想政治教育,网络思想政治教育能够紧密结合学生"无人不网""无处不网""无时不网"的生活状态,以主动而为、顺势而为的态度把握思政教育的主动权和话语权。通过对 20 份年度人物事迹材料的分析,可以发现以年度人物为样本的高校优秀辅导员群体在网络思想政治教育方面主动谋划、积极作为,能够实时传播网络思政的红色主旋律,塑造网络思政的强大生命力。他们在网络思想政治教育方面的具体行为可以概括为三个方面:一是自媒体宣传,二是新媒体沟通,三是大数据监测,具体见表 1-8。

表 1-8　年度人物在网络思政教育方面的行为特征及具体行为表现

行为特征	年度人物进行网络思政教育的具体行为表现
自媒体宣传	A3:通过运营微信公众号,两个月内共发文 48 篇,为学生传递信息,搭建家校桥梁;A8:抓住网络思政主阵地,创建美术学院微信公众号,累计发表各类新闻文章千余篇;A11:打造"温心语录""12461"微信网络育人平台,推送 500 余篇文章
新媒体沟通	A8:通过 QQ 群、微信、微博、微信公众平台等新媒体建立了"5+2""白加黑"24 小时的全天候工作体系;A14:注重发挥大数据、融媒体在党员教育理论学习中的"助推器"作用,开展党员意识系列线上调查,设计思想政治教育"红色云课堂",建立"微基因"远程互动学习群,推出"党员小书包 2.0"版,打造"掌上党课",实现学习全天候、教育点对点、交流零距离
大数据监测	A1:深入分析学生网络思想行为数据,设计个性化指导方案,精准开展引导;A2:开发出具有自主知识产权的"网络舆情研判分析系统",因势而新,做好网络思想政治教育并服务全校工作

注:为节省篇幅,表 1-8 中年度人物进行网络思想政治教育的具体行为表现只罗列了部分材料作为证据。

(1)自媒体宣传。自媒体的兴起为普通大众通过网络向外发布信息提供了重要途径。自媒体内容呈现形式丰富多样,包括文字、图片、音频、视频等,且可以面向特定群体实现快速有效的传播。利用自媒体进行宣传教育已经成为高校辅导员开展思想政治教育工作的重要抓手。从事迹文本材料来看，年度人物主要以微信公众号为平台，通过定期发文、朗诵报道、视频图片等形式向学生传播新思想、传递正能量。宣传过程紧跟国家政策和舆论导向，遵循"内容为王"的建设规律，牢牢将思想引领作为网络思想政治教育的核心目标，同时有机融入社会实践、创业就业、心理辅导等内容，实现教育内容及形式的多元创新。

（2）新媒体沟通。新媒体相比传统媒体而言，具有大容量、实时性和交互性等特点与优势，可以实现随时随地随人的沟通和交流。从事迹文本材料来看，年度人物都极为重视新媒体技术的应用，擅长借助 QQ、微信、微博、微信公众平台等新媒体打造思想政治教育网络课堂，并构建 24 小时全天候互动交流工作体系，实现了学习无时区、教育点对点、交流零距离。通过采用新媒体技术手段，丰富了教育内容，创新了教育方式，搭建了集理论学习、咨询服务、就业指导于一体的网络服务平台，全方位提升了网络思政的服务水平，有效发挥了网络思政平台的育人功能。

（3）大数据监测。大数据时代学生的思想动态往往可以通过收集其网络行为数据来进行分析和判断。通过大数据的监测，高校辅导员一方面可以实时了解学生个体的思想动态，对学生开展定向的跟踪和个性化的指导，另一方面可以及时掌握网络舆情信息，对舆情进行评估并及时做出反应。从事迹文本材料来看，年度人物能够在大数据理念驱动下熟练地开展工作，如分析学生网络思想行为数据，设计个性化指导方案；开发出具有自主知识产权的"网络舆情研判分析系统"，服务于全校的网络思想政治教育工作等。网络舆情的监测与应对是一项长期的经常性工作，年度人物通过大数据监测技术的应用，实时掌握了学生的思想动态，从而能够把不安定因素消灭在萌芽状态。

7.危机事件应对专门化

危机事件应对是每一个高校辅导员都必须具备的工作技能。校园危机事件具有极大的偶然性，往往会对涉事学生的心理造成极大冲击，甚至影响到学生的生命安全。危机事件存在多种可能的类型，如校园暴力、自然灾害、心理疾病、网络舆情等。面对各种突发危机事件，如果不能迅速果断及时地控制局面，就容易使矛盾激化、事态扩大，从而产生严重的后果。因此,熟练掌握危机事件处理的应对措施,对于有效化解危机尤为重要。通过对 20 份年度人物事迹材料的分析,可以发现以年度人物为样本的高校优秀辅导员群体在危机事件处理方面根据危机类型的不同都有相应的专门化的应对策略,这些策略概括起来主要体现为三个方面:一是重点关注预防,二是实时预警预判,三是有效应急处理,具体见表 1-9。

表 1-9　年度人物在危机事件应对方面的行为特征及具体行为表现

行为特征	年度人物进行危机事件应对的具体行为表现
重点关注预防	A5:采取"点面结合"方式,广泛宣传、排查,建立重点关注对象信息库重点帮扶;A20:借助云端开展了心理教育活动,增强学生个体的"情绪"抵抗力,教会学生用理性平和、积极向上的心态对待突发事件
实时预警预判	A2:联合教师团队转化科研成果,开发出具有自主知识产权的"网络舆情研判分析系统";A5:建立"师生联动、上下联动、家校联动"的三级联动机制、"学院—班级—宿舍"的三级预警机制
有效应急处理	A13:在学生心理危机爆发时,第一时间带着学生前往医院治疗,用家人般的温暖感化学生,并定期与该生毕业设计指导老师沟通其学习情况,帮助其制订考研计划,最终该生完成毕业设计,顺利毕业;A15:新冠疫情突发时,坚持留守学校,进班级,进宿舍,进支部,分享援鄂故事,传递抗疫精神

注:为节省篇幅,表 1-9 中年度人物进行危机事件应对的具体行为表现只罗列了部分材料作为证据。

(1)重点关注预防。危机事件的爆发具有一定的偶然性,再有经验的高校辅导员也无法准确预见所有可能的危机事件。但这并不代表辅导员在危机事件面前无能为力。任何危机事件的爆发都是危机主体心理受到外界因素的影响而付诸具体危机行动的过程。只要在源头上对潜在的危机主体心理施加正向影响,就能在很大程度上预防危机事件的发生。从事迹文本材料来看,年度人物对危机事件预防工作的价值有着深刻的认识,在实践中积极采用普查教育和重点关注相结合的方式对学生开展针对性的宣传教育预防工作。例如,在广泛排查的基础上分层分类建立重点关注对象信息库,针对新冠疫情期间学生可能存在的情绪问题开展系列心理教育活动,等等。通过专门性的排查和宣传教育,提升了学生个体的情绪抵抗力,同时也明确了重点关注预防对象,提高了预防工作的针对性和有效性。

(2)实时预警预判。虽然危机事件具有偶然性,但在这种偶然性的背后势必隐藏着一定的必然性。具体到实际工作中,每个高校辅导员都要建立专门的重点关注预防对象信息库,并对库中的学生情况非常熟悉。比如哪些是学业困难,哪些是心理困难,哪些是经济困难,等等。因为不同类型的学生发生危机事件的概率、性质和影响等都不相同,需要辅导员进行足够的研判和分析,才能最大限度地及时发现问题和阻止危机事件发生。从事迹文本材料来看,年度人物都极为注重危机事件的预警预判,有的通过建立"师生联动、上下联动、家校联动"的三级联动机制和"学院—班级—宿舍"的三级预警机制来强化对危机事件的预判和管理,也有的尝试通过研发网络舆情研判分析系统等途径实现预警预判的技术手段创新。

(3)有效应急处理。正如前面所述,预防和预警工作做得再好也无法完全消灭危机事件,危机事件的爆发具有不确定性。危机事件一旦爆发,其破坏性的能量就会被迅速释放,如果不能及时控制,就容易产生严重后果。因而,有效的预警预判是前提,在预警预判的基础上进行应急处理是遏制事态扩大的关键。从事迹文本材料来看,年度人物根据不同的危机情境模式形成了专门化的应急处理方式,以最大限度地降低危机爆发带来的影响。例如,针对心理危机,第一时间控制学生,带学生到医院治疗,并分析危机产生的原因,从源头上进行疏导;针对新冠疫情等突发事件,留守学校,陪伴学生,给予学生最大精神支持,帮助学生度过艰难时刻,努力将危机事件带来的不良影响最小化。

8.职业规划指导精准化

大学生职业规划与就业指导是高校辅导员服务学生成长成才的重要着力点。通过辅助学生进行职业生涯规划和为其提供就业指导,可以帮助学生尽早确定自己的职业目标,把握自己的职业定位,促使学生按照既定的目标和理想持续不断地付出努力。但现实当中,不同的学生因在个性、背景、爱好等方面存在着明显差异,他们在职业及岗位选择方面也必然会出现分野。这对高校辅导员的职业规划和就业指导能力提出了新的要求。通过对 20 份年度人物事迹材料的分析,可以发现以年度人物为样本的高校优秀辅导员群体在职业规划指导方面呈现出精准化服务发展趋势,能够基于学生个性与需求的不同精准施策,以提高学生的就业匹配度。年度人物的具体行为可以概括为三个方面:一是提升职业规划能力,二是开展职业规划指导,三是促进就业信息匹配,具体见表 1-10。

表 1-10　年度人物在职业规划指导方面的行为特征及具体行为表现

行为特征	年度人物进行职业规划指导的具体行为表现
提升职业规划能力	A6:获取了全球职业规划师、国家二级职业指导师职业资格;A11:考取高级职业指导师、国家生涯规划师、高校创业指导师等职业证书;A19:通过全球职业规划师认证、全球生涯教练认证
开展职业规划指导	A5:开展"规划青春梦,激扬自贸港"职业规划大赛;A6:关注每一位学生的个性特征,提供"面对面＋键对键＋心贴心"的生涯规划辅导;A11:构建了"一档两课三请四到"联动式学生职业生涯培育模式;A16:以学院"众创空间"为孵化基地,形成以学生为主导、教师为指导的创新创业团队,培育学生创新创业技能,建立了校企合作就业实习基地,组织线上和线下的招聘会;A8:讲授"大学生职业生涯规划""大学生就业指导""大学生职场竞争力提升"等课程
促进就业信息匹配	A1:精准推送就业信息,实现"一人一策"精准指导,坚持每周与就业学生一对一交流,每份简历反复修改,每个 offer 全面分析;A2:组织开发"就业智能匹配推荐系统",精确服务毕业生和用人单位的双向选择;A19:采用"行业调研＋生涯人物访谈＋就业信息收集分析＋用人单位评价反馈"四位一体的方式,形成就业信息交互系统,激发学生就业的内驱力

注:为节省篇幅,表 1-10 中年度人物进行职业规划指导的具体行为表现只罗列了部分材料作为证据。

(1)提升职业规划能力。职业规划能力体现为辅导员为学生提供职业生涯规划设计辅导,帮助学生确立适合自己的职业发展路径的基本能力。高校辅导员的职业规划能力并不是与生俱来的,而是随着个人理论学习的提升和工作经验的积累逐步发展起来的。高校辅导员具备什么样的职业规划能力会影响到学生在大学阶段的学习表现以及对未来职业发展路径的选择。因而,对于高校辅导员而言,只有努力提升职业规划能力,才能更好地服务学生成长成才。从事迹文本材料来看,年度人物主要通过考取相关的职业指导证书或获得相关认证来快速提升个人的职业规划能力。例如,考取高级职业指导师、国家生涯规划师、高校创业指导师等职业证书,获取全球职业规划师、全球生涯教练等资格认证,等等。职业规划能力的提升为高校辅导员开展精准化职业生涯咨询和就业指导提供了重要保证。

(2)开展职业规划指导。职业规划指导是高校辅导员为学生提供职业生涯规划设计辅导,帮助学生确立职业发展路径的具体行动过程。职业规划指导是一项系统性很强的工作,要结合学生的个人特点分年级分阶段有侧重地逐步展开,才能精准对接学生的发展需求,为学生的学习生涯和职业规划提供最有效的辅导支持。从事迹文本材料来看,年度人物首先通过讲授相关职业类课程在低年级开展职业认知和自我探索类的初级职业规划培训,帮助学生了解专业,树立职业理想,制订在校学习计划。然后在中年级开展职业规划大赛、创新创业竞赛等,帮助学生确立职业目标,提高对未来个人职业生涯的决策能力。最后对高年级学生着重开展就业择业教育,指导学生制作简历、推荐就业单位等,帮助学生树立正确的就业观。

(3)促进就业信息匹配。在当前市场经济环境条件下,大学生就业是一个学生与用人单位之间信息交换与双向选择的互动匹配过程。长期以来,毕业生就业存在用人单位与学生之间信息不匹配的怪象,造成就业资源的浪费和部分学生就业难等问题。究其原因,主要还是学生对企业情况不了解,无法根据个人需求精准匹配目标企业。因而,促进学生与企业之间信息的匹配至关重要。从事迹文本材料来看,年度人物在就业指导与服务方面普遍注重开展"一人一策"的精准指导和就业信息的交互,通过精准推送就业信息,精确服务毕业生和用人单位的双向选择,来促进校企之间就业资源的互通,帮助学生既好又快地实现就业目标。

9.理论和实践研究常态化

理论和实践研究是高校辅导员工作超越经验事实,实现向抽象理论过渡的重要途径。高校辅导员通过理论和实践研究,可以有效开发个体心智、凝聚工作智慧,形成对工作规律的把握,提升解决实际问题的能力,进而拓展学生工作的格局和视野。理论和实践研究是推动辅导员从初级向高级转变的必要途径,同时也是高校辅导员实现专业化发展的必然选择。理论的建构来源于辅导员对实际工作的反思,而理论的形成反过来又可以指导具体的工作实践,两者是相互影响、相互促进的关系。高校辅导员对理论和实践研究的重视程度往往决定了其开展工作的格局和思路,也影响着其在其他各项职业功能上的表现。通过对 20 份年度人物事迹材料的分析,可以发现以年度人物为样本的高校优秀辅导员群体对理论和实践研究方面高度重视,产出了一系列研究成果,呈现出研究行为的常态化。年度人物的具体行为可以概括为四个方面:一是搭建科研平台,二是开展课题研究,三是发表论文、出版专著,四是推广学术成果,具体见表 1-11。

表 1-11 年度人物在理论和实践研究方面的行业特征及具体行为表现

行为特征	年度人物进行理论和实践研究的具体行为表现
搭建科研平台	A1:牵头建设辅导员工作室,与兄弟院校开展了 10 多次学术交流分享活动,与辅导员同仁共同探讨大学生思想政治教育话题;A2:整合资源建立学校首批辅导员名师工作室,联合一批青年教授博士,打通与教学、科研的教育界限,打造"思想引领—知识传授—能力培养—服务实践"创新创业教育协同闭环;A18:筹建了学校首批辅导员工作室,整合平台资源,统筹开展引领教育和学术研究;A20:成立辅导员工作室,积极指导工作室成员写论文、申报课题,帮助他们不断提高教学、工作和科研水平
开展课题研究	A3:积极开展大学生思想政治教育的相关研究,主持完成教育部人文社科、省社科规划课题多项;A16:承担了校级、省级思想政治教育类的项目基金,参与了多项思政课教改项目,带着学生一起做思政课题研究,指导学生进行社会实践,辅导学生撰写思想政治调研报告;A17:潜心教学,笃志科研,将生物传感技术、眼动追踪技术、脑科学技术等与思想政治教育交叉融合,探寻思想政治教育育人规律,主持并重点参与 8 项省部级及以上课题研究

行为特征	年度人物进行理论和实践研究的行为表现
发表论文、出版专著	A7：注重将典型经验上升为理性认识，依托项目撰写的两篇工作论文多次获奖；A17：编撰并出版专著 3 部，拥有发明专利 1 项，在重要刊物上发表文章 16 篇，连续两年荣获全国高校思想政治工作优秀论文一等奖；A18：以铸牢中华民族共同体意识为主线，出版 20 余万字的《民族共荣：目标与行动》，以青年大学生思想政治教育工作为主线，出版 20 余万字的《读·讲·行——青年大学生思想政治教育的创新实践》
推广学术成果	A2：组织引导学生践行家国情怀，担当科技报国使命，领导团队研发智能在线评卷系统，服务在线教学 2000 余人次；A14：撰写的多篇工作案例被"全国高校思政网""共产党员网""高校辅导员在线""高校辅导员联盟"等平台推送；A17：与团队聚焦线上学业辅导，自主设计研发了基于智能问答的"AI导导"智慧学伴系统等

注：为节省篇幅，表 1-11 中年度人物进行理论和实践研究的具体行为表现只罗列了部分材料作为证据。

（1）搭建科研平台。国家为高校辅导员的学术发展提供了多种支持策略，如设立辅导员精品工作项目和辅导员思政专项课题、实施辅导员学历学位专项进修制度、支持辅导员工作室建设、举办各种辅导员工作论坛等。其中辅导员工作室作为辅导员开展工作的组织载体，在辅导员学术能力的养成中发挥着重要作用。从事迹文本材料来看，年度人物通过主动牵头承担辅导员工作室建设，整合校内外资源，并以此为科研平台开展学术探讨、交流和研究，在提升个人学术水平的同时，积极指导工作室成员从事大学生思想政治教育的理论和实践研究，帮助他们不断提高教学、科研和工作水平。辅导员工作室是高校辅导员开展学术研究的组织平台，辅导员以工作室建设为抓手，不断推动个人学术水平的提升，同时也辐射影响到其他工作室成员。

（2）开展课题研究。开展课题研究是高校辅导员提升学术水平和解决工作中重点难点问题的重要途径。高校辅导员通过对工作当中遇到的问题进行深刻反思，凝练成有价值的选题，再经过系统研究对问题逐步进行破解的过程就是辅导员学术研究的基本范式。国家层面对辅导员的专业学术发展极为重视,自上而下设立了辅导员思政专项课题和辅导员精品工作项目等系列研究项目,其目的正是引导高校辅导员群体以课题研究为抓手不断加强学术积累,提升理论和实践研究水平。从事迹文本材料来看,年度人物把课题研究作为一项常态化工作对待,不仅围绕思想政治教育领域的问题申报立项了各级各类课题,还尝试将其他专业与思政教育相结合开展跨学科交叉研究,来探寻思想政治教育的基本规律。通过课题研究,既破解了实际工作当中遇到的一些问题,同时也有效促进了学术思维的训练和养成。

(3)发表论文、出版专著。论文和专著是两种不同的课题研究成果表达形式,是辅导员将个人感性经验上升为理性认识的必要过程及行动展示。课题研究呈现的是辅导员发现问题以及解决问题的基本思路和方法,而学术论文和专著呈现的则是辅导员实际解决问题的过程及其结果。高校辅导员撰写学术论文或专著的过程就是其对研究课题进行深入思考和分析的过程,反映的是辅导员分析问题和解决问题的科学素养与基本能力。从事迹文本材料来看,年度人物普遍把撰写学术论文和专著作为工作的重要组成部分来认真对待,并围绕思想政治教育领域的相关问题开展常态化的研究,产出了一系列研究成果,形成了对思想政治教育的理性认识和规律把握。对工作的理性认识和规律把握反过来也有效促进了辅导员工作效能的提升。

(4)推广学术成果。学术成果因其理论性和创新性而具有强大的生命力,学术成果的生命力最终体现在其影响力和对客观世界的改造上。辅导员产出学术成果的过程其实就是知识生产的过程。学术成果往往来源于对具体实践的理性认识,同时又对具体实践具有一定的指导作用。不同类型学术成果因其存在形式、内容和特点的不同对客观世界的影响方式也不尽相同。从事迹文本材料来看,年度人物主要产出学术论文、专著、工作案例和调研报告等学术成果,并充分利用媒体平台的推送扩大其影响。还有少数年度人物结合专业研发了智能在线评卷系统、"AI导导"智慧学伴系统等软件系统,并在具体实践中实现了推广应用,在广大师生中产生了积极影响。

（四）优秀行为特征的成因

综合上述分析，可以发现，以年度人物为样本的高校优秀辅导员群体具有思想政治教育精品化、党团和班级建设品牌化、学风建设体系化、日常事务管理精细化、心理健康教育专业化、网络思政教育实时化、危机事件应对专门化、职业规划指导精准化、理论和实践研究常态化等典型特征。年度人物在职业功能上的这些行为特征正是高校优秀辅导员群体工作特征的真实写照，反映出高校优秀辅导员群体"优秀"概念外壳下的真正行动结构。材料分析结果表明，高校优秀辅导员的"优秀"是一个不断成长的过程，是一个在一定的外部环境因素影响下自我革命和自我迭代更新的过程。厘清高校优秀辅导员优秀行为的成因及其逻辑，并将其应用于指导辅导员具体工作实践，对于提升广大辅导员的职业素养、促进辅导员更好地胜任辅导员工作具有重要的现实意义。

1.过人的学习能力是高校辅导员成为"优秀"的首要前提

从事迹文本材料来看，高校优秀辅导员虽然大多数并非正规科班出身，但正是基于其对辅导员工作内容、方式等的快速理解和学习适应，有效确保了其在辅导员各项职业功能上的均衡协调发展。在局外人看来，辅导员工作干的是杂事，无技术含量可言，谁都能干。但凡是有过辅导员职业体验的人都非常清楚，高校辅导员工作看似简单，要干好实则并非易事。因为辅导员职业功能的 9 个维度对知识和能力的要求各不相同，一个人要想全部涉猎并融会贯通，需要像苦行僧般不断自我修炼。这个修炼过程集合了对多学科知识的获取和具体实践的反复锤炼，对修炼者的学习能力有着很高的要求。显然，如果辅导员没有过人的学习适应能力，是很难胜任辅导员岗位的，更别提成为"优秀"。作为高校辅导员，只有秉持终身学习理念，培养自身快速学习适应能力，把自己打造成一个学习型辅导员，才能在高校辅导员的职业发展道路上走得更远。

2.扎实的管理服务是高校辅导员成为"优秀"的基础保障

从事迹文本材料来看，高校优秀辅导员作为学生的重要咨询和服务资源，普遍具有扎实的管理服务能力。这种管理服务体现在辅导员工作的各个层面,除了具体事务管理之外,还包括对学生关系的管理、紧急情况处置管理、咨询服务管理、团队合作管理和创新管理等。辅导员管理服务的对象是学生,管理服务的最终目的是更好地促进学生成长成才。但学生的多样性和辅导员工作的碎片化特征决定了高校辅导员要做好管理服务工作并非易事,需要有清晰的工作思路,有培养和驾驭学生干部的能力,有学业指导、心理咨询、就业指导等方面的知识和技能储备,同时还要成为时间管理大师。如果辅导员没有扎实的管理服务能力,辅导员工作的千头万绪必然会使其深陷于琐碎性工作中无法自拔,自然也难以有时间学习提升和产出成果。作为高校辅导员,只有深入学生、了解学生,根据学生的需求不断地创新学生管理理念与方法,培养自己扎实的管理服务能力,才能为辅导员职业发展提供最基础最坚实的保障。

3.有效的资源整合是高校辅导员成为"优秀"的重要保证

从事迹文本材料来看,高校优秀辅导员普遍具有强大的资源管理和整合能力,善于整合多方资源、快速解决实际问题。资源整合能力是辅导员综合素质的重要体现,也是新时代做实做细做新辅导员工作的现实要求。这种资源整合主要体现在两个方面:一是聚焦学生教育管理服务找资源,如整合校内外专业教师进行学风建设,整合专业技术人员搞舆情预警系统研发,联合团委、学工等部门搞第二课堂活动等。二是聚焦自身专业发展找资源,如整合思政领域专家申报课题、邀请校外专家进行项目辅导、根据辅导员特点组建个性化工作室等。高校优秀辅导员通过整合这些资源为己所用,既有效提升了学生教育管理服务的效果,同时也大大促进了个人专业和职业的发展。资源的拓展和整合并非易事,需要辅导员勤问、勤跑和勤助。过程或许会比较曲折,也可能会处处碰壁,但只要坚持不懈,总会取得成效。作为高校辅导员,只有善于挖掘身边资源,整合并利用好这些资源,才能促使自己在通往优秀辅导员的道路上更进一步。

4.广泛的人际沟通是高校辅导员成为"优秀"的核心关键

从事迹文本材料来看,高校优秀辅导员普遍具有较强的人际沟通能力,在实际工作中善于主动出击,围绕工作目标与各类组织或人员开展有效的人际沟通,以服务于既定工作目标的达成。人际沟通是人作为社会人存在的根本,也是辅导员顺利开展各项工作所要具备的关键核心能力。辅导员职业岗位的特殊性决定了辅导员工作具有"强沟通"的特点,除了与学生群体沟通之外,还需要与校内外各个部门以及人员进行沟通。例如,与学生事务有关的学工系统、后勤系统等相关部门,与学生学业发展有关的教务系统、实训系统、图书管理系统等相关部门,还有与个人发展有关的人事组织系统、科研系统等相关部门,当然还包括辅导员个人所在院系以及校外企业、专家、兄弟院校,等等。沟通对象的多样性、复杂性和不确定性给辅导员工作带来了极大的挑战。作为高校辅导员,只有主动沟通,善于沟通,不断拓展沟通的广度和深度,才能破除各种阻碍,争取最大资源,推动辅导员工作更上新台阶。结合现实来看,高校辅导员是否具备广泛和良好的人际沟通能力,已经成为辅导员能否成为"优秀"的关键。

5.持续的科研产出是高校辅导员成为"优秀"的重要引擎

从事迹文本材料来看,高校优秀辅导员都极为注重科学研究,在大思政工作领域具有持续的科研产出能力,形成了系列化的学术研究成果。科研产出能力是高校辅导员的终极能力,是辅导员实现专业化、专家化发展所必须具备的一种高端能力,对辅导员其他维度的工作具有提纲挈领的作用。对辅导员而言,持续的科研产出并非易事,因为它首先需要辅导员具备科学研究素养,并在繁杂琐碎的常规性工作中挤出时间,以实践者加研究者的双重身份不断地探索,实现从经验材料到抽象理论的质的飞跃。当辅导员产出了学术成果后,再将其应用于具体实践进行检验,可以指导具体实践工作的开展。由此可见,辅导员的科研产出既根源于实践,又反作用于实践,两者是一个良性互动的关系。作为高校辅导员,只有不断地培养学术思维,善于发现问题,并能用科学的方法分析和解决问题,持续地产出学术研究成果,才能在辅导员职业化、专业化发展的道路上拔得头筹。

第二章　新时代新要求:高校辅导员胜任特征再探索

　　高校辅导员胜任特征从辅导员品质和能力层面论证了辅导员个体与岗位工作绩效的关系,反映了辅导员的社会角色、自我概念、特质和动机等潜在的深层次能力特征。辅导员胜任特征在很大程度上影响着辅导员外在的职业行为表现,其优劣能将辅导员群体中的绩效优秀者和绩效平庸者区分开来,因而正视并发掘辅导员胜任特征对辅导员队伍建设具有重要的现实意义。但辅导员胜任特征是一个变化着的概念,它与辅导员角色内涵、定位及职责紧密联系在一起。在不同的历史时期,高校辅导员因其角色内涵和定位的不同而必然会呈现出不同的胜任特征。那么,在新时代的语境下,高校辅导员究竟具备怎样的胜任特征? 这些胜任特征又由哪些结构要素组成? 本章将结合新时代语境下辅导员工作的新要求,对高校辅导员的胜任特征进行再探索再研究。

第一节　高校辅导员胜任特征研究概况

一、胜任特征

　　有关胜任特征的研究最早可以追溯到 20 世纪初"管理科学之父"泰勒所发起的"管理胜任特征运动"(management competencies movement)。他所进行的"时间—动作研究"就是对研究对象胜任特征的分析和探索,关注的是那些可直接观察的动作技能或体力因素。泰勒的这一运动被普遍认为是胜任特征研究的发端。[①] 直到 20 世纪 70 年代,哈佛大学的心理学家麦克利兰主张用胜任特征评估来代替传统的智力测试,并提出了基于胜任特征的有效测验的原则[②],才使得人们开始广泛接受"胜任特征"这一概念,并由此掀起了学术界在世界范围内关于胜任特征的研究热潮[③]。

(一)胜任特征的定义

对于胜任特征的定义,理论界比较一致的观点是:能将某一种工作(或组织、文化)中卓越成就者与表现平平者区分开来的个人的深层特征,它可以是动机、特质、自我形象、态度或价值观、某领域知识、认知或行为技能等任何可以被可靠测量或计量的,并且能显著区分优秀绩效和一般绩效的个体的深层次特征。[④] 从该定义中可以看出,胜任特征测量的不是具体的行为表现,而是一类行为所共同具有的潜在特征,它可以是认知的、意志的、态度的、情感的、动力的或倾向性的等等。这类特征的概括水平比具体行为的概括水平高,可以代表许多具体行为。[⑤]

胜任特征的概念需要从三方面进行理解:一是深层次特征,二是预测绩效的因果关系,三是参照效标。深层次特征指胜任特征是人格中深层和持久的部分,显示了行为和思维方式,能够预测多种情景或工作中人的行为。其中知识和技能是相对表层的可以看到的部分,而特质、动机、自我概念等则是较为隐蔽、深层和难以看见的部分。预测绩效的因果关系指胜任特征能引起和预测个体的行为及绩效。只有能引发和预测工作绩效和工作行为的深层次特征,才能被认定为该岗位的胜任特征。参照效

---

① Sandberg J. Understanding Human Competence at Work: An Interpretative Approach[J]. Academy of Management Journal, 2000(1): 9-25.

② McClelland D C. Testing for Competence rather than for Intelligence[J]. American Psychologist, 1973(28): 1-14.

③ 仲理峰, 时勘. 胜任特征研究的新进展[J]. 南开管理评论, 2003(2): 4-8.

④ Spencer L M, Spencer S M. Competence at Work: Models for Superior Performance[M]. New York: John Wiley & Sons, Inc., 1993.

⑤ 仲理峰, 时勘. 胜任特征研究的新进展[J]. 南开管理评论, 2003(2): 4-8.

标是衡量某特征品质预测现实情境中工作优劣的效度标准。一个特征品质如果不能预测工作绩效方面的差异，则不能称之为胜任特征。[①] 按照上述理解，凡是能将绩效优异者和绩效一般者区分开来的个体特征，都可以被界定为胜任特征。

（二）胜任特征的研究方法

胜任特征的研究能够为人力资源管理理论和实践提供一种"通用语言"——行为特征，从而使得人力资源的招聘、选拔、培训、绩效管理和培养发展等工作有据可循。[②] 在对胜任特征进行探讨的过程中，研究者由于各自的研究目的和研究视野的不同，所采用的研究方法也不尽相同，常见的有行为事件访谈法、问卷调查法、情境测验法、专家评定法等。[③]

行为事件访谈法是目前应用较普遍的胜任特征研究方法。该方法主要以目标岗位的任职者为访谈对象，采用开放式的行为回顾式探索技术，让被访谈者回忆自己在任职期间最成功和最失败的关键事例，包括对当时情境、参与的人员、实际采取的行为、个人的主观感受和最终结果等的详细描述，然后根据被访者的事件陈述挖掘出事件背后的原因与细节，比较绩优群体和普通群体之间行为特征的差异，进而提炼出满足特定岗位所需的胜任特征。[④] 行为事件访谈法主要适用于对结构要素不清的岗位胜任特征的探索和获取，它是一种专业性非常强的访谈分析方法，可以使研究者在较短的时间内全面深入地挖掘大量有价值的信息，进而揭示胜任特征。

问卷调查法是通过严格设计的心理测量项目或问题向研究对象收集研究资料和数据的一种方法，它也是目前较为广泛使用的一种胜任特征研究方法。[⑤] 该方法首先需要通过文献查询、访谈或者开放性问卷调查

① 时勘.基于胜任特征模型的人力资源开发[J].心理科学进展,2006(4):586-595.

② 仲理峰,时勘.胜任特征研究的新进展[J].南开管理评论,2003(2):4-8.

③ 叶茂林,杜瀛.胜任特征研究方法综述[J].湖南师范大学教育科学学报,2006(4):101-104.

④ 李德方.基于行为事件访谈法的高职院校校长胜任力模型研究[J].中国高教研究,2015(7):96-101.

⑤ 王重鸣.心理学研究方法[M].北京:人民教育出版社,2001.

来收集胜任特征项目,然后对所获得的胜任特征项目进行筛选,再将筛选剩下的胜任特征项目编成问卷进行施测,最后对问卷调查所得数据进行统计分析,通过探索性因素分析和验证性因素分析相结合的方式提取胜任特征。问卷调查法主要适用于有现成的结构要素可以参考的情况,问卷数据采集过程具有标准化、成本低、易控制的特点。

情境测验法是在真实的生活情境或经过人工设计的特殊情境中观察被试完成所给予的任务的情况,从而评估他们的某些能力、工作态度以及情绪和人格特征等的方法。[①] 胜任特征与工作职位是紧密相连的,其评价和测量离不开实际的工作情境。因此情境测验就成为胜任特征评价的一种重要的研究方法。[②] 该方法首先要求设置某个问题情境,并提供若干个解决具体问题可能产生的行为反应,然后令被试进行判断、评价与选择,选出其中最符合(最不符合)或最愿采取(最不愿采取)的行为反应,或对每一行为反应在符合不符合、最愿最不愿的等级量表上评定等级,再根据被试判断、评价与选择的作答表现予以赋分,推论其解决问题的实践能力水平。[③] 由于情境测验所测的是实践性的智慧,故用该方法来研究胜任特征能较好保证研究的实践指向性。

专家评定法是由权威专家小组对胜任素质项目进行详细的分析、比较和多轮的筛选、合并来获得胜任特征指标的方法。采用该方法首先要通过文献查询、开放式问卷等途径收集尽可能多的胜任特征条目,然后选择合适的专家以及采用科学合适的方法对条目进行筛选和评定,最后把专家评定后的条目编制成量表对研究群体进行施测,并对施测数据进行统计和分析得到相应的胜任特征结构模型。专家评定法和问卷调查法一样具有简单、快捷、适用性强的特点,但也存在主观性强的问题。要保证该方法的有效性和可靠性,关键在于确保专家小组人员的权威性和合理性,以及尽最大努力消除因个人情绪、偏好等产生的主观倾向性。

---

① 林崇德.心理学大辞典(上卷)[M].上海:上海教育出版社,2003.
② 叶茂林,杜瀛.胜任特征研究方法综述[J].湖南师范大学教育科学学报,2006(4):101-104.
③ 漆书清,戴海琦.情景判断测验的性质、功能与开发编制[J].心理学探新,2003(4):42-46.

(三)胜任特征的应用

胜任特征研究的最终目的是构建胜任特征模型以及将该模型应用于指导人力资源开发的具体实践。在提取了胜任特征后,将其按照一定的结构整合起来即构成了某职位的胜任特征模型。胜任特征模型包括了胜任特征名称、定义和行为指标等级三个要素,它是人力资源管理与开发的各项职能得以有效实施的重要基础和技术前提。[①] 胜任特征的提取以及模型的构建是一个针对特定情境下某个岗位胜任要素的挖掘与分析的过程。岗位的特殊性和情境的变化性决定了胜任特征的研究可以根据实际情况灵活处理,同时胜任特征在应用的过程中也要根据时代的发展不断地自我迭代更新,以匹配相应的岗位角色变迁。

胜任特征在人力资源管理及开发过程中的应用主要体现在人员招聘选拔、业务培训、绩效管理等各个环节。在人员招聘选拔方面,可以根据胜任特征优化招聘的工作方式与流程,有针对性地开发有效的考评方法和内容,通过考察应聘者是否具备岗位胜任能力模型所要求的关键行为,找到最符合岗位要求和企业发展所需的员工,降低人员的流动率并尽可能地控制管理成本。例如,将其应用于公司招聘流程的优化设计[②],应用于结构化面试中提升面试的客观性和公正性[③],应用于领导干部的选拔[④],等等。在人员培训方面,可以根据胜任特征挖掘产生优秀绩效的能力要素,对其员工开展有目的、有计划的培养和训练活动。例如,将其应用于连锁店店长的培训课程开发[⑤],应用于校长的遴选与培训[⑥],应用于

---

① 时勘.基于胜任特征模型的人力资源开发[J].心理科学进展,2006(4):586-595.

② 王彦辉.基于岗位胜任特征的人员招聘流程设计[J].人力资源管理,2014(9):200-202.

③ 周卓华.基于胜任特征的结构化面试在招聘中的应用[J].消费导刊,2009(12):128-129.

④ 田宝,张翠琼.领导干部选拔:从能力取向到胜任特征的转变[J].领导科学,2010(23):40-41.

⑤ 殷智红,李宇红.基于胜任特征的连锁店店长培训研究[J].技术经济与管理研究,2012(7):58-62.

⑥ 张东娇.基于胜任特征的校长遴选与培训体系[J].教育研究,2007(1):86-89,96.

高校教学管理人员的培训①，等等。在绩效管理方面，可以根据胜任特征设计一个优化的绩效管理流程体系，有效区分优秀绩效者和普通绩效者，实现绩效管理的动态、协调和可持续发展。例如，将其应用于高校中层干部的绩效考核②，应用于高校教师的绩效评价③，应用于高校辅导员的考核与培养④，等等。

从胜任特征的应用领域来看，已经呈现出由最初的管理领域向教育、金融、医学、科技、体育等多领域拓展的趋势。教育领域主要侧重于对校长、某专业或学科教师以及其他管理人员胜任特征的研究。例如，王帅关于中学名校校长胜任特征的研究⑤，牛端和张敏强关于高校教师胜任特征模型的研究⑥，石学云关于特殊教育教师胜任特征模型的研究⑦，王智和张大均关于心理健康教育教师胜任特征模型的研究⑧，等等。除此之外，还有金融、医学、科技、体育等多领域的应用，如肖凌等关于国有银行中层管理人员胜任特征的研究⑨，王桢等关于临床医学学科带头人胜任特征模型的研究⑩，谷丽等关于专利代理人胜任特征模型的研究⑪，邱芬

---

① 俞继凤.高校教学管理人员培训——基于胜任特征的思考[J].国家教育行政学院学报，2009(5)：32-34.

② 李华，张曾.基于胜任特征的高校中层干部考核体系研究[J].西南农业大学学报(社会科学版)，2010(4)：218-220.

③ 蒲宏.基于PCI胜任特征模型的高职教师绩效评价体系设计——以成都G职业学院为例[J].职业技术教育，2020(20)：60-64.

④ 吕素香.基于胜任特征的高校辅导员队伍培养问题与对策[J].思想教育研究，2016(7)：92-96.

⑤ 王帅.中学名校校长胜任特征研究[J].教育学术月刊，2017(7)：54-63.

⑥ 牛端，张敏强.高校教师胜任特征模型的构建与验证[J].心理科学，2012(5)：1240-1246.

⑦ 石学云.我国特殊教育教师胜任特征模型研究[J].教育研究，2015(4)：79-85，103.

⑧ 王智，张大均.学校心理健康教育教师胜任特征结构及测量[J].心理科学，2011(2)：481-487.

⑨ 肖凌，聂鹰，梁建春.国有银行中层管理人员胜任特征模型[J].经济科学，2006(5)：83-89.

⑩ 王桢，苏景宽，罗正学，等.临床医学学科带头人胜任特征模型建构——量化与质化结合的方法[J].管理评论，2011(5)：70-77.

⑪ 谷丽，阎慰椿，丁堃.专利质量视角的专利代理人胜任特征模型研究[J].科研管理，2018(12)：179-188.

和姚家新关于我国专业教练员胜任特征的研究①,等等。

总的来看,胜任特征的应用贯穿于人力资源管理及开发的各个环节,同时也渗透于教育、管理等多个专业领域。对胜任特征的研究也不再局限于企业的中高层管理人员,而是将一切值得研究的岗位及人员都纳入研究视野中来,如教师、医生、教练员等一批专业技术性较强的专业技术人员都成了研究对象。对于不同的研究对象,因其研究现状不同,胜任特征的研究可以根据实际研究情境及研究需要采取不同的研究方法,其最终目的都是构建相适应的胜任特征模型,以此指导具体的人力资源管理与开发实践,提升人力资源管理与开发的针对性和有效性。

二、高校辅导员胜任特征

从当前辅导员入职门槛来看,中共党员和硕士研究生学历是基础条件,只有满足这两个条件,才有机会入职高校担任辅导员。但现实当中的高校辅导员是一个跨学科概念,其角色内涵的丰富性、多样性和职业功能的复杂性决定了辅导员工作具有上手容易、做好不易的基本特点。换句话说,要担任辅导员工作相对简单,大学里很多专业教师都在兼任班级辅导员,但若要真正地胜任辅导员工作则并非易事,需要付出更多的主观努力。高校辅导员的胜任特征体现出的是绩优辅导员和绩平辅导员之间的行为品质特征差异,代表的是辅导员从"在做"到"做好"应该坚持的正确方向。关注并研究新时代高校辅导员的胜任特征,对高校辅导员队伍建设具有重要的指导意义。

(一)高校辅导员胜任特征研究现状

高校辅导员胜任特征研究为辅导员队伍的专业化、职业化发展提供了新的思路和视角,目前已成为辅导员队伍建设的新兴研究热点。研究早期,学者主要从胜任特征的基本概念出发,对"辅导员胜任特征"做出界

---

① 邱芬,姚家新.我国专业教练员胜任特征模型、评价量表的建立及测评研究[J].体育科学,2009(4):17-26.

定。随着高校辅导员制度及角色内涵的不断变迁，近年来的研究则更多地将辅导员职业特征纳入考量范围，认为应该融入辅导员职业功能的具体要求开展辅导员胜任特征的研究。对有关辅导员胜任特征研究的代表性成果进一步按照研究范式、研究方法和研究成果做分项梳理和比对，结果如表 2-1 所示。

表 2-1 国内有关高校辅导员胜任特征研究的代表作梳理

作者	研究成果	研究范式	研究方法
杨继平和顾倩（2004）	16 项胜任特征	实证研究	量化研究，采用问卷对普通辅导员施测，简单的统计描述
郝英杰（2007）	3 个维度 13 项胜任特征	规范研究	规范分析，文献研究基础上归纳提炼
陈建文和汪祝华（2009）	6 个维度 50 项胜任特征	实证研究	量化研究，采用问卷对普通辅导员施测，借助 SPSS 进行因子分析
陈岩松（2010）	3 个维度 13 项胜任特征	实证研究	质性研究，采用行为事件访谈法对绩优组和绩平组辅导员进行调查，并聚类分析
吕云超（2011）	6 个维度 20 项胜任特征	规范研究	规范分析，对普通辅导员采用访谈法并结合文献研究进行归纳提炼
毛霞（2014）	5 项胜任特征	规范研究	规范分析，对地区优秀辅导员采用访谈法结合文献研究进行归纳提炼
葛卫华（2016）	15 项胜任特征	实证研究	质性研究与量化研究相结合，对普通辅导员采用行为事件访谈法和问卷法进行对比研究
孙莉玲和江莉莉（2016）	4 个维度 19 项胜任特征	实证研究	质性研究，采用文本分析法对前 8 届"全国高校辅导员年度人物"事迹材料进行提炼分析
吴立爽等（2018）	4 个维度 14 项胜任特征	实证研究	量化研究，采用问卷对普通辅导员施测，借助 SPSS、AMOS 对数据进行分析

杨继平和顾倩是国内最早对辅导员胜任特征进行研究的学者。两位学者在 2004 年开始关注高校辅导员胜任特征问题，并以山西大学 110 名本科生为调查对象，采用开放式问卷提取胜任特征维度，然后编制成问卷

对 51 位普通辅导员施测,最终得到包括言语表达能力、沟通能力、应变能力、组织能力、关爱学生、创新能力、观察能力、职业忠诚感、个人魅力、促进学生发展的能力、思想道德修养、心理辅导能力、反省认知能力、理解和尊重学生、原则性、参与能力在内的 16 项高校辅导员胜任特征。[①] 其研究成果《大学辅导员胜任力的初步研究》发表在山西大学学报哲学社会科学版,这是学界对高校辅导员胜任特征的首次探索。

随着《关于进一步加强和改进大学生思想政治教育的意见》(2004)、《关于加强高等学校辅导员班主任队伍建设的意见》(2005)和《普通高等学校辅导员队伍建设规定》(2006)等系列文件的出台,越来越多的学者开始关注高校辅导员群体,并围绕辅导员的胜任特征问题进行研究,比较有代表性的有郝英杰、陈建文和汪祝华、陈岩松、吕云超、毛霞等。

郝英杰结合现有文献和国家方针,采用规范分析的方法提炼出高校辅导员胜任特征的 3 个维度:能力、素质和个人魅力,以及包括学习能力、工作能力、创新能力和领导能力 4 个能力因子,思想道德素质、科学文化素质和身心健康素质 3 个素质因子,充满爱心、亲和力、处事公正、学会倾听、敏感性和大局意识 6 个个人魅力因子在内的 13 项胜任特征。[②] 陈建文和汪祝华根据职责—素质相匹配的研究思路,采用开放式问卷和封闭式问卷相结合的方式对高校辅导员的胜任特征进行实证研究。[③] 提取了职业态度与品质、专业知识、人际沟通与协调、自我调节、问题解决能力和外倾性等 6 项胜任特征要素以及 50 项胜任特征要素成分。研究发现高校辅导员胜任特征表现为综合性的专业知识结构、较强的沟通协调和实际问题解决能力、对待学生的正确态度和对待工作的恰当角色定位,以及做好学生工作必需的外倾性特质和自我调节能力。陈岩松采用行为事件访谈法对绩优组和绩平组辅导员进行调查和比较,最终提炼出胜任特征

① 杨继平,顾倩.大学辅导员胜任力的初步研究[J].山西大学学报(哲学社会科学版),2004(6):56-58.

② 郝英杰.高校辅导员胜任力建模研究[J].国家教育行政学院学报,2007(6):22-25,49.

③ 陈建文,汪祝华.高校辅导员胜任特征结构模型的实证研究[J].高等教育研究,2009(1):84-89.

的 3 个维度：职业态度、知识技能和个性魅力以及 3 个维度包含的渴望成功、积极主动、服务意识、专业知识、学习能力、分析能力、人际理解、培养他人、团队领导、沟通能力、自信心、反思能力和亲和力等 13 项胜任特征。① 吕云超通过访谈南京师范大学 43 名辅导员，以冰山模型为理论框架提炼出 6 个维度共计 20 项胜任特征，其中知识维度包括学科专业知识、心理学与教育学知识、党政知识及法律法规知识等，技能维度包括组织管理能力、人际交往能力、语言表达能力、应变能力、心理辅导能力和教育策略，社会角色维度包括职业认同感、职业忠诚度和职业责任感，自我概念维度包括价值观、自我效能感和职业精神，人格特质维度包括情感特质、性格特质和道德品质，除此之外还包括动机维度。② 毛霞通过对重庆市 5 所高校共计 150 名辅导员的问卷调查，发现高校辅导员胜任特征主要包括思想政治素质、职业责任感、教育指导能力、学习创新能力和沟通协调能力 5 个维度，进而提出了针对性的培养策略。③ 上述研究主要围绕辅导员胜任特征的基本概念对其展开研究，研究方法和研究对象不尽相同，因而最终提炼出的辅导员胜任特征内容及数量也存在较大差异。

随着 2014 年《高等学校辅导员职业能力标准（暂行）》的印发，学界开始将辅导员职业特征纳入辅导员胜任特征研究的考量范畴。葛卫华以上海 6 所不同类型高校的辅导员和学生为调研对象，采用行为事件访谈与问卷相结合的方式，提炼出辅导员的 15 项胜任特征，包括责任心、积极主动、问题解决能力、工作执行力、心理学知识、亲和力、语言表达、政治敏锐度、热爱教育、了解学生、尊重学生、公平公正、沟通能力、职业认同和关爱学生。④ 孙莉玲和江莉莉通过对前 8 届共 81 份"全国高校辅导员年度人物"事迹材料的文本分析，提炼出 4 个维度 19 项胜任特征指标，其中职业

① 陈岩松.高校辅导员胜任力模型构建：一项实证研究[J].高等教育研究，2010(4)：84-89.

② 吕云超.基于"冰山模型"的高校辅导员胜任力培养[J].高校辅导员学刊，2011(5)：4-7.

③ 毛霞.高校辅导员胜任力特征构成及培养对策研究[J].思想教育研究，2014(1)：102-104.

④ 葛卫华.辅导员岗位胜任力模型构建的实证研究——以上海高校辅导员为例[J].思想理论教育，2016(7)：103-106.

动机维度包括成就、权力、能力和社交 4 项指标,职业认知维度包括责任感、敬业精神、服务意识和团队协作 4 项指标,职业技能维度包括创新意识、科研能力、专业知识技能、大局意识、应变能力、学习能力和沟通能力 7 项指标,个性品格维度包括亲和力、个人魅力、个人修养和品质 4 项指标。① 吴立爽等对某市 600 多位辅导员开展问卷调查,采用探索性因素分析法对高校辅导员的胜任特征及构成要素进行研究,发现高校辅导员的胜任特征包括思想道德、业务水平、职业认知、师生关系 4 个维度,其中思想道德维度包括政治敏锐度、理想信念、道德情操和创新精神 4 个特征要素,业务水平维度包括沟通能力、解决问题能力和工作执行力 3 个特征要素,职业认知维度包括责任心、职业认同、热爱教育和扎实学识 4 个特征要素,师生关系维度包括尊重学生、公平公正和亲和力 3 个特征要素。②

(二)高校辅导员胜任特征研究述评

根据文献梳理结果,不难发现,当前学界对于辅导员胜任特征的研究取得了一定进展,并由此引发了对高校辅导员胜任特征的研究热潮,研究所取得的成果为辅导员队伍建设提供了理论依据。如表 2-1 所示,当前围绕辅导员胜任特征的研究存在着规范研究和实证研究两种研究范式并行的局面。规范研究基本集中在胜任特征的概念区分性上。高校辅导员胜任特征概念本身具有综合性、区分性、可量化、动态化的特点,研究者研究角度和研究方法的不同导致最终在胜任特征的名称和要素方面尚未形成完全一致的表述。实证研究主要是基于实际调查来提取胜任特征并构建高校辅导员胜任特征模型。但是由于研究方法、研究对象等因素的不同,这些胜任特征模型既有重叠又有差异,甚至出现辅导员胜任特征模型与其他领域的胜任特征模型基本一致的情况。

总体而言,现有关于辅导员胜任特征的研究尚存在所提炼的辅导员胜任特征及构建的胜任特征模型缺少针对性和稳定性,胜任特征的提取

---

① 孙莉玲,江莉莉.高校辅导员胜任力模型建构——基于"全国高校辅导员年度人物"事迹的数据分析[J].高校辅导员,2016(6):24-28.

② 吴立爽,熊启,刘鹏.高校辅导员胜任力模型构建研究[J].宁波大学学报(教育科学版),2018(1):82-85.

未能与辅导员职业功能要素相结合等问题，从而导致所构建的模型与辅导员职业定位之间存在错位。破解以上问题的关键在于针对辅导员职业的特殊性，在新时代的语境下采用科学的方法重新提炼辅导员胜任特征，重构辅导员胜任特征模型。对辅导员胜任特征的再研究，需要将新时代思想政治工作提出的新要求和辅导员队伍建设的指导纲要以及辅导员双重身份的特殊性等与胜任特征的相关理论相结合，以辅导员职业能力标准的 9 个维度为主线，精准地定位辅导员工作岗位，结合胜任特征理论模型为每一项职业功能提取胜任特征，建构胜任特征子模型，再通过对子模型的整合建构起一个真正符合高校辅导员工作实际的胜任特征模型。

第二节　高校辅导员胜任特征的多维度分析

一、高校辅导员胜任特征研究设计

根据前述分析可知，高校辅导员胜任特征应是辅导员身上潜在的、较为持久的一组特征，它与辅导员的职业行为密切相关，在很大程度上影响和决定着辅导员的外在职业行为表现，其优劣能把绩优辅导员和绩平辅导员区分开来。新时代语境下辅导员工作面临新的变革与挑战，辅导员角色内涵的变迁、职业功能的复杂性以及现有研究的不足都呼唤我们对辅导员胜任特征进行再探索。当前对辅导员胜任特征的探索需要充分整合现有研究成果以及多种研究方法，将辅导员胜任特征与辅导员职业功能紧密相连，从而体现出辅导员胜任特征的职业特殊性。

本书遵循"人—职"匹配的研究思路对辅导员胜任特征开展探索研究，从辅导员职业功能的 9 个维度分别揭示其内在的胜任特征结构成分，研究过程大致分为两个阶段，具体研究设计如下。

（一）按职业功能维度建构高校辅导员胜任特征初始清单

由于胜任特征总是与具体的岗位相伴而生，首先要根据岗位的职责要求来界定胜任该岗位的辅导员个人深层特征，以此构建高校辅导员胜任特征初始清单。主要通过以下途径获取辅导员胜任特征清单成分：一是根据《高等学校辅导员职业能力标准（暂行）》当中对辅导员工作内容的界定，以斯潘塞（Spencer）提出的胜任特征理论模型为依据，从知识、能力、社会角色、动机、特质等 5 个方面提炼每个维度的辅导员胜任特征构成成分，组建辅导员胜任特征主体清单。胜任特征成分的提炼采用文本分析法和辅导员访谈法相结合的方式，文本分析法是基于《高等学校辅导员职业能力标准（暂行）》中对辅导员知识和能力要求的描述进行提炼，辅导员访谈法是抽样选取多位高校辅导员开展目的性访谈，让其根据《高等学校辅导员职业能力标准（暂行）》所列的工作职责列出辅导员履行这些职责所需要具备的胜任特征。二是将所获主体清单与现有的辅导员胜任特征词典进行比对，对漏缺部分进行补充完善。三是梳理中国知网中关于辅导员的相关研究论文，特别是围绕辅导员职业功能的相关描述，解析辅导员胜任特征构成成分，进一步补充完善主体清单。四是根据辅导员年度人物事迹材料，挖掘辅导员优秀行为表现背后的胜任特征构成成分。五是根据新时代思想政治工作的新要求以及辅导员队伍建设文件纲要，提炼对应的辅导员胜任特征成分，对主体清单做进一步的补充完善，从而形成高校辅导员胜任特征初始清单。

（二）采用情境测验法构建高校辅导员胜任特征子模型

高校辅导员胜任特征初始清单反映的是辅导员职业行为所涵盖的全部特征，包括知识的、能力的、社会角色的、动机的和特质的等各个层面。接下来需要对这些特征按绩优组和绩平组进行区分，才能提取出各维度相应的胜任特征。考虑到胜任特征与工作职位的紧密相关性，本书选择采用情境测验法进行胜任特征的评价。首先，根据胜任特征初始清单构成成分设置问题情境，并提供若干个解决具体情境问题可能产生的行为反应。全部胜任特征初始清单成分按情境化处理并设计成问卷（部分量表）后供被试判断与选择。例如，考察"创新意识"的选项设计：开展理论和实践研究是辅导员提升自我学术修养和理论水平的重要途径。现实当中存在着辅导员对科学研究的认识和行为分化的现象，部分辅导员认为科学研究很重要并积极主动地申报各类项目，也有部分辅导员认为科学研究对辅导员工作来说没有那么重要，且囿于各种原因谈科研色变。对于工作这么多年的我来说，当前对于科研项目申报的态度是：A. 完全不感兴趣、从不申报；B. 不太感兴趣、很少申报；C. 一般，时而申报；D. 比较感兴趣、较多申报；E. 很感兴趣、经常申报。其次，在完成问卷设计后，即按照一定的标准设立绩优组和绩平组，由两组被试分别对照问题情境进行判断、评价与选择，选出其中最符合（最不符合）或最愿采取（最不愿采取）的行为反应，或对每一行为反应在符合不符合、最愿最不愿的等级量表上评定等级。绩优组的设定标准为：担任辅导员工作八年以上，中级及以上职称，获得过两次及以上的校级荣誉，曾获得过省优辅导员、辅导员年度人物等省厅级以上荣誉称号；绩平组的设定标准为：担任辅导员工作八年以上，中级及以下职称，获得过两次以内的校级荣誉，未获得过省厅级以上荣誉。按照上述标准，分别从多所高校抽样选取各 20 名辅导员设立绩优组和绩平组。最后，根据被试的判断、评价与选择的作答表现给予赋分，并以各选项的得分均值差异来对胜任特征成分做出评价，找出存在显著性组间差异的胜任特征成分作为该职业功能维度的胜任特征模型构成要素。

二、高校辅导员胜任特征的多维度分析

（一）思想政治教育维度胜任特征

思想政治教育是高校辅导员职业功能的核心维度，是辅导员职业群体区别于高校其他职业群体的根本所在。新时代高校辅导员在思想政治教育方面的胜任特征包含 5 个层面共 16 项特征成分。其中，知识层面包括思想政治教育知识、马克思主义中国化知识和心理学知识 3 项胜任特征成分，能力层面包括理论宣讲、口头表达、沟通说服和问题解决 4 项胜任特征成分，社会角色层面包括思想导师、政治导师和道德导师 3 项胜任特征成分，动机层面包括教育意识和成就意识 2 项胜任特征成分，特质层面包括热情活力、自信乐观、亲和力和职业忠诚 4 项胜任特征成分。具体如表 2-2 所示。

表 2-2　高校辅导员思想政治教育胜任特征

层面	特征成分	特征内涵
知识	思想政治教育知识	指导学生形成正确思想行为的思想观念、政治观点和道德规范等的总和
	马克思主义中国化知识	将马克思主义的基本原理与中国革命以及建设的实际情况相结合所产生的与中国社会主义革命和建设道路相关的知识
	心理学知识	与大学生心理现象及其影响下的精神功能和行为活动密切相关的知识
能力	理论宣讲	将党的政策及各种创新理论向学生进行传达、讲解和释义的能力
	口头表达	用口头语言表达自己的思想和情感以达到与他人交流的目的的能力
	沟通说服	通过与学生思想与感情的传递和反馈来影响学生的态度和行为的能力
	问题解决	应用各种认知活动、技能操作等使问题得以解决的能力
社会角色	思想导师	对学生思想认识及行为产生持续影响的重要他人
	政治导师	对学生政治意识及行为产生持续影响的重要他人
	道德导师	对学生道德意识及行为产生持续影响的重要他人
动机	教育意识	在思想、政治和道德等方面对学生施加影响的主观意愿
	成就意识	在认知、情感和行为方面对自己思想政治教育的价值和能力的感知
特质	热情活力	在接触学生过程中所表现出来的热烈、主动、友好的情感或态度
	自信乐观	相信自己能够成功并以积极的态度对待工作和生活
	亲和力	与学生心灵上的通达与投合程度
	职业忠诚	认同辅导员职业并把辅导员工作看成个人毕生所追求的事业

从知识层面来看,绩优辅导员和绩平辅导员的显著差异主要体现在对思想政治教育、马克思主义中国化和心理学知识的掌握及应用等方面。究其原因,主要是高校辅导员的学科背景多样化,真正专业对口的不多,需要辅导员通过后天的努力来获取相应的知识。在辅导员需要获取的知识中,思想政治教育、马克思主义中国化和心理学的相关知识,因其系统

性和专业性的特点以及在辅导员思想政治教育过程中所发挥的重要作用，成为高校辅导员从事思想政治教育工作所必须具备的基础性知识。作为高校辅导员，只有自身具备正确的思想观念、政治观点和道德规范，掌握马克思主义的基本原理以及与中国革命相结合所产生的系列化知识，懂得运用心理学的相关知识对学生的心理施加正向影响，才能有效提升大学生思想政治教育的实效性。但在现实当中，这些知识的获取是一个持之以恒的过程，需要辅导员不断学习和加倍努力，以克服原有学科知识匮乏的不利局面，弥补思想政治教育理论与实践之间的鸿沟，实现思想政治教育的专业化、职业化。绩优辅导员与绩平辅导员的一大差异就在于对获取上述知识的意愿和行动的差异，绩优辅导员能够较为自主地学习掌握这些知识并将其运用于具体的思想政治教育实践；而绩平辅导员往往觉得思想政治教育简单易上手，个人现有的知识及阅历已经足以应对，无须专门学习，因而在具体的教育实践工作中依然以个人经验为主导，忽视理论学习和专业知识储备。

从能力层面来看，绩优辅导员和绩平辅导员的显著差异主要体现在理论宣讲、口头表达、沟通说服和问题解决等方面。高校辅导员开展大学生思想政治教育是一个对学生施加影响，使他们形成符合国家和社会所要求的思想品德的社会实践活动过程。这个教育过程包含主题教育、个别谈心、党团活动、社会实践等不同的教育形式，需要辅导员根据不同的问题情境选择适宜的方式将相应的思想和观点传输给学生，以达到特定的教育目的。例如，面向全体学生的党的二十大精神宣讲，关于理想信念的主题教育，以及围绕乡村振兴的社会实践，等等。作为高校辅导员，只有具备良好的口头表达，有效地与学生进行思想和情感的交流，才能更大程度地影响学生的态度和行为，从而解决相应的问题。同时也才能将党的政策及各种创新理论向学生进行准确的传达、讲解和释义，以达到理论宣讲的目的。应该说，每一个辅导员都必须具有口头表达、沟通说服、理论宣讲和问题解决的能力，这是辅导员的工作性质所决定的。绩优辅导员和绩平辅导员的差异主要体现在口头表达是否清晰富有逻辑、沟通说服是否有效达到目的、问题解决是否及时快速彻底以及理论宣讲是否精准阐释到位。上述能力方面的差异将直接影响到高校辅导员开展大学生思想政治教育的实际效果。

从社会角色层面来看,绩优辅导员和绩平辅导员的显著差异主要体现在能否成为学生真正意义上的思想导师、政治导师和道德导师。思想、政治和道德是思想政治教育的核心内容,是辅导员影响学生品行的三个重要方面。正如著名教育家陶行知先生所言:"学高为师,身正为范。"高校辅导员开展思想政治教育工作,面对的是具有批判思维和自主学习意识的当代大学生,只有自己"行得正、坐得直",始终保持在思想、政治和道德等方面的正确示范,才有可能成为学生的人生导师,对学生的品行及发展产生持久而深入的影响。那么,究竟怎样才算人生导师呢?这关键得看辅导员对学生思想、政治、道德等方面的影响力度,即辅导员是否能够成为学生人生道路上的"重要他人"。重要他人是心理学上的概念,指的是在个体社会化以及心理人格形成的过程中具有重要影响的具体人物。高校辅导员虽然都在从事着思想政治教育工作,但并非每一个辅导员都能成为学生认同的重要他人。绩优辅导员和绩平辅导员的一大差异就在于对学生思想、政治和道德等方面影响程度的差异,绩优辅导员能够以专业化、系统化的方式向学生持续输出能量,进而成为学生心理上的重要他人;而绩平辅导员往往由于思政知识的匮乏、教育能力的不足以及职业倦怠等多种原因疲于应付,导致其对学生思想、政治和道德等方面产生的影响较为有限,因而难以成为学生心理上的重要他人。

从动机层面来看,绩优辅导员和绩平辅导员的显著差异主要体现在教育意识和成就意识等方面。教育意识反映的是辅导员在思想、政治和道德等方面对学生施加影响的一种主观意愿。辅导员教育意识强则付诸思想政治教育实践的主观能动性就强,教育行动就具有自发性、主动性和追求高质量等特征。反之,辅导员的行动就会迟滞、缓慢和仅以完成任务为目标。成就意识反映的是辅导员在认知、情感和行为方面对自己思想政治教育的价值和能力的感知。当辅导员认为自己的思想政治教育行为对学生产生了有利影响并以此体验到满足感和成就感时,他就会在潜意识中不断强化这种动机,进而有效促进教育行为。反之,辅导员的行为就会因缺少正向反馈的激励而显得动力不足,并在一定程度上影响到个人的主观意愿。显然,绩优辅导员和绩平辅导员教育行为的差异很大程度上根源于教育意识和成就意识的差异，绩优辅导员普遍对思想政治教育的价值认知到位，并以此为催生个人教育意愿的主要动力来源，促使个体产生高质量的教育行为；而绩平辅导员往往忽视思想政治教育的价值所在，只关注如何完成上级布置的思想政治教育的硬性任务要求，并以这种"外部约束"作为个人教育意愿的动力来源，因而难以产生高质量的教育行为。

　　从特质层面来看，绩优辅导员和绩平辅导员的显著差异主要体现在热情活力、自信乐观、亲和力和职业忠诚等方面。因为高校辅导员开展思想政治教育工作的本质是在做"人"的工作，做"人"的工作是最难的工作，需要拉近与学生的距离，走进学生的心里。[1] 尤其是在面对个性鲜明、自主意识强的当代大学生时，除了知识、阅历等外部要素外，辅导员的个人特质对思想政治教育的效果也将起到极为关键的作用。有研究表明，个人特质与人的日常行为或语言密切相关[2]，或者说特质可以预测人的行为。高校辅导员具有什么样的特质，往往决定了其能否和学生打成一片，进而发展成为学生的人生导师和知心朋友。绩优辅导员与绩平辅导员的一大差异是在面对辅导员工作时前者表现出对辅导员职业的认同并把辅导员工作看成个人毕生所追求的事业，能够以积极的态度对待工作和生活，在与学生交流或参加活动时能够表现出热情友好的情感态度，与学生保持心灵上的通达与投合。而后者往往对辅导员职业缺少价值认同与追求，无论是自信力、活力还是亲和力等方面均有所欠缺，思想政治教育效果自然就大打折扣。

（二）党团和班级建设维度胜任特征

　　党团和班级建设是高校辅导员职业功能的重要构成维度，是辅导员开展具体工作的重要依托。新时代高校辅导员在党团和班级建设方面的

---

　　① 张哲.叙事探究：重构高校辅导员身份认同的有效方式[J].高校辅导员学刊，2023(2)：28-31，97.

　　② Mehl M R, Gosling S D, Pennebaker J W. Personality in Its Natural Habitat: Manifestations and Implicit Folk Theories of Personality in Daily Life[J]. Journal of Personality and Social Psychology, 2006(5)：862-877.

胜任特征包含 5 个层面共 13 项特征成分。其中,知识层面包括党建理论知识和人力资源管理知识 2 项胜任特征成分,能力层面包括选人用人、组织协调和考核激励 3 项胜任特征成分,社会角色层面包括思想导师、政治导师和团队领导 3 项胜任特征成分,动机层面包括教育意识和权力意识 2 项胜任特征成分,特质层面包括热情活力、亲和力和健谈乐群 3 项胜任特征成分。具体如表 2-3 所示。

表 2-3 高校辅导员党团和班级建设胜任特征

层面	特征成分	特征内涵
知识	党建理论知识	与学生党支部、班团组织建设和党员发展等相关的理论与知识
	人力资源管理知识	与学生骨干的选拔、培养、使用和管理等相关的理论与知识
能力	选人用人	从学生群体中考察发展党员以及正确选拔、培养和使用干部的能力
	组织协调	组织和协调学生党支部和班团组织学生骨干开展主题党、团日等活动的能力
	考核激励	对党团和班级骨干进行考核并采取各种方法实施有效激励的能力
社会角色	思想导师	对学生思想认识及行为产生持续影响的重要他人
	政治导师	对学生政治意识及行为产生持续影响的重要他人
	团队领导	指引和影响学生骨干及党团、班级组织开展工作和活动的人
动机	教育意识	用党团相关知识教育引导学生的主观意愿
	权力意识	领导和支配学生骨干开展各项工作的主观意愿
特质	热情活力	在与学生接触过程中所表现出来的热烈、主动、友好的情感或态度
	亲和力	与学生心灵上的通达与投合程度
	健谈乐群	喜欢和学生交往,善于和学生交谈

从知识层面来看,绩优辅导员和绩平辅导员的显著差异主要体现在对党建理论知识和人力资源管理知识的掌握及应用等方面。因为党团和班级建设的具体实践需要有相应的理论指导和知识储备,客观上要求辅导员掌握相关的专业化知识。另外,由于辅导员存在学科背景多样化以及专业对口度不高等现实问题,需要通过后天的学习来获取这些专业化

知识。这些专业化的党团和班级建设理论知识主要包括了与学生党支部、班团组织建设和党员发展等相关的理论与知识以及与学生骨干的选拔、培养、使用和管理等相关的理论与知识。作为高校辅导员，只有自身具备这些知识，才能在党团和班级建设方面更加专业化、职业化。但在现实当中，辅导员在获取这些知识的意愿及行为表现方面存在较大的差异，绩优辅导员普遍能够自主地学习关于党的创新理论教育知识以及大学生党团、班级建设的相关知识，并用这些知识来指导具体的工作实践；而绩平辅导员往往忽视理论学习和知识储备，对党团和班级建设理论学习的认知依然停留在只要能解决工作问题即可的层面，因而在具体的教育实践中仍然以个人经验为主导，难以上升到理论层次，自然也难以有效提升工作的专业化水平。可见，绩优辅导员和绩平辅导员在党团和班级建设知识层面的差异归根到底是对于相应知识学习的认知、态度和行为表现的差异。

从能力层面来看，绩优辅导员和绩平辅导员的显著差异主要体现在选人用人、组织协调和考核激励等方面。学生党员、班干部和团干部等学生骨干既是高校辅导员的工作服务对象，也是高校辅导员开展党团和班级建设的重要抓手。高校辅导员通过选拔、培养、考核、激励这些学生骨干来协助自己完成工作目标，同时实现作为一名教育者的初心和使命。这个过程总的来说包含了学生骨干的遴选、培养和激励，学生入党积极分子的培养教育，学生党员的发展和教育管理服务，学生党支部和班团组织的建设，指导开展主题党、团日活动等具体的工作。作为高校辅导员，只有做到正确地选人用人，对选拔出的这部分骨干群体实施有效的激励，激发他们干事创业的热情和活力，才能充分发挥他们在党团和班级建设中的中坚作用，助推党团和班级建设更上新台阶。应该说，每一个高校辅导员都必须具有选人用人、组织协调和考核激励的能力，这是辅导员党团和班级建设的工作属性所决定的。但区别是，绩优辅导员普遍能够做到正确地识人、选人和用人，能够对党员、团干部和班干部等学生骨干进行有效的培养、考察和激励，能够运用好这部分力量协助自己做好各项党团和班级建设工作。而绩平辅导员在选人用人方面相对比较随性，对选拔出的骨干也是重使用而轻建设，长期的"散养"致使学生骨干队伍凝聚力和责任心下降,从而削弱了这部分群体在党团和班级建设中的骨干作用。

从社会角色层面来看,绩优辅导员和绩平辅导员的显著差异主要体现在能否履行好学生的思想导师、政治导师和团队领导的角色。首先,高校辅导员应成为学生的思想导师,关注和洞悉学生的思想动态,了解学生的心理及诉求,并能对学生的能力素质、道德品行、现实表现等方面进行综合考察,激励学生积极主动地参与班团事务。其次,高校辅导员应成为学生的政治导师,教育和引导学生保持清醒的政治头脑,保持敏锐的政治观察力和鉴别力,坚定正确的政治立场,始终坚守对马克思主义的信仰、对中国特色社会主义和共产主义的信念以及对党和人民的绝对忠诚。同时,还要善于考察学生的思想政治素质,教育和引导学生积极向党组织靠拢,成为学生政治上的引路人。最后,高校辅导员应成为学生群体的"领导",能够根据学生特点知人善任,并指导学生骨干及党团和班级组织开展各项工作。思想导师、政治导师和团队领导是高校辅导员在党团和班级建设方面三种不同的角色类型,三者相互影响又相互统一。虽然作为辅导员这三个方面的角色职责或多或少都会有所涉足,但在具体表现上却存在较大差异。绩优辅导员往往能对学生的思想认识和政治意识产生持续深入的影响,无形中扮演着学生人生导师的角色,受到学生的认同和尊敬。绩平辅导员却由于相应知识的缺乏以及工作能力的不足而缺少影响力、号召力和感染力,自然也难以成为影响学生思想认识、政治意识和行为表现的重要他人。

从动机层面来看,绩优辅导员和绩平辅导员的显著差异主要体现在教育意识和权力意识等方面。教育意识反映的是辅导员用党团相关知识教育引导学生的主观意愿。辅导员教育意识强则开展党团和班级建设事务的主观能动性就强,教育行为就具有主动性、积极性和追求高质量等特征。反之,辅导员的行为就会迟缓、保守和仅以完成基本任务为目标。权力意识反映的是辅导员领导和支配学生骨干开展各项工作的主观意愿,体现的是辅导员作为学生"团队领导"的角色定位。众所周知,辅导员工作的基本特性决定了高校辅导员不可能事必躬亲,需要借助学生骨干的力量才能更好地完成工作。而辅导员借助学生骨干力量的过程其实就是辅导员领导和支配学生朝着既定目标共同行动的过程。辅导员的权力意识强，领导和支配学生的意愿就强，言行举止就更具影响力和感染力。反之，辅导员的言行举止就会因缺少学生骨干的支持而难以得到学生的集体拥护和响应。显然，绩优辅导员和绩平辅导员在党团和班级建设方面的行为差异很大程度上是由教育意识和权力意识的差异导致的。绩优辅导员对党团和班级建设的重要性认知到位，以此催生出个人较为强烈的教育动机，并能充分借助学生骨干的力量完成高质量的教育行为；而绩平辅导员往往教育意识和权力意识淡薄，未能切实发挥学生骨干的力量，只求完成上级任务，因而在面对党团和班级建设任务时应付成分居多，难以产生高质量的教育行为。

从特质层面来看，绩优辅导员和绩平辅导员的显著差异主要体现在热情活力、亲和力和健谈乐群等方面。究其原因，主要是高校辅导员在履行党团和班级建设的职业功能时归根到底还是在做"人"的思想、政治和领导工作，需要以热情饱满的精神感染人，以平易近人的姿态接近人，以乐善好施的特点领导人。特质作为人的一种特有的内在素质，对人的行为的影响具有稳定性和持久性。高校辅导员在面对党团和班级建设的相关工作时，只有秉持热情友好的情感或态度，与学生打成一片，保持与学生心灵上的通达与投合，才能走近学生、影响学生和领导学生，才能成为学生真正意义上的思想政治导师和引路人。绩优辅导员与绩平辅导员之间的差异正是在做党团和班级建设的相关工作时所表现出来的热情活力、亲和力和健谈乐群等方面的情感态度的差异，其背后所反映的其实是辅导员个人特质的差异。总体来看，绩优辅导员在开展工作时总是呈现出一副精神饱满、充满活力的样子，具有很强的感染力。而绩平辅导员往往活力不够，缺少主动社交的意愿，因而在学生当中的存在感和影响力相对偏弱。

(三)学业指导维度胜任特征

学业指导是高校辅导员职业功能的重要构成维度，是辅导员影响学生学习行为的重要途径。新时代高校辅导员在学生学业指导方面的胜任特征包含 5 个层面共 10 项特征成分。其中，知识层面包括相关专业知识和教育学知识 2 项胜任特征成分，能力层面包括沟通交流、分析问题和因势利导 3 项胜任特征成分,社会角色层面包括学习军师 1 项胜任特征成分,动机层面包括责任意识和成就意识 2 项胜任特征成分,特质层面包括富有耐心和善于思考 2 项胜任特征成分。具体如表 2-4 所示。

表 2-4 高校辅导员学业指导胜任特征

层面	特征成分	特征内涵
知识	相关专业知识	与所带班级学生所在专业相关的知识
	教育学知识	教育引导学生增加学习投入的相应理论和知识
能力	沟通交流	在事实、情感、价值取向和意见观点等方面采用一定的方法与学生进行沟通和交流的本领
	分析问题	明晰学生群体或个体在学习过程中存在的问题及其原因的能力
	因势利导	根据学生特点将其往有利的方向引导
社会角色	学习军师	在学生学习方面出谋划策以帮助其学习成长的重要他人
动机	责任意识	对学生学业施加教育影响的一种主观意愿
	成就意识	在认知、情感和行为方面对自己学业指导价值和能力的感知
特质	富有耐心	在与学生沟通交流时能够认真倾听并不厌其烦地对学生的提问做出解释说明
	善于思考	善于对学生学业信息进行分析、综合、推理、判断等思维活动

从知识层面来看,绩优辅导员和绩平辅导员的显著差异主要体现在对学生所学专业知识和教育学知识的掌握及应用等方面。辅导员要胜任学生的学业指导工作,一方面,必须知己知彼,了解学生所学专业的基本信息,掌握学生所学专业的培养计划、专业前景等,以夯实学业指导的专业知识基础。另一方面,当辅导员了解掌握了与学生所学专业相关的知识和信息后,需要以教育学的理论和知识为指导,向学生有计划、有组织、有目的地施加教育影响,以培养学生学习兴趣,指导学生养成良好学习习惯,规范学生学习方式和行为。例如,通过观察了解、谈心谈话、组织相关人员集体讨论等方式分析学生遇到的困难,并提出应对措施;研究分析学生学习状态和学习成绩变化,并有针对性地开展分类指导;通过召开宣讲会、谈心谈话等方式鼓励学生主动参与课外学术实践活动;开展学生出国

留学或专升本的个性化指导；等等。作为高校辅导员，只有同时掌握学生所在专业和教育学相关的知识，才能在学生学业的指导上更加游刃有余。但在现实当中，辅导员在获取这些知识的意愿和行为方面存在较大差异，绩优辅导员普遍表现出对学生所学专业深入了解的渴望，并能依托教育学的知识将其转化为学业指导的具体实践；而绩平辅导员往往表现出对学生所学专业的一知半解，尤其对专业所处行业背景以及专业课程内部关系等缺少了解，因而对学生学业的指导依然停留在表面化和形式化阶段，难以真正实现专业化、个性化和系统化的指导。

从能力层面来看，绩优辅导员和绩平辅导员的显著差异主要体现在沟通交流、分析问题和因势利导等方面。学生学业问题是一个受到多种因素共同影响的复杂问题。学生家庭、社会环境、学校管理、网络信息以及学生个人的学习目标等都会通过影响学生的学习心理进而影响其学习行为。学生个体学习行为表现的总和就构成了班级的学风，而班级的学风反过来又会对学生个体学习行为产生潜移默化的影响，两者是相互影响、相互促进的关系。高校辅导员的学业指导既包括根据学生个人情况所开展的个性化指导，也包括整体的班风学风建设。针对学生个体而言，辅导员需要通过观察和沟通等方式收集学生学习的情报信息，发掘学生学习中存在的问题及其影响因素，并根据学生的特点因势利导，为学生的学习成长保驾护航。针对班集体而言，辅导员需要掌握班级整体班风学风情况，发掘影响班风学风的各种潜在因素，分析问题产生的原因，并进行有目的性的引导与改进，为学生的学习成长创造有利的学习氛围。虽然每一个辅导员在工作中都发挥着学生学业指导者的功能，但学业问题的复杂性和多变性决定了不同类型的辅导员所起的作用存在较大差异。绩优辅导员普遍能够通过深入的沟通交流，发掘学生在学业发展上的不同层次需要，并在学业规划、学业困惑、专业选择等方面给予专门的指导，做到因材施教、因势利导以及个性化分类培养；而绩平辅导员除了与学习困难学生的交流外，普遍缺少与其他学生的主动交流，对学生学习态度、学习行为的教育处理也趋于表面化，表现为规训居多，引导较少，因而往往治标不治本，起不到良好的学业指导效果。

从社会角色层面来看，绩优辅导员和绩平辅导员的显著差异主要体现在能否履行好学生的学习军师这一角色。军师原指在军中为主帅出谋划策的人,现泛指给人出主意的人。学习军师,顾名思义,是指在学生学习方面出谋划策以帮助其学习成长的重要他人。与高校专业教师传授学生知识和技能不同,高校辅导员主要是对学生在学业规划、学业困惑、专业选择等方面进行指导,以培养学生的学习兴趣,帮助学生合理规划学习生活,促进学生养成良好的学习习惯。例如,帮助学生量身定制个性化学习方案,制订中长期学习计划;针对学习困难的学生寻找问题症结,落实学业帮扶措施,激发其学习兴趣;对专升本、转专业、跨学科交叉学习的学生进行专业指导,帮助学生做出合适的选择,指导学生制订科学的进修计划;以主题班会等多种形式加强班级学风建设;等等。可见,高校辅导员在促进学生学习中所起的作用主要是帮助学生明确学习目标,提升学生的学习动能,以及改进学生的学习行为。在现实当中,几乎每一个辅导员都会通过各种方式对学生的学业进行指导和帮助,但绩优辅导员之所以能称为学习军师,主要是因为其在对学生进行学业指导的过程中更显专业化、个性化,能够根据学生的特点和需求量身定制方案,从而能更有效地促进学生学业的达成;绩平辅导员则无论是专业知识储备还是学业指导能力都相对逊色,对学生学业的帮助和影响就比较有限,因而自然难以成为学生真正意义上的学习军师。

从动机层面来看,绩优辅导员和绩平辅导员的显著差异主要体现在责任意识和成就意识等方面。责任意识反映的是辅导员对学生学业施加教育影响的一种主观意愿。高校辅导员为学生提供学业上的指导本就是辅导员的天职,辅导员责任意识强则意味着开展学生学业指导的主观能动性强,教育引导行为就具有主动性、积极性和追求结果等特征。反之,辅导员的行为就会被动、迟疑和受限,自然难以取得良好的指导效果。成就意识反映的是辅导员在认知、情感和行为方面对自己学业指导价值和能力的感知。这种价值和能力集中体现在辅导员对学生学习态度和学习行为的整体影响程度上。如果辅导员通过一定的教育行为,使学生的学习态度和行为发生了较大的变化,那么他就会对自己的行为结果和行为价值表现出满意,这种满意带来的自我成就感又会反过来不断强化自己的行为。反之,辅导员就容易因缺乏学业指导的自我成就感而局限于应付了事。由此可见，高校辅导员在学生学业指导表现上的差异很大程度上是由责任意识和成就意识的差异导致的。绩优辅导员对学生学业指导的职责及其重要性认知到位，以此催生出个人较为强烈的教育动机，并在教育结果的确认中体验到教育行为的价值和意义；而绩平辅导员往往教育意识淡薄，学业指导的主观能动性不足，对学业指导行为缺少成就体验，因而在具体行动中应付的成分居多，很难完成高质量的教育行为。

从特质层面来看，绩优辅导员和绩平辅导员的显著差异主要体现在富有耐心和善于思考等方面。高校辅导员开展学业指导工作归根到底还是在做"人"的工作，需要通过有理有据的讲解和富有耐心的沟通来促使学生转变学习态度和行为。学生学业水平的提升涉及学生认知、态度和行为等方面的转变，这个转变过程是一个学生对个人职业理想和学习目标不断清晰并付诸实际行动的过程。辅导员要对学生学业施加影响，促使其发生这样的转变，首要前提是要富有耐心。尤其面对学习困难的学生，不能寄希望于通过一两次的沟通指导使其发生根本性的变化，而是要做好长期跟踪指导的准备。另外，学生学业指导本身也是一项专业性很强的工作，不同学生面临的学业问题不尽相同，需要辅导员识别学生或学生群体在学习方面具体存在的问题，然后开展针对性的个性化指导。这就要求辅导员善于结合学生的学业信息进行分析、综合、推理、判断等深度的思考与总结，善于从中找出原因并为学生提供个性化的指导与服务，以激发学生的学习兴趣，提升学生的学习动能。绩优辅导员与绩平辅导员的差异主要就在于开展学生学业指导时耐心程度和思考深度的差异。总体来看，绩优辅导员在对学生学业指导时耐心程度高，善于思考总结，关注对学生施加影响的整个过程和结果；而绩平辅导员往往耐心不足，缺少对问题的深度思考，因而很难达到理想的学业指导效果。

（四）日常事务管理维度胜任特征

日常事务管理是高校辅导员职业功能的基础构成维度，是辅导员能够顺利履行其他维度职责的基本前提。新时代高校辅导员在学生日常事务管理方面的胜任特征包含 5 个层面共 16 项特征成分。其中，知识层面包括法律法规知识和国家政策知识 2 项胜任特征成分，能力层面包括沟通说服、口头表达、组织协调、问题解决和冲突管理 5 项胜任特征成分,社会角色层面包括行为技师、权益律师和生活厨师 3 项胜任特征成分,动机层面包括责任意识、服务意识和奉献意识 3 项胜任特征成分,特质层面包括沉稳踏实、认真细致和公正无私 3 项胜任特征成分。具体如表 2-5 所示。

表 2-5　高校辅导员日常事务管理胜任特征

层面	特征成分	特征内涵
知识	法律法规知识	与学生日常事务管理相关的国家法律法规及学校规章制度
	国家政策知识	与学生奖助贷勤、入伍、专升本、出国等日常事务管理密切相关的各类政策性规定
能力	沟通说服	通过与学生思想与感情的传递和反馈来影响学生的态度和行为的能力
	口头表达	用口头语言表达自己的思想和情感以达到与学生交流的目的的能力
	组织协调	组织和协调多方资源开展班级日常事务管理及宿舍文化建设等活动的能力
	问题解决	应用各种认知活动、技能操作等使问题得以解决的能力
	冲突管理	采用一定的干预手段改变冲突的水平和形式,使其朝着有利的方向发展的能力
社会角色	行为技师	指导学生学会做人、做事以及纠正学生不良行为习惯的人
	权益律师	当学生权益受到侵害时根据法律及政策规定维护学生合法权益的人
	生活厨师	通过举办各类校园文化活动为学生大学生活调味增色的人
动机	责任意识	对学生的日常生活、行为和权益负责任的一种主观意愿
	服务意识	自觉主动为学生做好服务的一种观念和愿望
	奉献意识	为增进学生的利益而不计得失默默付出的行为意识
特质	沉稳踏实	性格稳重,遇事不急不躁,三思而后行
	认真细致	处理学生事务时态度认真、一丝不苟
	公正无私	在涉及多方利益问题的处理上大公无私、公平公正

从知识层面来看,绩优辅导员和绩平辅导员的显著差异主要体现在对相关法律法规知识和国家政策知识的掌握及应用等方面。辅导员要胜

任学生的事务管理工作,一方面,必须熟悉与学生日常事务管理相关的规章制度,并在这些制度的规范和约束下开展工作。例如,熟悉国家层面关于普通高等学校的学生管理规定、关于国家奖学金的评审管理规定、关于学生伤害事故的处理办法、关于军事训练与国防教育的基础知识,熟悉学校层面关于学生注册、学籍管理、转专业、违纪处理的相关规定等。另一方面,还必须掌握与学生奖助贷勤、入伍、专升本、出国等日常事务管理密切相关的各类政策性规定,并在这些规定的指导下开展相应的工作。例如,掌握关于助学贷款、勤工助学的相关政策,关于大学生入伍的相关政策,关于专升本和出国留学的相关政策等。作为高校辅导员,只有同时掌握与学生事务相关的法律法规知识和国家政策知识,才能在学生事务管理过程中更加有的放矢。但在现实当中,辅导员在这些知识的掌握及熟练程度方面存在较大差异,绩优辅导员普遍表现出对与学生事务管理相关的法律法规知识和国家政策知识的主动学习、领会和随时随地调取应用,以及在这些知识指导下所产生的精细化管理行为;而绩平辅导员往往缺少对相应知识的系统储备和融会贯通,对知识的获取还依然停留在以具体事务为载体的项目化学习阶段,甚至仅凭经验就做出判断和决策,因而难以有效实现学生事务管理的科学化和精细化。

从能力层面来看,绩优辅导员和绩平辅导员的显著差异主要体现在沟通说服、口头表达、组织协调、问题解决和冲突管理等方面。学生日常事务管理问题是一个涉及面广、结构复杂的多元化问题,既包括新生入学教育、军训教育、毕业离校教育等制度化规范化的教育,还包括日常生活指导教育、寝室文化建设等常态化的教育以及跟日常有关的奖贷助勤、评优评奖等具体工作和教育。高校辅导员要完成这些工作内容,必须具备与之相适应的工作能力。例如,辅导员在采用主题演讲、召开座谈会和交流讨论等多种形式开展新生入学、毕业离校等教育时,需要具备口头表达、组织协调等基本能力;辅导员在通过团体辅导、个别谈心等形式化解学生之间的矛盾时,需要具备沟通说服、冲突管理和问题解决等能力;辅导员组织学生开展素质综合测评、宿舍文化建设竞赛时,需要具备一定的组织协调能力。伴随着新时代学生管理工作内容的不断增加,高校辅导员的学生日常事务管理工作外延不断拓展,涉及的管理内容也愈加复杂多元。作为一名高校辅导员,必须具备这样的能力来应对这种变化和挑战。总体来看,绩优辅导员普遍能够以良好的口头表达感染说服学生,能够组织协调学生干部及群体开展丰富多彩的教育活动,尤其在学生之间遇到矛盾冲突时能够把握问题实质,较好地解决矛盾和冲突。而绩平辅导员不论是在口头表达、沟通说服学生方面,还是组织协调学生开展活动或处理学生冲突、解决相应问题等方面都相对逊色,因而很难保证学生日常事务管理的效率和效果。

从社会角色层面来看,绩优辅导员和绩平辅导员的显著差异主要体现在能否履行好行为技师、权益律师和生活厨师这三大角色。行为技师是指导学生学会做人、做事以及纠正学生不良行为习惯的人。"言为心声,行为心表。"辅导员通过观察学生的日常言行可以了解掌握学生的基本状况,及时发现学生的行为偏差,并采取纠偏措施。例如,针对学生旷课、迟到早退、宿舍乱扔垃圾、公共场所穿背心拖鞋等行为,辅导员就要进行针对性的批评教育,动之以情、晓之以理,进而帮助学生改善行为认知,逐渐养成良好的行为习惯。权益律师是指当学生权益受到侵害时根据法律及政策规定维护学生合法权益的人。学生在学校享有接受德智体美劳等方面教育的权益,学生享有这些权益是受法律法规保护的,不容任何组织和个人以任何借口侵犯。作为学生最亲近的群体,高校辅导员既代表着学生的利益,又代表着学校的利益。那么在两者之间发生冲突时,如何平衡两者的关系,尽可能地在既有的制度规范下维护好学生的权益是每一个辅导员要面对的现实问题。除此之外,辅导员还扮演着学生生活厨师的角色,通过加强学生公寓、宿舍等的校园文化建设丰富学生课余生活,使学生的大学生活更加多姿多彩。应该说,任何一个辅导员在学生日常事务管理过程中都或多或少会对学生的行为、权益和生活等方面产生影响。但总体来看,绩优辅导员在学生的行为矫正、权益保护和生活调味等方面更显专业化和精细化,不但能够胜任多种角色,还能促成多种角色之间的随意转换。而绩平辅导员则往往容易沉陷于具体事务的应对处理,无论是在工作的专业化方面还是精细化方面都相对不足,因而难以成为学生真正意义上的行为技师、权益律师和生活厨师。

从动机层面来看,绩优辅导员和绩平辅导员的显著差异主要体现在责任意识、服务意识和奉献意识等方面。责任意识反映的是辅导员对学生的日常生活、行为和权益负责任的一种主观意愿。高校辅导员日常事务管理的基本内容决定了其言行必然会对学生的生活、行为和权益产生影响。这种影响可以是随意的、不受约束的,也可以是专业的、加以方向控制的。辅导员责任意识强,说明其对学生的行为、权益和日常生活主动施加影响的意愿强,管理行为将更具方向性和专业性。服务意识反映的是辅导员自觉主动为学生做好服务的一种观念和愿望。学生日常事务管理的过程中时时刻刻蕴含着服务的成分,辅导员通过在管理过程中服务学生而不断获取学生的信任与支持。辅导员服务意识强,则更容易亲近学生,走进学生心里。奉献意识反映的是辅导员为增进学生的利益而不计得失默默付出的行为意识。奉献与"利他""不求回报"等概念联系在一起,它是辅导员对学生不求回报的爱和全身心付出的体现。具有奉献意识的辅导员愿意牺牲大量个人时间和精力投入学生事务的管理中,目的是促进学生的成长成才。绩优辅导员和绩平辅导员在学生日常事务管理方面的行为差异很大程度上是由责任意识、服务意识和奉献意识的差异导致的。绩优辅导员往往同时具备这三种意识且能实现三者的有机统一,所以能够赢得学生的信任与支持,而绩平辅导员往往三种意识都比较淡薄,因而在具体行动中仅以完成任务为标准,难以达成高质量的管理行为。

　　从特质层面来看,绩优辅导员和绩平辅导员的显著差异主要体现在沉稳踏实、认真细致和公正无私等方面。如前所述,学生日常事务管理涉及学生在校生活的方方面面,而这又与学生的个人发展息息相关,因而需要辅导员严格按照相关的政策规定执行,切实维护好每一个学生应有的权益。首先,入学教育、离校教育和军训组织等工作要求辅导员必须沉稳踏实、不急不躁,给学生营造良好的安全和信任氛围,帮助学生明确发展目标和方向。其次,学生事务还涉及奖贷助勤等一系列与学生个人利益紧密相关的工作,需要辅导员在相应的政策、办法和规章制度的指导下认真细致地完成,尽量减少或避免出错。一旦发生错误或纰漏,就会导致相应学生的利益受损,甚至带来不必要的麻烦,同时还会削弱学生对辅导员的信任和对学校的满意度。除此之外,由于学生日常事务管理中有不少事项涉及学生之间的利益冲突和协调,如学生普遍关心的评优评奖问题等,这与学生的个人利益密切相关,要求辅导员不但要认真细致,还要公正无私,严格按照规章制度执行,不受个人情感意志的影响。只有这样才能营造风清气正的班级氛围,让所有学生心服口服。绩优辅导员和绩平辅导员的差异主要就在于进行学生日常事务管理时的沉稳程度、细致程度和公正程度的差异。绩优辅导员普遍显得沉稳踏实,工作过程认真细致,处理事务公正无私,深受学生的信任和支持。而绩平辅导员往往遇事不够沉稳,容易凭经验做出判断,处理事务过程中又或多或少掺杂个人情感因素,因而难以形成公正有序的管理环境。

(五)心理健康教育与咨询维度胜任特征

心理健康教育与咨询是高校辅导员职业功能的重要构成维度,是辅导员向专业化、职业化方向发展的重要切入口。新时代高校辅导员在大学生心理健康教育与咨询方面的胜任特征包含 5 个层面共 12 项特征成分。其中,知识层面包括心理学知识 1 项胜任特征成分,能力层面包括问题觉察、问题识别和沟通引导 3 项胜任特征成分,社会角色层面包括心理医师和合作伙伴 2 项胜任特征成分,动机层面包括责任意识和成就意识 2 项胜任特征成分,特质层面包括沉着冷静、真诚友善、情绪稳定和自信乐观 4 项胜任特征成分。具体如表 2-6 所示。

表 2-6 高校辅导员心理健康教育与咨询胜任特征

层面	特征成分	特征内涵
知识	心理学知识	与心理问题识别、心理咨询及心理健康教育相关的心理学方面知识
能力	问题觉察	有意识地发现学生心理问题的能力
	问题识别	通过收集、分析和处理信息判别心理问题所属类型的能力
	沟通引导	对学生的心理状态进行疏通引导以促进身心健康的能力
社会角色	心理医师	对心理进行呵护、诊断和治疗以达到预防心理疾病或促进心理健康的人
	合作伙伴	能够沟通、信任和合作的人

续表

层面	特征成分	特征内涵
动机	责任意识	对学生的心理健康问题负责的一种主观意愿
	成就意识	在认知、情感和行为方面对自己心理健康教育与咨询的价值和能力的感知
特质	真诚友善	真心实意地坦诚相待,给人感觉亲近和睦
	沉着冷静	遇到事情不慌不忙,能冷静应对,不感情用事
	情绪稳定	情绪状态不因外界条件变化而产生波动
	自信乐观	相信自己并秉持向上的人生态度

从知识层面来看,绩优辅导员和绩平辅导员的显著差异主要体现在对心理学知识的掌握及应用方面。辅导员要胜任大学生心理健康教育与咨询工作,需要具备心理学及应用心理学的相关知识,尤其是心理咨询的方法、技巧,心理问题的判别、诊断等。心理健康教育与咨询跟普通的沟通聊天不同,它具有极强的专业性,依赖于辅导员对相应的心理学知识的掌握。只有掌握了相应的知识,才有可能胜任此项工作。但由于辅导员心理学科班出身的较少,获取这些心理学知识主要依靠后天的努力,即担任辅导员工作后的自主性学习,其中包括考取心理咨询师资格证书、获取心理助人资格认证等。这要求高校辅导员一方面要掌握心理学的一般性知识,并能用这些知识指导开展学生的心理健康促进工作,另一方面要掌握心理咨询的专业技能性知识,并能用这些知识指导开展学生的心理问题诊断与治疗实践。作为高校辅导员,只有努力掌握这些知识,才能更好地胜任辅导员工作。但在现实当中,辅导员对这些知识的掌握及熟练程度存在较大差异,绩优辅导员普遍表现出对心理健康教育与咨询所需知识的主动学习和相应资格证书的获取,以及在这些知识指导下的专业化心理咨询行为;而绩平辅导员往往缺少对心理学相应知识的学习储备,知识的获取比较零碎且不成体系,因而难以有效应对大学生心理健康教育特别是学生心理问题的咨询干预。

从能力层面来看,绩优辅导员和绩平辅导员的显著差异主要体现在问题察觉、问题识别和沟通引导等方面。大学生心理健康教育与咨询是一个极富专业实操意蕴的工作,需要辅导员将所学心理学知识应用于具体的心理咨询实践,包括面向全体学生的心理健康教育活动和面向部分学生的心理问题发觉、诊断及咨询活动。作为辅导员,首先,要具备问题察觉能力,要能够协助心理健康教育机构完成心理筛查的组织实施,通过多渠道收集和分析学生的个人信息,对学生的心理状态做出科学评估,第一时间掌握学生的心理动态,发觉潜藏的心理问题。其次,要熟悉大学生常见的发展性心理问题,能对一般心理问题、心理障碍和精神疾病进行初步识别,了解转介到心理咨询中心或精神卫生医院的适用条件和相关程序并适时采取相应措施。最后,要掌握倾听、共情、尊重等沟通技能,能够开展心理危机的识别与干预,并组织开展形式多样的心理健康教育活动,强化对学生的心理疏导,提高学生的心理健康水平。可见,心理健康教育与咨询是一项专业性很强的工作,从心理问题的察觉,到心理问题的识别,再到心理问题的干预和疏导,都要求辅导员具备相应的实操技能。总体来看,绩优辅导员普遍具有敏锐的洞察力,善于主动发现问题并采取及时有效的干预措施,从而能够最大限度地维护学生的心理健康。而绩平辅导员往往缺少洞察力和判断力,在初筛结束后以完成上级任务为导向,对学生心理危机的干预比较被动,无形之中将心理工作的压力转移给了二级学院心理辅导站或学校心理中心。

从社会角色层面来看,绩优辅导员和绩平辅导员的显著差异主要体现在能否成为学生的心理医师和合作伙伴。心理医师是指运用心理学以及相关学科的知识,通过心理咨询的技术帮助学生缓解心理问题的专业人员。这里的心理医师不同于医务系统的精神科医生,前者主要是解决健康人群的心理问题,包括一般心理问题和严重心理问题,后者主要是治疗精神病人和有心理障碍的人。在我国从事心理咨询需要具备相应的职业资格,对辅导员而言,获取心理咨询师资格证书是其开展心理咨询工作的基本前提。当辅导员发现接受咨询的学生可能患有精神障碍,应当将其转介到符合精神卫生法规定的医疗机构就诊。简言之,高校辅导员扮演着学生心理健康维护者和促进者的角色。除此之外,高校辅导员还应该成为学生可以沟通和信任的合作伙伴。辅导员只有放下身段,走近学生,成为学生可以依赖和信任的人,学生才会放下内心的警惕和防备,与辅导员分享自己的心事与困惑。也只有这样，辅导员才可能第一时间了解学生，帮助学生，成为学生的心理医师，为学生的心理健康保驾护航。从总体调查结果来看，绩优辅导员普遍善于沟通，与学生的互动较为密切，对学生的具体情况也比较了解，很多学生愿意将自己的事情与其分享。同时，绩优辅导员大多拥有心理咨询师证书，对心理问题预防、预警、应急处理和后评价的全过程都比较熟悉，心理健康教育与咨询的经验十分丰富。而绩平辅导员往往与学生关系相对疏远，除事务性沟通外，很少主动找学生聊天，学生对辅导员的信任度不高。另外，绩平辅导员心理咨询的业务能力也相对欠缺，很难发挥作为一名心理医师应有的价值和作用。

从动机层面来看，绩优辅导员和绩平辅导员的显著差异主要体现在责任意识和成就意识等方面。责任意识反映的是辅导员对学生的心理健康问题负责的一种主观意愿。责任承载着知识和能力，高校辅导员所具有的心理学知识和咨询技能均需通过责的履行才能得到充分发挥。如果缺乏责任意识，不清楚自己对学生的心理健康负什么责以及如何负责等根本问题，再好的知识和能力都将失去用武之地。辅导员的责任意识强就意味着主观关注学生心理健康的意愿强，心理健康教育与咨询行为就具有自发性、主动性和持续性。反之，辅导员的行为就会出现被动、等待和任务思维，难以取得良好的咨询教育效果。成就意识反映的是辅导员在认知、情感和行为方面对自己心理健康教育与咨询的价值和能力的感知。在对学生进行心理健康教育与咨询的过程中，辅导员面临的现实咨询问题多种多样，如学生面临的由恋爱、学业、经济及人际关系引发的各种心理问题。针对不同的心理问题，辅导员需采取相应的咨询策略，其目的都是促进学生心理的自我调适。在看到被咨询学生的心理与行为的改善后，辅导员自然会产生成就体验。尤其是当学生经过辅导员的心理咨询后精神风貌发生了脱胎换骨的变化，这种"助人"的感觉将给辅导员带来极大的满足和自我价值认同，一定程度上又会反过来促进辅导员更加认真细致地做好相应的工作。可见，责任意识和成就意识是相互影响相互促进的，绩优辅导员普遍具有这两种意识且能较好地实现两者的统一，这是其成为学生心理医师和合作伙伴的基本前提，而绩平辅导员往往两种意识都相对比较淡薄,行动缺乏计划性、主动性和持续性,故难以实现高质量的咨询与教育行为。

从特质层面来看,绩优辅导员和绩平辅导员的显著差异主要体现在真诚友善、沉着冷静、情绪稳定和自信乐观等方面。如前所述,学生心理健康教育与咨询包含面向全体学生的形式多样的心理健康教育活动以及面向部分学生的心理问题诊断及咨询活动,既涉及辅导员个人的专业技能水平,又涉及辅导员组织协调学生干部开展工作的能力,因而它对辅导员的个人特质具有特定要求。首先,良好咨询关系的建立要求辅导员必须真诚友善,与学生坦诚相待,让求助学生感觉亲切和睦。只有这样,学生才愿意和辅导员分享自己的心事甚至个人隐私,辅导员也才能有效开展心理疏导,帮助学生调节情绪。其次,心理危机的爆发及应对要求辅导员必须沉着冷静,要在第一时间采取措施控制事态恶化并了解具体原因,将危机的影响控制在最小范围内。再次,危机的后评价及教育引导要求辅导员必须保持情绪稳定,在学生面前客观冷静地陈述事实、分析问题,给学生营造出一种可靠且值得信赖的感觉。最后,全员的心理健康教育活动还要求辅导员必须时刻保持自信乐观。这种自信、自强、乐观的人生态度是每一个人都应该具有的,但对于辅导员而言尤其重要,它能够对学生产生积极的外部影响,激励学生敞开心扉,向阳而生。总的来看,绩优辅导员和绩平辅导员的差异主要就在于开展学生心理健康教育与咨询时真诚友善、沉着冷静、情绪稳定和自信乐观等个人特质的表现程度。绩优辅导员普遍自信乐观,待人真诚友善,能够和学生建立良好的信任关系,学生也愿意和辅导员分享心事,因而辅导员可以很好地了解掌握学生的心理动态。当学生发生心理危机时,就可以第一时间介入,沉着冷静地应对,将危机的影响控制在最低限度。而绩平辅导员往往由于知识、能力等方面的欠缺而显得不够自信,再加上以"任务思维"为导向开展工作,很难得到学生的完全信任,因而工作比较被动且收效甚微。

(六)网络思想政治教育维度胜任特征

网络思想政治教育是高校辅导员职业功能的核心维度,是思想政治教育网络化发展的根本体现。新时代高校辅导员在网络思想政治教育方面的胜任特征包含 5 个层面共 16 项特征成分。其中，知识层面包括思想政治教育知识、传播学知识和网络技术知识 3 项胜任特征成分，能力层面包括文字写作、信息处理、资源整合和舆情引导 4 项胜任特征成分，社会角色层面包括思想导师、政治导师、道德导师和网络督察 4 项胜任特征成分，动机层面包括教育意识、成就意识和服务意识 3 胜任特征成分，特质层面包括富有耐心和善于思考 2 项胜任特征成分。具体如表 2-7 所示。

表 2-7　高校辅导员网络思想政治教育胜任特征

层面	特征成分	特征内涵
知识	思想政治教育知识	指导学生形成正确思想行为的思想观念、政治观点和道德规范等的知识的总和
	传播学知识	与网络语言传播技术、传播特点及传播规律相关的知识
	网络技术知识	与博客、微博、微信、QQ、校园交互社区、网络群组等网络平台使用及维护相关的知识
能力	文字写作	根据工作实际需要进行相应的书面语言表达的能力
	信息处理	对网络信息进行编辑、加工以达到快速解决问题的能力
	资源整合	为完成既定教育目标而将相应网络教育资源整合起来的能力
	舆情引导	利用网络平台发布相关内容，吸引学生浏览、点击和评论，引导网络舆情的能力
社会角色	思想导师	对学生思想认识及行为产生持续影响的重要他人
	政治导师	对学生政治意识及行为产生持续影响的重要他人
	道德导师	对学生道德意识及行为产生持续影响的重要他人
	网络督察	对学生网络发言及相应网络平台的网络信息进行督察的人
动机	教育意识	借助网络技术在思想、政治和道德等方面对学生施加影响的主观意愿
	成就意识	在认知、情感和行为方面对自己开展网络思想政治教育的价值和能力的感知
	服务意识	通过网络平台自觉主动为学生做好服务的一种观念和愿望
特质	富有耐心	在与学生网络沟通交流时能够认真倾听并不厌其烦地对学生的提问做出解释说明
	善于思考	善于对学生网络发言进行分析、综合、推理、判断等思维活动

从知识层面来看,绩优辅导员和绩平辅导员的显著差异主要体现在对思想政治教育、传播学和网络技术知识的掌握及应用等方面。究其原因,主要是网络思想政治教育是思想政治教育的网络化运行过程,是辅导员开展大学生思想政治教育的重要途径。随着新时代移动互联网的普及,网络思想政治教育的优势更加凸显,它在高校辅导员工作过程中所起的作用更加突出。对于辅导员而言,要胜任网络思想政治教育工作,必须在具备传统思想政治教育理念及知识的基础上,了解和掌握网络传播和网络技术的相关知识,并统筹运用好这些知识来指导具体实践。这里的思想政治教育知识严格意义上包含了前述思想政治教育维度所涵盖的全部知识。辅导员将这些知识通过网络媒体向学生传播,进而对学生产生影响。传播学知识是指与网络语言传播技术、传播特点及传播规律相关的知识。从信息的传播来看,网络信息传播不同于传统媒介传播,它具有大容量、即时性、快捷性、便利性等特点,既给思想政治工作带来了极大的帮助,同时也带来了不小的挑战。辅导员只有了解博客、微博、微信、QQ、校园交互社区、网络群组等网络平台的相关知识,掌握不同网络平台信息传播的基本特点及规律,才有可能根据教育目标选择最适当的方式开展思想政治教育,以实现教育效果的最大化。除此之外,高校辅导员还必须了解与这些网络平台使用及维护相关的网络技术知识,熟练掌握各个平台的操作技能。只有这样,才能根据需要快速准确地开展思想政治教育。但在现实当中,绩优辅导员和绩平辅导员在这些知识掌握程度方面存在较大差异。绩优辅导员普遍具有丰富的思想政治教育知识的储备,并能熟练运用各互联网平台开展有针对性的思想政治教育;而绩平辅导员往往各方面知识储备均显不足,开展工作时语言组织性不强,特别在遇到特殊情况时知识储备无法支撑其做出有效的教育行为。

从能力层面来看,绩优辅导员和绩平辅导员的显著差异主要体现在文字写作、信息处理、资源整合和舆情引导等方面。高校辅导员开展网络思想政治教育是一个以互联网为媒介,对学生施加影响,使他们形成符合国家和社会所要求的思想品德的活动过程。这个过程包含了整合网络资源、发布相应内容吸引学生观看、围绕学生关注的问题进行有效舆论引导、对网络信息进行及时有效的处理等内容,需要辅导员掌握相应的能力以达到特定的教育目的。首先,辅导员要具有一定的文字写作能力,能在各种网络平台发布教育文章,构建网络思想政治教育的重要阵地,传播先进教育思想和先进文化,弘扬主旋律。其次,辅导员要具有信息处理能力,能够对网络信息进行编辑、加工以快速解决问题。例如,发现不良言论能够及时制止或者删除,发现好的教育资源能够下载进行二次编辑创作,等等。再次,辅导员要学会整合网络教育资源,不论是文字的、视频的、图片的,还是国内的或国外的,只要切合教育目标,都可以拿来作为教育材料或案例,对学生开展思想政治教育。最后,辅导员还必须关注网络舆情,及时了解网络舆情信息,密切关注学生的网络动态,敏锐把握一切苗头性、倾向性、群体性问题,适时进行舆论引导,把握网络舆论的话语权和主导权。应该说,每一个辅导员都必须具有文字写作、信息处理、资源整合和舆情引导的能力,这是网络思想政治教育工作的内容所决定的。绩优辅导员和绩平辅导员的差异主要体现在文字写作是否清晰且富有逻辑、信息处理是否快速且准确无误、资源整合是否多元且围绕目标以及舆论引导是否主动且即时有效。上述能力方面的差异将直接影响到高校辅导员开展大学生网络思想政治教育的实际效果。

从社会角色层面来看,绩优辅导员和绩平辅导员的显著差异主要体现在能否成为学生真正意义上的思想导师、政治导师、道德导师以及能否成为一名合格的网络督察。如前所述,在思想政治教育功能维度方面,辅导员肩负着大学生思想、政治和道德三方面的教育职责,自己的一言一行将对学生的思想观念产生直接影响,理应成为学生在思想、政治和道德上的引路人。作为学生最值得信任和最亲近的人,高校辅导员应借助网络资源和网络的力量,努力打造思想政治教育的网络阵地,矢志成为学生在思想、政治和道德方面的人生导师。但网络世界与现实世界有所不同,网络世界的虚拟性使人发言更加大胆,很多现实生活中默默无声的人在网络的虚拟世界中可能会滔滔不绝甚至口无遮拦、大放厥词,抑或是无中生有、散播谣言,以图引发关注。另外,网络语言具有传播性强、传播途径多样化等特点,谣言的转发还容易引起社会舆情。这就需要辅导员切实履行好网络督察的角色,时刻关注学生的思想动态、网络言语和行为痕迹,适时加以引导,并做好预警和应急处理的准备,努力将不良苗头扼杀在萌芽状态或者将不良影响控制在最小范围。总的来看,绩优辅导员普遍能够依托网络在思想、政治和道德等方面向学生持续输出正能量,成为学生的人生导师和重要他人,并时刻发挥网络督察应有的作用。而绩平辅导员往往由于思政知识的匮乏、教育能力的不足以及网络把关的不严等多种原因,未能将网络思想政治教育的功能有效发挥,角色的履行依然存在较大改进空间。

从动机层面来看,绩优辅导员和绩平辅导员的显著差异主要体现在教育意识、成就意识和服务意识等方面。教育意识反映的是辅导员借助网络技术在思想、政治和道德等方面对学生施加影响的主观意愿。它是一种不受责任约束的个人教育情感的体现,由此催生的教育活动具有内发性。辅导员教育意识强则付诸网络思想政治教育实践的主观能动性就强,教育行为就具有自主性和追求高质量等特征。反之,辅导员的行为就会迟疑、缓慢和仅以完成任务为目标。成就意识反映的是辅导员在认知、情感和行为方面对自己开展网络思想政治教育的价值和能力的感知。当辅导员认为自己的网络思想政治教育行为对学生产生了影响并以此体验到满足感和成就感时,他就会在潜意识中不断强化这种动机,进而促进教育行为。反之,辅导员的行为就会因缺少正向反馈激励而显得动力不足,并在一定程度上影响到个人的主观意愿。服务意识反映的是辅导员通过网络平台自觉主动为学生做好服务的一种观念和愿望。它是发自辅导员内心的一种本能和习惯,在工作过程中表现为"以学生为中心"的主动付出倾向。辅导员服务意识强则往往会站在学生的立场上考虑问题,急学生所急,想学生所想,并在网络服务的时间、质量和态度等方面得以体现。总的来看,绩优辅导员和绩平辅导员在教育行为上的不同表现很大程度上根源于教育意识、成就意识和服务意识的差异。绩优辅导员普遍对网络思想政治教育的价值认知到位,以此催生出个人强烈的教育意愿和成就体验,并能借助网络平台有效服务于学生成长成才。而绩平辅导员往往对网络思想政治教育的价值认知不足,工作仍然停留在应付上级布置的硬性教育任务层面,三种意识都相对比较淡薄,因而难以产生高质量的教育行为。

从特质层面来看,绩优辅导员和绩平辅导员的显著差异主要体现在是否富有耐心和善于思考等方面。如前所述,网络思想政治教育与传统思想政治教育既有联系又有区别，前者以互联网为工作载体，互联网的开放性让辅导员无时无刻不"暴露"于学生面前，学生可以随时随地向辅导员咨询发问。很多辅导员对此颇为苦恼，因为总会碰到学生不分时段场合提出各种各样令人哭笑不得的问题，有的问题甚至已经讲过很多遍了，但总有学生置若罔闻，等遇到事情时又来不停地"骚扰"辅导员。这极大地考验着辅导员的耐心，尤其在同样的问题需要反复做出解释说明的时候，对于辅导员而言更是一种忍耐力的考验。如果辅导员能耐心地回复学生并指导其解决困难，学生对辅导员的满意度就会上升，否则容易引起学生的失望和反感。除此之外，网络还是一把"双刃剑"，辅导员须时刻关注各网络平台学生的发言，及时发现不良言论，善于分析这种言论产生的背景、原因以及学生真实的心理意图，并采取有效的措施遏制不良言论的扩散，引导网络舆情往正确方向发展。这要求辅导员善于捕捉信息，善于分析思考，善于根据信息做出预判。总的来看，绩优辅导员和绩平辅导员在个人特质方面的差异主要就在于耐心程度和思考深度等方面的差异。绩优辅导员在与学生的网络互动过程中普遍具有较强的耐心，沟通过程心平气和，沉得住气，给人一种亲切和睦的感觉。平时也善于根据学生网络信息判断思考学生的思想动态，并进行有效干预，引导网络舆论走向。而绩平辅导员在对学生回复解释的过程中往往容易耐心不足，给人一种不耐烦的感觉，对学生发布的不良网络言语也缺少跟踪关注和分析思考，因而难以实现对舆情的敏锐把握和有效引导。

（七）危机事件应对维度胜任特征

危机事件应对是高校辅导员职业功能的重要维度之一，是每一个辅导员不愿意经历但又必须随时做好应对准备的一项工作。新时代高校辅导员在危机事件应对维度的胜任特征包含 5 个层面共 10 项特征成分。其中，知识层面包括危机管理知识 1 项胜任特征成分，能力层面包括驾驭局势、组织协调、归纳总结和问题解决 4 项胜任特征成分，社会角色层面包括安全守护者和应急管理者 2 项胜任特征成分，动机层面包括责任意识 1 项胜任特征成分，特质层面包括沉着冷静和行动果断 2 项胜任特征成分。具体如表 2-8 所示。

表 2-8　高校辅导员危机事件应对胜任特征

层面	特征成分	特征内涵
知识	危机管理知识	危机事件、突发事件应对与管控的相关知识
能力	驾驭局势	稳定并控制局面和事态发展的能力
	组织协调	组织和协调相关部门及人员妥善处理危机事件的能力
	归纳总结	对事件的整个过程、原因及经验进行分析、归纳、总结和反思的能力
	问题解决	通过系列管控措施将危机事件的影响控制在最小范围内的能力
社会角色	安全守护者	学生生命、财产安全的看守护卫人员
	应急管理者	与学生相关的突发及危机事件的应对处理人员
动机	责任意识	对学生的安全问题负责的一种意识
特质	沉着冷静	遇到事情不慌不忙，能冷静应对，不感情用事
	行动果断	快速做出决策并付诸实际行动

从知识层面来看，绩优辅导员和绩平辅导员的显著差异主要体现在对危机管理知识的掌握及应用方面。辅导员要胜任危机事件管理工作，需要具备危机事件、突发事件应对与管控的相关知识。由于这些知识当中包含了公共危机管理、心理学、社会学的部分交叉学科内容，要完全习得并非易事。况且危机管理与其他维度职业功能不一样，危机事件会不会发生、什么时候发生以及发生什么，都是事先无法确定的，这对辅导员来说是一个挑战。有的辅导员在工作的几年间可能"运气好"一次都不会遇到，也有的辅导员"运气差"，一年遇到好几回。不管是哪种情况，危机事件的不可预见性和后果的不确定性决定了高校辅导员必须做好知识储备和应对准备，以备不时之需。例如，何种迹象说明可能会发生危机事件？根据历史经验，校园危机事件一般有哪些类型？一旦发生了这样的事件，应该如何处理？为什么会发生这样的事件？如何将事件的影响控制在最小范围内？如何规避这样的事件再次发生？这些问题所涉及的知识都应该在辅导员的脑海中形成串联。高校辅导员只有具备这样的危机管理意识和知识储备，才有可能应对各种不确定性挑战。但在现实当中，

辅导员对这些知识的掌握程度存在较大差异,绩优辅导员普遍表现出对危机管理知识的主动学习,既有书本上的理论学习,也有实践中的经验学习,并在理论与实践的交替学习中熟练地掌握了危机事件处置的流程和技能。而绩平辅导员往往缺少理论和实操知识的储备,理论与实践之间存在鸿沟,因而难以应对复杂多变的外部环境与危机事件的管理。

从能力层面来看,绩优辅导员和绩平辅导员的显著差异主要体现在驾驭局势、组织协调、归纳总结和问题解决等方面。危机事件的爆发具有较大的偶然性和不确定性,辅导员对危机事件进行干预是其利用既有的知识和经验去应对这种突发、偶然和不确定的过程。这个过程包含了进入现场驾驭局势和控制局面、组织和协调相关部门及人员共同应对、分析事件原因及做好归纳与总结、解决危机事件所产生的系列问题等内容,它对辅导员所需具备的素质和能力提出了特定的要求。首先,辅导员要具有驾驭局势的基本能力,能在危机事件爆发时第一时间进入现场,对危机事件做紧急的初步处理,努力稳定并控制局面,防止事态扩大化。其次,辅导员要尽快了解事件相关信息并及时与有关部门沟通,组织协调相关部门迅速做出反应并提出处理方案。再次,辅导员要对事件整个过程、原因及经验等相关信息进行全面分析、归纳、汇总和反思,并对事件发展及其影响进行持续关注与跟踪。最后,辅导员还要通过网络、谈话等渠道进行个人和集体的心理疏导,同时开展安全教育,达到举一反三的效果,将危机事件的影响控制在最小范围内。应该说,上述过程所反映的是辅导员对危机事件的管控能力,任何一个辅导员都应该熟悉这个过程,同时具备这样的能力。然而绩优辅导员和绩平辅导员在应对危机事件时是存在明显差异的,绩优辅导员普遍能够在危机事件发生后第一时间很好地稳住局势,防止事态扩大,随即组织协调各方力量应对处置,将事件影响控制在最小范围内,并及时分析总结原因,做好事后安全教育,彻底解决遗留问题。而绩平辅导员往往驾驭局势的能力较弱,对危机事件的处理把握程度不足,只见事件本身而忽视深层次原因,因而难以达到举一反三的教育效果。

从社会角色层面来看,绩优辅导员和绩平辅导员的显著差异主要体现在能否成为学生真正意义上的安全守护者和应急管理者。作为学生在校期间接触最多、最亲近的人,辅导员对学生的安全教育负有不可推卸的责任。从学生的人身安全到财产安全,从校内安全到校外安全,从现实安全到网络安全,都是辅导员平时安全教育所涉及的内容。辅导员扮演着学生安全守护者的角色,通过不厌其烦的教育让学生提高自我认识,时刻紧绷安全之弦,避免危机事件的发生。但正如前所述,危机事件的爆发具有极大的偶然性和不确定性,会不会爆发,什么时候爆发,在谁身上爆发,爆发后会带来什么样的后果等,都事先难以确定。哪怕一个再有经验的辅导员,宣传教育工作做得再到位,也无法保证危机事件一定不会发生。正因为如此,辅导员还需扮演应急管理者的角色,明确应急管理的流程及方案,一旦遇到突发事件、危机事件,就要毫不犹豫地在第一时间进入现场进行应急处理,竭力维护学生的生命财产安全,并将危机事件带来的影响控制在最小范围内。可见,辅导员既是学生的安全守护者,又是应急管理者。安全守护者的角色履行得到位,应急管理者角色出现的次数就会减少。若安全守护者的角色履行得不到位,应急管理者角色扮演的次数就会增加。所以对辅导员来说,关键在于履行好一名安全守护者的角色,尽最大努力为学生营造良好的安全环境,同时也要让自己成为一个合格的应急管理者,随时准备应对各种不确定性。总的来看,绩优辅导员和绩平辅导员在危机事件管理的相应角色履行方面存在较大差异。绩优辅导员普遍能够以内容丰富、形式多样的教育活动灌输安全思想,让学生紧绷安全之弦,从源头上控制危机事件发生的概率。一旦发生危机事件,也能够立马稳定局势,将不良影响降至最低。而绩平辅导员总认为安全问题不可控,突发事件随运气,安全教育疲于应付、流于形式。当危机事件发生时无从有效应对,从而给危机干预带来极大的不确定性。

从动机层面来看,绩优辅导员和绩平辅导员的显著差异主要体现在是否具有对学生安全负责的意识。学生安全问题是高校平安校园建设的核心内容,是高校各项工作的重中之重。近些年来,随着影响高校安全稳定的外部因素不断增多,各高校对学生的安全教育工作愈加重视,并尝试通过各种各样的教育活动提升学生的认知,尽最大努力规避不良事件的发生,如诈骗、网络贷款等。这些互联网时代常见的不稳定因素是诱发危机事件的重要源头,已经成为各高校安全教育的重点内容。作为辅导员,其职责就是落实学校布置的安全教育任务,让每一个学生都受到警醒和教育。在实际操作过程中,辅导员要完成学校布置的任务并不难,难就难在怎么样让教育活动取得更好的效果,使学生入脑入心入行,从而最大限度地遏制不良事件的发生。从具体执行情况来看,如果辅导员具有高度的责任意识,那么他会秉持对学生负责的态度,将教育活动设计得更加丰满,既注重形式又注重内容,以实现教育效果的最大化。如果辅导员缺乏责任意识,那么他往往只会以完成任务为目标,教育活动走马观花,流于形式,原本需要一个小时才能讲透的内容可能十分钟就草草了事。虽然从面上看,两者同样召开了班会,贯彻了同样的主题,但是实际效果却大相径庭。由此可见,责任意识是影响辅导员行为绩效的重要指标,也是区分绩优辅导员和绩平辅导员的重要依据。

从特质层面来看,绩优辅导员和绩平辅导员的显著差异主要体现在是否沉着冷静和行动果断等方面。危机事件应对是高校辅导员在有限的时间内处理复杂性和不确定性事件的过程。危机事件的复杂性和不确定性反映在多个方面,如所涉人员、发生的时间和地点、引爆的原因、影响的范围和深度等都是无法做出准确预判的。正因为危机事件的复杂性和不确定性,它给辅导员的干预工作带来了极大的挑战。一名从业多年的高校辅导员,在职业生涯中或多或少总要遇到这样或那样的突发事件需要处理,其中不乏涉及学生生命财产安全的重大危机事件。在面对这样的重大危机事件时,辅导员尤其要沉着冷静,快速地做出判断,制定出切实可行的应对方案。保持沉着冷静是应对危机事件的首要前提,越是情况紧急的突发事件,辅导员越要保持头脑冷静,不能被情绪所左右。当辅导员制定了应对方案后,就要果断地开展行动,组织协调各方力量共同应对解决危机,尽最大努力将危机事件的影响控制在最小范围内。试想,如果辅导员犹豫不决,瞻前顾后,必然会错过最佳干预期,再小的危机事件也可能会因此而一发不可收拾,甚至带来更为严重的后果。总的来看,绩优辅导员在面对危机事件时普遍情绪表现稳定,能够对事件做出沉着冷静的分析和应对,并果断地采取行动以尽快解决问题。而绩平辅导员在遇到危机事件时往往不够沉着,容易感情用事,缺乏决断力和行动力,因而很难保证危机事件干预的效果。

(八)职业规划与就业指导维度胜任特征

职业规划与就业指导是高校辅导员职业功能的重要构成维度,是辅导员往专业化、职业化方向发展的又一重要切入口。新时代高校辅导员在职业规划与就业指导方面的胜任特征包含 5 个层面共 9 项特征成分。其中,知识层面包括国家政策知识、就业指导知识和职业咨询知识 3 项胜任特征成分,能力层面包括分析问题和因势利导 2 项胜任特征成分,社会角色层面包括就业指导者和职业规划者 2 项胜任特征成分,动机层面包括服务意识 1 项胜任特征成分,特质层面包括沉稳踏实 1 项胜任特征成分。具体如表 2-9 所示。

表 2-9　高校辅导员职业规划与就业指导胜任特征

层面	特征成分	特征内涵
知识	国家政策知识	与应届毕业生就业相关的国家政策
	就业指导知识	与求职技巧、就业政策及流程等就业指导相关的知识
	职业咨询知识	与职业生涯规划、职业指导咨询相关的知识
能力	分析问题	明晰学生群体或个体的特点及其在个人发展或就业过程中存在的问题及其原因的能力
	因势利导	根据外部环境及学生个人实际情况将其往有利方向引导的能力
社会角色	就业指导者	在就业方面为学生提供指导和服务的人
	职业规划者	在职业发展方面为学生提供指导和规划的人
动机	服务意识	为学生就业和职业发展提供服务的一种主观意愿和态度
特质	沉稳踏实	做事踏实,性格稳重,步步为营,不急于求成

从知识层面来看,绩优辅导员和绩平辅导员的显著差异主要体现在对国家政策知识、就业指导知识和职业咨询知识的掌握及应用等方面。职业规划与就业指导是一项颇具技术含量的工作,需要实施者具备相应的知识才可能胜任。首先,高校辅导员要掌握与毕业生就业相关的国家政策知识,如国家的就业政策导向、签订就业协议的相关要求、退伍复学学生的就业或升学政策、创业的支持政策等。国家政策知识是辅导员开

展就业指导所必备的知识,它指引着辅导员的就业指导工作朝着正确的方向进行。其次,高校辅导员要掌握与求职技巧、就业政策及流程等就业指导相关的知识,为学生就业提供智力支持。例如,熟悉简历的制作、通用的求职技巧、签订协议的基本流程、不同类型企业的特点、不同岗位的发展潜力等。就业指导知识是辅导员开展就业指导工作的基础性知识,是辅导员对学生进行就业指导的基本前提。最后,高校辅导员还要掌握与职业生涯规划、职业指导咨询相关的知识,为学生明确个人职业发展目标、做好职业生涯规划提供智力协助和支持。例如,关于职业发展阶段、职业锚、兴趣与职业的关系、能力与职业的关系等各个方面的知识。辅导员只有具备上述这些知识,才能给学生提供专业的、可靠的职业发展建议和意见,帮助学生获得职业成长。但在现实当中,辅导员对这些知识的掌握及熟练程度存在较大差异,绩优辅导员普遍表现出对职业规划和就业指导相关知识的主动学习,且他们中的多数都具有职业规划师或就业、创业指导师等职业资格证书。而绩平辅导员往往缺少相关的理论知识储备,理论知识的不足又影响到他们具体的咨询和指导实践。

从能力层面来看,绩优辅导员和绩平辅导员的显著差异主要体现在分析问题和因势利导等方面。辅导员开展职业规划与就业指导是在专业知识引领下的技术性工作,具体包括:对学生开展职业能力倾向测试并进行分析和评估,帮助学生认识自身的性格特点和能力,帮助学生明确自己的职业发展目标,帮助学生制定学习规划,给学生提供职业发展路径选择建议,为学生提供就业信息服务,帮助学生落实就业单位,等等。此项工作看似简单,貌似只要是亲身经历过这些事情的"过来人",都可以对学生进行指导,但实则不然。根据过去经验的随性指导和理论指导下的科学指导完全是两个概念,最终取得的效果也全然不同。高校辅导员首先要强化自己的问题分析能力。就业指导不仅仅是毕业阶段给学生提供几个单位、指导其制作简历和引导其签订就业协议这么简单,更关键的在于根据学生所处的发展阶段及特点提前介入,帮助学生厘清专业、实习和就业之间的深层次关系,让学生尽早确立正确的实习观和择业观。所以,高校辅导员务必要关注学生个体差异,强化自己因势利导的能力,引导各类学生树立正确的职业观和成才观。总的来看,绩优辅导员和绩平辅导员在职业规划和就业指导方面存在着明显的能力差异,绩优辅导员普遍能够在理论知识指导下较好地分析实际问题,包括对行业背景和经济形势的了解,对学生个性和所在专业的了解,以及整合这些信息后给予学生专业化、个性化的指导,最终帮助学生明确职业目标和发展路径。而绩平辅导员往往理论知识难以有效支撑实践,指导过程系统性和全局性考虑不足,因而难以实现对学生的专业化指导。

从社会角色层面来看,绩优辅导员和绩平辅导员的显著差异主要体现在能否成为学生真正意义上的就业指导者和职业规划者。学生在大学阶段要解决的一个重要问题是:"我以后要成为什么样的人,从事什么样的职业或工作?"这个问题解决得越早越好,最好是在中小学阶段就明确下来。但是实际情况是多数学生到了大学阶段依然一头雾水,只知道自己通过努力考上了大学,却不清楚以后究竟想做什么。理想目标的缺失和学习动力的缺乏在高校已经成为群体现象。鉴于此,各高校试图通过一系列举措解决"如何让学生对所学专业有充分的了解,如何让学生对大学学习生活有明确的规划,以及如何让学生对未来就业或升学有正确的选择"等一系列问题。例如,开展新生始业教育,开设"大学生就业指导"和"大学生职业规划"课程,开展理想信念教育,开展职业生涯规划大赛,开展实习及就业教育,等等。这些工作除了少数专业老师参与外,主要还是依靠高校辅导员来组织实施和落实。所以,辅导员自始至终都扮演着学生就业指导者和职业规划者的角色,其根本目的是通过专业化、个性化的服务为学生提供职业生涯发展方面的指导和咨询,帮助学生树立正确的职业观、择业观、创业观和成才观,促进学生既快又好地适应大学学习生活以及顺利地融入社会。如果要评价一名辅导员在职业规划和就业指导工作方面的表现,关键要考察其是否充分发挥了就业指导者和职业规划者的作用。从两组辅导员的对比情况来看,绩优辅导员普遍表现更为出色,指导工作也更加职业化和专业化。而绩平辅导员的表现相对逊色,知识和能力的不足使其难以为学生提供科学可靠的咨询服务,因而很难成为学生真正意义上的就业指导者和职业规划者。

从动机层面来看,绩优辅导员和绩平辅导员的显著差异主要体现在是否具有就业指导与职业咨询的服务意识。学生的就业与职业发展涉及学生的重大切身利益,它是评价各高校人才培养质量的重要参考依据。就业率、就业质量调查等官方主导的外部考核数据促使高校不得不重视此项工作,其中包括但不限于就业择业观教育、就业单位推荐、就业信息服务、签约过程指导、职业规划指导等。而在高校,这些工作的主要承担者便是辅导员。在当前我国高校推行自由择业的背景下,学生的就业更多地表现为与企业之间的一种信息匹配和双向选择,辅导员在其中主要发挥服务作用,即为学生提供各种就业指导和职业规划的专门化服务,以帮助学生明确个人发展目标,顺利找到合适的工作岗位。有证据表明,辅导员的服务意识与学生的就业满意度之间存在着一定关联。如果辅导员具有很强的服务意识,那他就会非常认真地对待每一个学生,充分考虑不同学生的需求,在做好常规性就业教育的同时积极为学生提供个性化服务,帮助每一个学生找到适合自己的职业发展路线。如果辅导员的服务意识不强,那他的知识和能力就成了摆设,发挥不了多少作用。在具体实践中,辅导员的服务意识表现为为学生就业和职业发展提供服务的一种主观意愿和态度,它具有主动性、内生性、稳定性和持久性等基本特征。辅导员服务意识越强,那么他为学生提供就业指导和职业咨询服务时就越主动和发自内心,服务的态度也更加持久稳定。反之,辅导员的服务就会显得比较机械和生硬,很难赢得学生认同和共鸣。这也正是绩优辅导员和绩平辅导员在服务意识方面的区别所在。

　　从特质层面来看,绩优辅导员和绩平辅导员的显著差异主要体现在是否沉稳踏实。就业指导和职业咨询是辅导员对学生的个人职业发展路径施加外部影响的过程。学生在大学阶段所有的学习和努力其最终的目的都是希望自己将来能够有更好的发展,而这个学习和努力的过程正是学生在外部因素的影响下不断提升自我意识、明确自我目标及行动的过程。作为大学阶段与学生接触最多的老师,辅导员的言行举止对学生的影响无疑是深远而持久的。从新生入学教育到毕业离校教育、从主题班会到个别谈话、从第一课堂到第二课堂、从思想引领到实践辅导,无不渗透着职业发展和就业指导的相关元素。新生入学时的迷惘、成绩挂科时的无助、实习与工作的冲突、就业与升学的纠结等,都可以在辅导员的引导和咨询下获得认知提升和思想解放。学生对辅导员的信任就是在辅导员孜孜不倦地教诲过程中建立起来的。辅导员的言行举止给学生留下的感觉是否沉稳踏实,很大程度上决定了学生对辅导员的信任度和认同度,也影响了辅导员对学生就业指导和职业咨询的实际效果。总的来看,绩优辅导员在职业规划与就业指导的过程中普遍表现沉稳,能够审时度势、因人制宜,为学生提供清晰的可供选择的发展路径分析,让学生感觉踏实可信,从而赢得学生的认同和支持。而绩平辅导员往往疏于学习和思考,表现不够沉稳,无法游刃有余地开展指导和咨询,很难给学生留下踏实可信的形象,因而也难以创造出良好的咨询与指导效果。

(九)理论和实践研究维度胜任特征

理论和实践研究是高校辅导员职业功能的重要构成维度,是辅导员往专业化、职业化方向发展的根本保证。新时代高校辅导员在理论和实践研究方面的胜任特征包含5个层面共13项特征成分。其中,知识层面包括科学研究知识1项胜任特征成分,能力层面包括提出问题、分析问题、知识迁移、建构理论和文字写作5项胜任特征成分,社会角色层面包括研究者1项胜任特征成分,动机层面包括创新意识和成就意识2项胜任特征成分,特质层面包括保持好奇、善于学习、自律专注和逻辑思维4项胜任特征成分。具体如表2-10所示。

表2-10 高校辅导员理论和实践研究胜任特征

层面	特征成分	特征内涵
知识	科学研究知识	从事科学研究的相关理论、方法及相应的知识
能力	提出问题	提出学生教育管理过程中具有价值的学术研究问题的能力
	分析问题	对提出的学术研究问题进行研究分析的能力
	知识迁移	利用原有的知识经验和认知结构学习新知识的能力
	建构理论	以一种系统化的方式将经验世界中某些社会事实概念化并组织成一组内在相关命题的能力
	文字写作	采用书面语言对所思所想进行准确表达的能力
社会角色	研究者	采用一定的方法对思想政治教育领域问题开展研究的人

续表

层面	特征成分	特征内涵
动机	创新意识	根据学生个体发展的需要积极主动求新、求异、求变的一种主观意向和愿望
	成就意识	在认知、情感和行为方面对自己开展理论和实践研究的价值和能力的感知
特质	保持好奇	保持对事件或现象背后的本质进行解释和探寻的冲动
	善于学习	能够把握学习的规律性及其内在要求以精进学习效益
	自律专注	根据自己的意志全神贯注地做自己想做的事情
	逻辑思维	运用概念、判断、推理等思维类型反映事物的本质与规律

　　从知识层面来看,绩优辅导员和绩平辅导员的显著差异主要体现在对科学研究知识的掌握及应用等方面。科学研究是一项极富创造性的活动,从研究问题的凝练,到研究问题的破解,再到研究成果的发表,都需要研究者具备相应的知识。这些知识包括了与研究领域相关的各类学科知识以及将知识应用于解决具体问题的科学研究理念、方法等整合性知识。对于高校辅导员而言,职业功能的 9 个维度所对应的工作内容及知识都属于社科范畴,无论是具体工作的需要还是从事科学研究的需要,都要求辅导员掌握常见的社科研究的理论、方法及知识体系,尤其是教育学、管理学的相关理论和方法。具体的包括熟读教育学、管理学等方面的经典著作,熟悉常见的教育和管理理论,掌握质性和定量等不同的研究方法,以及了解论文发表、专著出版的相应知识。科学研究知识的跨学科和整合性决定了其获取和掌握的难度非同一般,作为非科班出身的辅导员往往只有通过不断学习或攻读相应专业的博士学位才能获得系统的认知和体验,才能将这些知识应用于学术性创造活动,产出高质量学术成果。从现实情况来看,绩优辅导员和绩平辅导员在科学研究知识的掌握及应用方面存在较大差异。绩优辅导员普遍注重科学研究,平时能够积极主动地学习相应的知识,并在课题申报和论文撰写的过程中不断提升积累。而绩平辅导员往往谈科研色变,科学研究知识储备不足,且缺少对这些知识的获取欲望,科研行动力不强。

　　从能力层面来看,绩优辅导员和绩平辅导员的显著差异主要体现在提出问题、分析问题、知识迁移、建构理论和文字写作等方面。辅导员开展理论和实践研究是在相应科学研究知识指导下的创造性工作,具体包括了提出研究问题、分析研究问题、解决研究问题以及撰写文稿出版发表等一系列内容。从具体工作问题上升到学术研究问题是开展科学研究的第一步,能不能提出有价值的研究问题是考察辅导员学术敏感性和学术洞察力的首要标准。有时候提出一个问题比解决一个问题更重要。当有了具体的研究问题后,接下来就要思考如何破题,也就是考察辅导员分析解决问题的能力。其中分析问题,掌握问题产生的原因、过程及其影响是解决该问题的基本前提。对于社科类研究而言,分析问题的过程必然涉及知识迁移和建构理论两项重要的工作,这是辅导员必须具备的两项核心技能。辅导员通过知识迁移,将原有的知识经验和认知结构调取出来完成新的认知学习,生成对问题新的理解,再在经验材料或者新的认知结构基础上,将某些社会事实概念化并组织在一起建构新的理论。当完成了理论的建构,就表明辅导员对问题的理解已经达到了一定的高度,再在理论的指导下提出相应的对策就具有理论依据,对策也往往更具针对性和有效性。辅导员完成了上述工作后,就要考虑如何把整个过程及结果规范地记录下来,以形成特定形式的文稿出版或发表,这就要求辅导员还必须具备相应的文字写作能力,通过采用简洁精练的语言将所思所想进行准确规范的表达。总的来看,绩优辅导员普遍注重科研训练,积极申报各类课题并撰写发表论文,并在反复的训练中具备了基本的科研素养和能力,产出了一系列研究成果。而绩平辅导员往往因无从下手而刻意逃避科研,较少申报课题和撰写论文,缺乏基本的科研素养,更难以产出高质量研究成果。

　　从社会角色层面来看,绩优辅导员和绩平辅导员的显著差异主要体现在能否成为一名真正的研究者。理论和实践研究在高校辅导员的众多职业功能中具有引领性,开展理论和实践研究是一名辅导员从初级跃升到高级的必由之路。根据《高等学校辅导员职业能力标准(暂行)》的要求,辅导员要实现等级的提升和专业化发展,根本途径就是要围绕某一方向开展理论和实践研究,并成为该领域的专家。例如,主持省级课题、在核心期刊发表若干篇论文、带领团队等。但学术研究和学习考证、撰写总结完全是两码事,科研能力也并非一朝一夕就能形成,它需要经过反复的训练和反思才能逐步获得提升。首先,要"想",即要有做学术的主观能动性,要意识到学术研究是辅导员工作的重要组成部分,必须要把它做好。其次,要"做",即要将意愿转化为具体的行动,要从阅读文献、课题申报、论文撰写等入手,在工学交替中反思和提升。再次,要"持续做",即坚持不懈地开展学术研究,从失败中吸取教训,从经验中摸索规律,从学习中掌握精髓,不断地提升学术研究水平。最后,还要"做成功",即熟练掌握科学研究方法,能够持续产出一系列研究成果,并在该领域产生积极影响。可见,辅导员要从一名实践者转化为一名合格的研究者并非易事。多数辅导员仅仅停留在"想"的阶段,却无从下手。少数辅导员进阶到了"做"的阶段,但几次下来的失败经验让其怯而止步。只有极少数辅导员能够进入"坚持做"的阶段,成为一名真正的研究者,并陆续产出研究成果。这其中又只有屈指可数的辅导员能够发展到"做成功"的阶段,即可以持续产出高质量研究成果,成为一名专家级研究者。绩优辅导员和绩平辅导员的差异主要就体现在"做"方面。绩优辅导员普遍能够"坚持做"并产出一系列研究成果。而绩平辅导员更多地停留在"想"的层面,偶尔的"做"也是半途而废,因而难以成为一名合格的研究者。

从动机层面来看,绩优辅导员和绩平辅导员的显著差异主要体现在是否具有创新意识和成就意识。理论和实践研究是一种具有创新性的学术活动,是一种在现有知识和认知结构的基础上的知识生产过程。高校辅导员要开展理论和实践研究,首先必须有创新意识,要有积极主动求新、求异、求变的主观意向和愿望,有了这种创新的意向和愿望,才可能会有具体的行动,才能在守正创新中不断提升学术水平和工作层次。辅导员具有创新意识是开展学术研究的基本前提,创新意识越强,主动寻求变革的内部冲动就越大,付诸研究实践的可能性就越高。反之,如果辅导员缺乏创新意识,那他寻求主动变革的可能性就低,工作也往往安于现状,很难取得创新和突破。除了创新意识外,成就意识的强弱也会对辅导员的学术研究活动产生重要影响。成就意识表现为辅导员在认知、情感和行为方面对自己开展理论和实践研究的价值和能力的一种自我感知。当辅导员通过努力在学术方面取得了一定的成果之后,就会产生一种自我满足感和成就感,而这种感觉又会进一步促进辅导员的研究行为。可见,创新意识和成就意识是辅导员开展理论和实践研究必不可少的两种内部动力来源,具有创新意识是基本前提,它决定了辅导员是否会"做",而具有成就意识是根本保障,它决定了辅导员是否会"坚持做"。只有同时具备这两种意识,辅导员的学术研究活动才会引向深入。绩优辅导员和绩平辅导员的差异主要就在于两种意识强弱程度的差异,绩优辅导员普遍创新意识较强,自觉主动从事研究活动,且能在研究过程中体会到乐趣和自我成就,因而创新行为具有可持续性。而绩平辅导员往往缺乏创新意识,对科研活动比较抵触,无法体会到科研的乐趣,因而很难产生高质量的研究行为。

从特质层面来看,绩优辅导员和绩平辅导员的显著差异主要体现在是否保持好奇、善于学习、自律专注及是否具有逻辑思维等方面。理论和实践研究是一项系统性、专业性和创造性很强的工作,并非所有辅导员通过个人努力就一定可以胜任,它对辅导员的个人特质有着特定的要求。首先,辅导员要对工作时刻保持好奇,特别是对工作中遇到的现实问题要特别关注,思考其产生的原因、发展的过程以及带来的影响,看看有没有改进和优化的可能,再结合文献研究进一步将问题转化为课题。保持好奇是驱动辅导员开展理论和实践研究的基本前提。其次,辅导员要善于学习,善于根据研究的需要完成知识的迁移和建构。只有善于学习,才能获取科学研究的相关知识,深刻把握科学研究的规律性和内在要求,尤其是领会科学研究中问题、材料、理论和方法四大要素的内涵及关系,掌握科学研究的精髓和要义。再次,辅导员开展科学研究必须保持自律和专注。自律是不受外界的影响做自己想做的事情,专注是全神贯注地做好事情。自律专注的辅导员往往意志更加坚定,目标更加明确,行动更加果敢。最后,辅导员开展科学研究还必须具有强大的逻辑思维,能够运用概念、判断、推理等思维类型探究事物的本质与规律。逻辑性是考察学术论文的核心指标,一篇学术论文的质量很大程度上受到研究者逻辑思维能力的影响,因而逻辑思维强的辅导员产出的研究成果往往质量也更高。总的来看,绩优辅导员和绩平辅导员的差异主要就在于上述个人特质层面的差异。绩优辅导员对于问题普遍保持着好奇和探究欲望,并能通过撰写课题申报书和学术论文等形式进行工学交替式的研究学习,研究过程展现出了较好的逻辑思维水平。而绩平辅导员往往缺少问题意识,学习不够主动,逻辑思维能力不强,研究自律性不足,因而难以胜任学术研究工作。

第三节　高校辅导员胜任特征的多维整合冰山模型

一、高校辅导员胜任特征多维整合冰山模型构建

按职业功能维度逐项提取胜任特征有效保证了胜任特征的"人—职"匹配性,同时也体现了辅导员职业的特殊性。高校辅导员胜任特征正是对职业功能9个维度胜任特征要素的再度整合,反映的是高校辅导员要胜任辅导员岗位所必须具备的个人潜在特征。首先,对9个维度的胜任特征要素进行分析,剔除或合并其中重复及相近的要素,构建职业功能9个维度胜任特征整体清单。其次,根据各要素概念定义的相关性,采用分层聚类方法对各要素进行聚类分析,提炼胜任特征概念维度。最后,构建高校辅导员胜任特征的多维整合冰山模型。

前述研究从辅导员职业功能9个维度出发共提取到115项胜任特征成分要素,其中知识层面18项,能力层面33项,社会角色层面21项,动机层面18项,特质层面25项。对每个层面的胜任特征成分要素进行组合分析,剔除或合并其中完全重复或近似的成分要素,共得到77项辅导员胜任特征成分要素,其中知识层面15项,能力层面21项,社会角色层面16项,动机层面7项,特质层面18项,具体如表2-11所示。

表 2-11　高校辅导员胜任特征整体清单

层面	特征成分要素
知识	**1. 制度性知识**：国家政策知识、法律法规知识、思想政治教育知识、马克思主义中国化知识、党建理论知识 **2. 专业性知识**：心理学知识、人力资源管理知识、相关专业知识、教育学知识、传播学知识、网络技术知识、危机管理知识、职业咨询知识、就业指导知识 **3. 学术性知识**：科学研究知识
能力	**1. 人际沟通能力**：理论宣讲、口头表达、沟通说服、舆情引导、驾驭局势、资源整合 **2. 组织管理能力**：选人用人、考核激励、组织协调、冲突管理、因势利导 **3. 问题处理能力**：问题觉察、问题识别、提出问题、分析问题、解决问题、信息处理 **4. 学术研究能力**：归纳总结、知识迁移、建构理论、文字写作
社会角色	**1. 人生导师**：思想导师、政治导师、道德导师、学习军师、行为技师、就业指导者、职业规划者 **2. 知心朋友**：心理医师、合作伙伴、生活厨师 **3. 领导管理者**：团队领导、权益律师、网络督察、安全守护者、应急管理者 **4. 学术研究者**：研究者
动机	**1. 主导性动机**：教育意识、成就意识、责任意识 **2. 从属性动机**：权力意识、服务意识、奉献意识、创新意识
特质	**1. 外倾性**：热情活力、自信乐观、健谈乐群、行动果断 **2. 宜人性**：亲和力、富有耐心、认真细致、真诚友善 **3. 可靠性**：职业忠诚、情绪稳定、沉稳踏实、公正无私、沉着冷静 **4. 进取性**：善于思考、保持好奇、善于学习、自律专注、逻辑思维

　　由表 2-11 可知，知识层面主要涉及制度性知识、专业性知识和学术性知识 3 个知识维度，其中制度性知识维度包含国家政策知识、法律法规知识、思想政治教育知识、马克思主义中国化知识和党建理论知识 5 项胜任特征成分要素，它反映的是与辅导员工作相关且对辅导员开展工作产生一定影响的各级各类政策、规范、制度所蕴含的知识。专业性知识维度包含心理学知识、人力资源管理知识、相关专业知识、教育学知识、传播学知识、网络技术知识、危机管理知识、职业咨询知识、就业指导知识 9 项胜

任特征成分要素,它代表的是辅导员职业岗位自身所内含的各种专业性知识。学术性知识维度包含科学研究知识 1 项胜任特征成分要素,它反映的是辅导员开展学术研究需要掌握的相关知识。制度性知识、专业性知识和学术性知识构成了辅导员职业从业者岗位胜任的知识结构体系,综合反映了辅导员从业者从事并胜任辅导员工作所必须具备的"职业知识"要求。

能力层面主要由人际沟通、组织管理、问题处理和学术研究 4 个能力维度构成,其中人际沟通能力维度包含理论宣讲、口头表达、沟通说服、舆情引导、驾驭局势、资源整合 6 项胜任特征成分要素,它反映的是辅导员利用多种形式与他人进行沟通联系以实现沟通目标的能力。组织管理能力维度包含选人用人、考核激励、组织协调、冲突管理、因势利导 5 项胜任特征成分要素,它反映的是辅导员灵活地运用各种方法把各种力量合理地组织和有效地协调起来以实现管理目标的能力。问题处理能力维度包含问题觉察、问题识别、提出问题、分析问题、解决问题、信息处理 6 项胜任特征成分要素,它反映的是辅导员运用观念、规则、一定的程序方法等对客观问题进行分析处理并加以解决的能力。学术研究能力维度包含归纳总结、知识迁移、建构理论、文字写作 4 项胜任特征成分要素,它反映的是辅导员在思想政治领域开展研究并产出学术成果的能力。人际沟通能力、组织管理能力、问题处理能力和学术研究能力构成了辅导员职业从业者岗位胜任的能力结构体系,综合反映了辅导员从业者从事辅导员工作所必须具备的"职业能力"要求。

社会角色层面呈现人生导师、知心朋友、领导管理者和学术研究者 4 种角色并行的局面,其中人生导师角色维度包含了思想导师、政治导师、道德导师、学习军师、行为技师、就业指导者和职业规划者 7 项胜任特征成分要素,它反映的是辅导员之于学生人生道路帮助、教导和引领的角色定位。知心朋友角色维度包含了心理医师、合作伙伴、生活厨师 3 项胜任特征成分要素,它反映的是辅导员在工作中充当学生可以交心的好朋友的角色身份。领导管理者角色维度包含了团队领导、权益律师、网络督察、安全守护者和应急管理者 5 项胜任特征成分要素,它反映的是辅导员作为学生群体领导与管理者的角色身份。学术研究者角色维度包含研究者 1 项胜任特征成分要素,它反映的是辅导员具有科研人员的身份与角色属性。人生导师、知心朋友、领导管理者和学术研究者是辅导员社会角色的4种表现，它们构成了辅导员职业从业者岗位胜任的角色结构体系，综合反映了辅导员从业者从事辅导员工作所实际履行的"社会角色"。

动机层面由主导性动机和从属性动机共同构成，其中主导性动机维度包含了教育意识、成就意识、责任意识3项胜任特征成分要素，它反映的是辅导员在开展工作的过程中占主导地位的心理过程和内部动力。从属性动机维度包含了权力意识、服务意识、奉献意识、创新意识4项胜任特征成分要素，它反映的是辅导员在开展工作的过程中占从属地位的心理过程和内部动力。主导性动机和从属性动机是辅导员动机构成的两个方面，两者的划分主要以动机所处的地位为依据。它们构成了辅导员职业从业者岗位胜任的动机结构体系，综合反映了辅导员从业者从事辅导员工作所需具备的"职业动机"内容构成。

特质层面总体表现为外倾性、宜人性、可靠性和进取性4种特质共存的局面，其中外倾性维度包含了热情活力、自信乐观、健谈乐群和行动果断4项胜任特征成分要素，它反映的是辅导员在开展工作过程中将注意、兴趣等朝向外部世界和他人的一种为人处世态度。宜人性维度包含了亲和力、富有耐心、认真细致和真诚友善4项胜任特征成分要素，它反映的是辅导员在与人交往过程中一种开放、诚恳、热心和包容的态度。可靠性维度包含了职业忠诚、情绪稳定、沉稳踏实、公正无私和沉着冷静5项胜任特征成分要素，它反映的是辅导员落实工作的能力、态度和可能性。进取性维度包含了善于思考、保持好奇、善于学习、自律专注和逻辑思维5项胜任特征成分要素，它反映的是辅导员为实现目标而不断自我完善、向前进步的决心和态度。外倾性、宜人性、可靠性和进取性构成了辅导员职业从业者岗位胜任的特质结构体系，综合反映了辅导员从业者从事辅导员工作所需具备的"人格特质"内容构成。

综上所论，以斯潘塞提出的胜任特征理论模型为依据，结合情境测验法研究结果，高校辅导员胜任特征可分为职业知识、职业能力、社会角色、职业动机和人格特质5个层面共计17个概念维度的成分要素。基于美国著名心理学家麦克利兰提出的"冰山模型"理论框架，可将5个层面17个概念维度的胜任特征成分划分为"水上外显部分"和"水下内隐部分"，其中职业知识和职业能力属于水上外显部分。社会角色、职业动机和人格特质属于水下内隐部分。以此为依据,可以构建多维整合的高校辅导员胜任特征冰山模型,如图 2-1 所示。

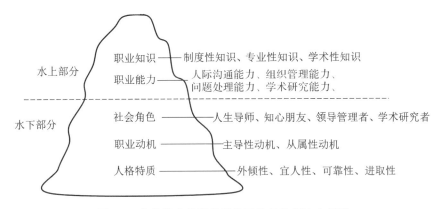

图 2-1　多维整合的高校辅导员胜任特征冰山模型

二、高校辅导员胜任特征多维整合冰山模型阐释

所谓"多维整合冰山模型",其中的"多维整合"是指将高校辅导员 9 个维度的职业功能所对应的胜任特征要素进行有机整合,构建系统完整的辅导员胜任特征主体清单。其中的"冰山模型"是指根据这些要素的不同表现形式将其划分为表面的"水上外显部分"和隐藏的"水下内隐部分"。"水上外显部分"是外在表现,是容易了解与测量的显性部分,相对而言也比较容易通过培训学习来改变。"水下内隐部分"是人内在的、难以测量的隐性部分,不太容易通过外界的影响而得到改变,但却对辅导员的行为与表现起着关键性的作用。

从模型的构建过程来看,既充分整合了胜任特征的相关经典理论,又充分考虑了高校辅导员职业功能的变迁及新时代辅导员工作的实际,因而具有现实的理论和实践指导意义。"水上外显部分"中的职业知识是指辅导员在职业领域拥有的事实型与经验型信息,其包含制度性知识、专业性知识和学术性知识 3 个维度的胜任特征。其中专业性知识是辅导员开展工作的前提基础,制度性知识是辅导员开展工作的规范指导,学术性知识是辅导员开展工作的理论升华。专业性知识影响到辅导员对制度性知识的获取，制度性知识是对专业性知识的有益补充，而学术性知识的作用发挥建立在辅导员对专业性知识和制度性知识了解掌握的基础之上。三种不同类型的知识之间存在着复杂的关联，并在一定情况下可以发生转化。职业能力是指辅导员运用职业知识开展具体工作的操作能力，其包含人际沟通、组织管理、问题处理和学术研究 4 个维度的胜任特征。职业知识和职业能力能够直接影响辅导员的工作水平和效果，是辅导员开展各项工作的基础。辅导员对职业知识和职业能力的掌握程度很大程度上决定了辅导员对岗位的胜任程度。职业知识和职业能力两者之间本身也存在着相互联系、相互促进的关系。职业知识是职业能力的基础，职业能力是职业知识的体现，知识掌握程度越高，能力的训练和提升就更为容易，工作表现往往就更为突出。反之，能力的不断增强也有助于加深对知识的理解，增进对新知识的学习和消化吸收。在辅导员胜任特征的整个层次结构中，职业知识和职业能力处于基础性地位，其他隐性结构层次的实现要以知识和能力为载体，通过知识和能力变现后的具体行为得以展现。

社会角色是指社会系统中与辅导员位置相关联的一套行为模式，可以理解为辅导员个体被赋予的身份及该身份应发挥的功能。每个社会角色都代表着一系列有关行为的社会标准，这些标准决定了个体在社会中应有的责任与行为。高校辅导员社会角色包含人生导师、知心朋友、领导管理者和学术研究者 4 个维度的胜任特征。其中，人生导师和知心朋友两种角色在《普通高等学校辅导员队伍建设规定》中就有明确界定，属于辅导员的正式角色。高校辅导员既要努力成为学生的人生导师，也要努力成为学生的知心朋友。前者侧重于对学生成长成才的引导，后者侧重于对学生健康生活的关爱，两者是相互影响、相互促进的关系。领导管理者和学术研究者是相对独立的两种角色，它们虽然没有明文规定，但是却是辅导员实际应当扮演的两种角色类型，故属于辅导员非正式角色。辅导员的领导管理者角色体现在党团和班级建设、活动组织实施、评价考核激励等多个方面。辅导员对该角色的胜任程度，直接影响到班级学生的凝聚力和战斗力，进而影响到班级的整体精神风貌。辅导员的学术研究者角色体现在课题申报、论文发表、攻读博士等多个方面。辅导员对该角色的胜任程度，直接决定了辅导员的专业化发展水平，进而决定了辅导员能否从初级辅导员跃升到高级辅导员。高校辅导员的社会角色属于冰山的"水下内隐部分"，其中的正式角色因文件的规定性而显现出"弱隐性"，非正式角色因功能性，相比正式角色更具"隐性"特征。

职业动机是指激发和维持辅导员开展行动并使行动指向某一目标的心理倾向或内部驱动力。职业动机来源于辅导员的个人需求，是驱动辅导员行为的兴奋剂，驱动着辅导员不断地去做相应的事情。高校辅导员职业动机由主导性动机和从属性动机2个维度的胜任特征构成。其中的主导性动机所起的作用更为强烈和稳定，对辅导员的行为活动具有支配性。从属性动机所起的作用则相对较弱、较不稳定，在辅导员的行为活动中处于辅助性地位。就辅导员个体而言，主导性动机并不是固定不变的，随着个体的成长，主导性动机会不断地发展和变化。例如，刚参与工作的辅导员其工作的主导性动机，可能是教育引导好学生，对学生负责，获得学生认同等，随着时间的推移，自我成就需要等动机不断得到强化，并逐步演变为主导性动机。总的来看，主导性动机对辅导员的行为具有决定作用，从属性动机能够强化主导性动机并坚定主导性动机所指引的方向。只有主导性动机与从属性动机的方向完全一致时，辅导员开展工作的动力才会得到明显加强。否则，两种不同类型动机之间的张力反而容易导致辅导员工作动力受阻。

人格特质是指在不同的时间与情境中都能促使个人保持相对一致的行为方式的心理倾向和特征。在现实社会中，每个辅导员都有自己独特的人格特质，这些特质不仅影响着辅导员的行为和思维方式，同时也深刻影响着辅导员的职业发展。高校辅导员人格特质包含外倾性、宜人性、可靠性和进取性4个维度的胜任特征。其中的外倾性表明了一个辅导员为人处世的基本态度。拥有外倾性人格的辅导员往往活泼开朗、反应迅速，喜欢社会交往，有自信心且善于应对各种情境。宜人性代表的是"爱"。拥有宜人性人格的辅导员往往开放、诚恳、热心、包容、善解人意和乐于助人，愿意为了学生利益而放弃自己利益。可靠性代表的是"信赖"和"信任"。拥有可靠性人格的辅导员往往让人感觉非常踏实放心，能够根据要求保质保量完成任务，深得学生和他人信任。进取性表明一个辅导员具有为实现目标而努力的上进心。拥有进取性人格的辅导员往往渴望上进、坚毅自信、独立自主、洞察能力强，因而在职业岗位上会干得更加出色。总的来看，上述四种人格特质既相对独立又彼此交融，它们共同铸就了高校辅导员一种内在持久、稳定和一致的心理结构。

从胜任特征的5个层面来看，无论是"水上外显部分"与"水下内隐部分"之间，还是各自内部的结构要素之间，都存在着一定的作用关系。其中，人格特质是辅导员胜任特征构成要素中最隐性的部分，同时也是最为基础的部分，它会影响辅导员对周围环境的感知和反应方式，从而影响其能力和知识的发挥。职业动机是辅导员行为与决策的原因和动力。当辅导员具有强烈的职业动机时，他会更加努力地追求目标，从而更容易掌握新的知识和技能，进而更好地提升职业能力和扮演社会角色。而辅导员扮演什么样的社会角色又会反过来影响辅导员的职业动机和自我认知，从而影响其人格特质和能力的发挥。除此之外，职业能力和职业知识也会影响辅导员的行为和决策。其中职业能力是实现职业目标的重要基础，也是学习和掌握职业知识的基本保证。而职业知识的掌握又可以促进辅导员职业能力的提升。综上所述，人格特质、职业动机、社会角色、职业能力和职业知识之间相互影响、相互促进。高校辅导员的人格特质会影响其职业动机和社会角色的扮演，从而影响其职业能力和职业知识的发挥；而职业能力和职业知识的提升也会反过来影响其人格特质、职业动机和社会角色的扮演。因此，要胜任辅导员工作，需要不断增强职业知识和职业能力，注重培养良好的人格特质和职业动机，进而全面塑造多种社会角色的自我身份认同。

第三章 新时代新发展:高校辅导员双线晋升再观察

众多研究表明,高校辅导员胜任特征与工作绩效之间存在密切的关系。一方面,胜任特征可以预测工作绩效;另一方面,工作绩效也可以反映胜任特征水平。从双重身份的视角来看,辅导员胜任特征其实是高校"专业技术"和"管理"两种不同类型人员胜任特征的综合。由于专业技术人员与管理人员在胜任特征方面存在显著差异[①],故辅导员"教师"和"管理人员"的双重身份所对应的胜任特征必然也会存在差异。这种差异势必会导致辅导员的工作绩效表现差异,进而影响其职业发展路径选择。那么,在新时代的语境下,高校辅导员的"教师"身份和"管理人员"身份所对应的工作绩效分别该如何考量? 在双重身份工作绩效的导向下,高校辅导员的职业发展又该何去何从? 本章将围绕这些问题展开讨论,对新时代高校辅导员双线晋升的职业发展路径进行系统的观察和审视。

第一节 双重身份下的高校辅导员关键绩效指标

一、关键绩效指标

关键绩效指标(key performance indicators,KPI)的概念最初是由麦

---

① 廖建桥,石薇,陈诚.我国专业技术人员与管理人员胜任特征差别研究[J].科学学与科学技术管理,2010(11):189-193.

肯锡的丹尼尔于 20 世纪 60 年代提出,后来由斯隆管理学院的罗卡特在 80 年代完成推广普及,并逐渐演化成定义和衡量组织、部门和岗位目标的一项管理技术。从关键绩效指标的起源来看,它是工业与商业化时代从粗放化向精细化转变的产物。当时大规模机器生产的出现对原有的生产方式和地方市场提出了挑战。为了获取企业的领先优势,根据工业与商业时代的行业生产目标相对可度量、工作多是机械和重复、工作行动比较单一的特点,结合德鲁克在《管理实践》中提出的"目标管理(MBO)和自我控制"理论及帕累托"二八原理",关键绩效指标(KPI)应运而生。

(一)关键绩效指标的定义

关键绩效指标是通过对组织内部某一流程的输入端、输出端的关键参数进行设置、取样、计算、分析,衡量流程绩效的一种目标式量化管理指标,是把组织的战略目标分解为可操作的工作目标的工具,是组织绩效管理的基础。[①] 由于关键绩效指标最初起源于工业与商业化时代的企业生产管理实践,对解决企业的战略实施问题具有很大的促进作用,因此长期以来被广泛应用于企业的绩效管理,帮助企业通过更有效的绩效管理达成宏观战略目标。经过不断的发展,它的应用范围更加广泛,并在医疗、教育、军工、旅游、建筑等多个领域的绩效管理中发挥了重要的价值。

关键绩效指标的产生,是在专业的理论知识指导下,深度结合组织的实际情况和员工发展诉求,通过发挥集体智慧而得出的结果。[②] 一般情况下,关键绩效指标可分为组织关键绩效指标、部门关键绩效指标和岗位关键绩效指标 3 个层次。组织关键绩效指标与组织的发展战略目标关系密切,它是由组织的长期战略目标演化而成的,主要用于衡量整个组织的战略实施效果和目标达成情况。部门关键绩效指标与部门的业务属性关系密切,它受制于组织关键绩效指标,是在组织关键绩效指标基础上的分类和细化,主要用于衡量部门的战略实施效果和目标达成情况。岗位关键绩效指标与具体岗位的职责和功能关系密切,同时受到组织关键绩效

---

① 饶征,孙波.以 KPI 为核心的绩效管理[M].北京:中国人民大学出版社,2003.
② 陈滢.关键绩效指标与企业绩效管理[J].商场现代化,2018(12):78-79.

指标和部门关键绩效指标的共同影响,主要用于衡量岗位的工作效果和目标达成情况。

在这 3 个层次的关键绩效指标体系中,组织关键绩效指标级别最高,它是形成部门关键绩效指标和岗位关键绩效指标的基础。部门关键绩效指标和岗位关键绩效指标应该与组织关键绩效指标保持一致,以确保整个组织的战略目标和计划得到有效执行和实现。3 个关键绩效指标体系相互影响、相互关联,共同构成了组织的绩效管理体系。关键绩效指标是衡量和评估组织工作人员绩效的量化性指标,是绩效设计的重要组成部分。通过建立明确的、切实可行的关键绩效指标体系,企业或组织可以更好地实现战略目标、提升绩效、打造持续竞争优势并促进员工个人发展。

高校辅导员关键绩效指标是指高校在围绕战略发展目标进行价值创造的过程中与辅导员岗位紧密相关的工作绩效指标。根据帕累托"二八原理",辅导员 80％的工作绩效是由其 20％的关键行为完成的。因此,对高校辅导员的绩效考核可重点放在对关键指标的考核上,只要抓住这20％的关键指标,也就抓住了辅导员工作绩效的主体。但高校的组织性质与企业不同,企业以营利为目的,且具有明显的市场性,易受到外部环境影响,而高校是公益性组织,以提供公共服务为目的,业务范围及内容受外部环境的影响相对较小。所以对于高校中的辅导员群体而言,其在一定的时间内的岗位角色和功能职责都具有相对稳定性和同一性,从而为从不同高校角度综合评价辅导员岗位工作绩效提供了可能。

(二)关键绩效指标的设计

反映高校辅导员工作绩效的指标有很多,不同的高校因组织、制度和环境的差异,在辅导员岗位工作绩效的具体评价方面存在差异,有的采用完全量化的方法,有的采用完全定性的方法,也有的采用定量与定性相结合的方法。但不管各高校如何组织实施和发展变化,在一定的时期内,构成辅导员工作绩效的关键指标具有同一性。那么如何从众多绩效指标中筛选出那些最能反映辅导员工作绩效的关键指标呢? SMART 原则为我们指明了操作方向。SMART 中的 S 代表的是具体性(specific),即关键绩效指标必须是具体的、明确的;M 代表的是可衡量性(measurable),即关键绩效指标必须是可衡量的,能够进行量化和操作;A 代表的是可达成性(attainable),即关键绩效指标必须是可达成的,指的是在适度的期限内员工通过最大努力可实现;R 代表的是相关性(relevant),即关键绩效指标必须与组织的战略目标、部门的任务及职位职责相关;T 代表的是时限性(time-based),即关键绩效指标必须有明确的时限要求。[①]

从关键绩效指标的形成过程来看,高校辅导员关键绩效指标其实就是对辅导员职责运作过程中关键成功要素的提炼和归纳,是基于学校整体发展战略与办学定位所提炼而成的岗位绩效考核指标,同时也是高校战略规划设计的重要组成部分。辅导员关键绩效指标对辅导员的行为起着导向性作用,为辅导员绩效考核的顺利进行提供关键性与权威性的指标导引。[②] 辅导员关键绩效指标的提炼与设计一般按照自上而下、逐层分解的方法进行。首先,对高校战略目标进行细化分解,归纳校级层面的关键成功要素,再综合考虑高校面临的各种内外部环境因素,提取校级关键绩效指标。其次,根据校级关键绩效指标,结合部门的具体工作职责进行综合分析,得出部门级的关键绩效指标。最后,将部门级关键绩效指标分解,结合辅导员岗位的具体工作职责进行分析,得出辅导员岗位的关键绩效指标。[③] 在众多提取关键绩效指标的方法中,“鱼骨图”分析法是较为简单实用的一种。“鱼骨图”分析法也称为因果分析法,它是一种发现问题“根本原因”的分析方法,能够帮助有效定位辅导员实际工作中的主要问题,解决绩效指标选取中的主要矛盾,明晰考核的具体指标与关键因素。“鱼骨图”分析法还可结合头脑风暴法、专家德尔菲法、模糊综合评价法等一起使用,从而更好地提取出符合辅导员岗位的关键绩效指标。

考虑到高校辅导员“教师”和“管理人员”双重身份的特殊性,本书另辟蹊径,分别从“教师”和“管理人员”两个角度研究确定相应的关键绩效

---

① 刘彩华,王春柳,高晶.关键绩效指标法与模糊综合评价法的综合应用[J].集体经济,2010(19):77-78.

② 韩锋,吴雷鸣.关键绩效指标法(KPI)在高校辅导员绩效管理应用性分析[J].科技与管理,2011(2):131-134.

③ 温素彬,郭昱兵.关键绩效指标法:解读与应用案例[J].会计之友,2020(19):148-153.

指标，再对其进行整合，最终构建基于双重身份工作绩效导向的辅导员职业发展结构模型。

针对"教师"身份的辅导员关键绩效指标的具体操作是：先是在多案例研究的基础上结合文献分析提取高校教师工作绩效评价的维度和具体内容，然后组织辅导员开展团体焦点访谈，从教师岗位工作绩效指标中提取与辅导员岗位类同的工作绩效指标，再选取多名教师系列职称评审专家，运用德尔菲法和模糊综合评价法对工作绩效指标进行评价，最终确定教师身份下的辅导员关键绩效指标。同样的，针对"管理人员"身份的辅导员关键绩效指标的具体操作是：先是在多案例研究和文献分析的基础上提取高校行政干部工作绩效评价的维度和具体内容，然后组织辅导员开展团体焦点访谈，从行政管理岗位工作绩效指标中提取与辅导员岗位类同的工作绩效指标，再选举多名负责高校干部考察提拔事项的相关负责人，运用德尔菲法和模糊综合评价法对工作绩效指标进行客观评价，最终确定管理人员身份下的辅导员关键绩效指标。在此基础上，再基于平衡记分卡（balanced score card，BSC）理论，借助德尔菲法整合两种不同类型的关键绩效指标体系，建立新时代高校辅导员"教师"和"管理人员"双重身份模式下影响职业发展的关键工作绩效指标体系。

（三）案例研究设计

在本书中，案例研究是提取教师和管理人员工作绩效指标的重要途径，同时也是生成辅导员关键工作绩效指标的逻辑起点。案例作为数据的载体对研究质量发挥着举足轻重的作用，选择什么样的案例直接影响到最终绩效指标的提取和指标库的构建。本书案例对象的选择考虑如下：一是所选案例具有异质性，应尽可能覆盖当前我国高校的主流类型；二是所选案例在所属类型中应具有代表性，能够客观地反映出当前该类型高校的教师绩效考核状态；三是考虑资料的时间性和有效性，所选案例对象应为近五年内修订出台教师绩效考核办法的高校，以最大限度地满足新时代的语境和特征。

根据上述案例选择标准，本书最终选择了公办普通高校、民办普通高校和公办职业高校各一所开展多案例研究。这三所高校涵盖了普通教育和职业教育两种教育类型，同时又包括了公办和民办两种不同办学性质，案例对象具有异质性、丰富性和代表性。案例的基本情况如表 3-1 所示。

表 3-1　三个所选案例的基本情况

案例	学校名称	学校类型	绩效考核文件名称	文件发布时间
案例Ⅰ	H 校	公办普通高校	《H 校教师岗位聘期考核及聘任管理办法》《H 校党政机关、直属单位、附属单位综合考核指标体系》	2021 年 1 月
案例Ⅱ	W 校	民办普通高校	《W 校教师考核实施办法（试行）》《各岗位聘期教科研工作任务表》《W 校年度考核工作实施办法》	2023 年 1 月
案例Ⅲ	Z 校	公办职业高校	《Z 校教师业绩考核办法》《Z 校教职工年度考核暂行办法》	2022 年 10 月

案例Ⅰ：H 校是省属普通公办本科院校，学校拥有硕士研究生教育、本科教育和专科教育三个办学层次，形成了以医学为传统优势，理学、工学、经济学、教育学、文学、历史学、农学、医学、管理学、艺术学等多学科协调发展的综合性学科体系。学校设有 23 个学科性学院及教学单位，开设本科专业 67 个，现有国家级一流专业建设点 3 个。当前，学校正紧紧围绕转型发展和"双一流"建设，全面深化改革，依法依规治校，不断提升发展水平和服务地方能力，为把学校建设成为特色鲜明的高水平应用型大学而不懈奋斗。（数据来源：学校官网）

H 校于 2021 年 1 月出台了《H 校教师岗位聘期考核及聘任管理办法》《H 校党政机关、直属单位、附属单位综合考核指标体系》等针对教师和行政管理人员的绩效考核文件，旨在明晰教师和行政管理人员岗位职责，加强聘用考核和管理，提升整体教科研水平和管理服务水平，推进学校"双一流"建设。H 校作为一所专科、本科和研究生教育并举的公办全日制普通高等学校，其绩效考核理念及方法在公办普通高等学校中具有一定代表性。

案例Ⅱ：W 校是其所在省份首家转设后通过教育部本科教学工作合格评估的民办高校，综合实力跻身国内同类高校前列。学校学科结构以管理学、经济学、工学为主，文学、法学、艺术学等多学科协调发展，现有国家级一流本科专业建设点 4 个，省级一流本科专业建设点 12 个。当前，学校正以社会需求为导向，转型发展为契机，不断提升人才培养质量、应用技术研究水平和服务区域经济社会发展能力，奋力开启建成国内特色鲜明的高水平应用型工商大学的新征程。（数据来源：学校官网）

W 校于 2023 年 1 月出台了《W 校教师考核实施办法（试行）》《各岗位聘期教科研工作任务表》《W 校年度考核工作实施办法》等针对教师和其他人员的绩效考核文件，旨在正确评价教职工年度及聘期的工作业绩，充分调动广大教职工群体的积极性和创造性，切实提高人才培养质量。W 校作为一所综合类民办全日制普通高等学校，先后被评为"中国社会影响力民办高校""中国民办高等教育优秀院校""全国特色教育理念示范性学校"，其绩效考核理念及方法在民办普通高等学校中具有一定代表性。

案例Ⅲ：Z 校是其所在省份唯一一所公办建设类全日制高等职业院校，是中国特色高水平高职学校建设单位（专业群 A 类）。学校共有 9 个二级学院，共开设 28 个专业，其中 3 个本科专业。多年来学校坚持以产教融合、多元合作开放为办学宗旨，致力于培养高素质技术技能人才。当前，学校正紧贴建设行业设定人才培养目标，深化综合改革，凝心聚力、砥砺前行，为把学校建设成为中国特色高水平高职院校而奋斗。（数据来源：学校官网）

Z 校于 2022 年 10 月出台了《Z 校教师业绩考核办法》《Z 校教职工年度考核暂行办法》等针对教师和其他教职工的绩效考核文件，旨在更好地评价教职工的德才表现和工作实绩，激励督促教职工提高政治业务素质，认真履行职责，并为其聘任、晋升、奖惩、培训、调整工资等提供依据。Z 校作为一所双高专业群 A 档立项建设高职院校，近年来在人才引进和培养等方面成效明显，其绩效考核理念及方法在职业高等学校中具有一定的代表性。

二、教师身份下的高校辅导员关键绩效指标

高校教师是指在高等学校中从事教学、科研以及社会服务工作的专

门人才,他们承担着培养人才、传授知识、开展科学研究等重要任务,是高校教育事业的重要组成部分。按照所属学科或者专业的不同,高校教师可分为不同的类别,如思政教师、数学教师、英语教师、法学教师、环境工程教师、施工技术教师等。教育部《普通高等学校辅导员队伍建设规定》规定高校辅导员具有教师的身份,这种对辅导员教师身份的认定原则上要求辅导员和其他专任教师一样,围绕自己所属的思想政治教育专业领域,开展相应的教学、科研甚至社会服务。因而,高校辅导员在高校中通常会以兼课教师的身份参与教师业绩考核,并以相应的考核结果作为评定职称的重要依据。但高校辅导员岗位的特殊性又决定了其工作业绩考核与普通专业教师存在区别,不能简单地以教师业绩考核指标来一刀切式地衡量辅导员。找到这种联系和区别,是提取教师身份下高校辅导员关键绩效指标的基本前提。

(一)高校教师工作绩效考核指标

高校教师工作绩效考核是指对高校教师的工作表现、工作质量、工作效果等进行全面、客观、公正的评估和考核的过程,旨在提高教师的工作质量和效率,促进学校的整体发展。通过对教师工作绩效的考核,可以了解教师的工作状况,发现工作中存在的问题和不足,为改进教学和科研工作提供依据,同时也可以为教师的晋升、奖惩等提供参考。根据研究需要,接下来笔者将通过对三所案例高校的教师工作绩效考核文件进行分析,并结合文献进行讨论,最终构建出高校教师工作绩效考核指标整体清单,为教师身份下的辅导员工作绩效指标提取奠定基础。

1.案例Ⅰ:H校的教师绩效考核

H校的教师绩效考核主要针对凭教师系列职称发放工资的所有人员,以及具有其他专业技术职称的专任教师(简称教师岗位人员)。考核内容主要包括师德师风、人才培养、科学研究、公共服务等 4 个方面。考核实行分级分类考核,即根据教师的学科背景,以及教学为主型、教学科研并重型、科研为主型或社会服务与推广型等身份标签的差异,分别采取不同的考核策略。但总体来看,所有类型教师的绩效考核都是围绕上述

4 个方面展开的,只是不同类型教师所对应的具体考核指标要求存在差异。教师岗位人员的考核每四年进行一次,考核等次根据师德师风、人才培养、科学研究、公共服务等 4 个方面的考核等次综合确定,分为合格、基本合格和不合格 3 个等次。如果 4 个方面均考核合格,那么最终考核结果为合格;如果科学研究考核基本合格,其他 3 个方面考核合格,那么最终考核结果为基本合格;如果 4 个方面中任一项考核不合格,或连续 2 个聘期考核为基本合格,那么最终考核结果为不合格。笔者对 H 校教师绩效考核的具体内容及指标进行了梳理,结果见表 3-2。

表 3-2　H 校教师绩效考核的内容及指标

考核内容	指标构成	指标考核方式
师德师风	思想政治与品德	按照《H 校教师师德失范行为负面清单及处理办法》《H 校关于加强和改进新时代师德师风建设的实施意见》等文件中的相关要求执行
人才培养	教学工作量	根据学校有关规定,按本科及研究生培养教学计划的实际授课的标准课时数计算,各级各类教师需达到规定标准
	课堂教学质量	根据每学期的测评成绩
科学研究	项目	教学质量工程项目;教研项目;纵向科研项目和到账经费;横向科研项目和到账经费
	奖励	省厅级科学技术奖、社科成果奖、教学成果奖、调研成果奖;校教学质量优秀奖;省级教学能力竞赛获奖;指导学生在国际、国家和省级的学科竞赛、"挑战杯"大学生课外学术科技竞赛或大学生创业大赛中获奖;指导学生创新创业训练项目获国家级立项;指导学生获各级优秀学位论文
	成果	在各类学术期刊上发表论文;出版专著或教材;获得国家授权发明专利、实用新型专利、外观设计专利、软件著作权;制定行业标准或制定省级、厅级地方标准;经过科技成果转化单位收益;成果入选国家哲学社会科学成果文库或被国家社科基金《成果要报》、教育部《大学智库专刊》采用;咨询报告获省级、厅级领导人肯定性批示或采纳

续表

考核内容	指标构成	指标考核方式
公共服务	教科研服务	担任班主任;学科竞赛指导;社会实践指导;学生社团指导;担任新进教师导师;承担学科建设、专业建设、课程建设、实验室建设和招生就业宣传等相关工作
	校内外兼职	担任人大代表、政协委员、各类学术兼职等,以及承担校内各级学术委员会、教学委员会等工作
	基层组织管理	从事基层教学组织、基层党组织、工会、职代会、研究生教育、科研管理等工作
	承担学校或上级部门委派任务	承担援疆、援藏、援外、支教、支医、支农、乡村振兴、灾后重建、挂职交流、社会公共服务等工作

注:不同职称和学科背景的教师考核指标存在一定的差异,为了便于更加直观地展现,在此全部整理在一个表中。

其一,师德师风考核。师德师风主要考查的是教师的思想政治与品德。H 校专门出台了《H 校教师师德失范行为负面清单及处理办法》《H 校关于加强和改进新时代师德师风建设的实施意见》等文件,对教师的师德师风进行评价考核,坚持把师德师风作为评价教师队伍素质的第一标准,对教师师德失范行为实行"一票否决"。失范行为主要包括:(1)在教育教学活动中及其他场合有损害党中央权威、违背党的路线方针政策的言行,损害国家利益、社会公共利益、学校利益、学生利益,或者违背社会公序良俗,通过课堂、论坛、讲座、信息网络及其他渠道发表、转发错误观点,或者编造散布虚假信息、不良信息。(2)违反教学纪律,敷衍教学,在学生培养、训练、竞赛及论文指导、评审、答辩、实习实践等环节中违规收取费用,擅自从事影响教育教学、训练竞赛等本职工作的有偿补课、办班培训、兼职兼薪等行为。(3)侮辱、歧视、威胁、打击报复学生,或者要求学生从事与教学、科研、训练竞赛、社会服务无关的事宜,与学生发生任何不正当关系,对学生实施任何形式的猥亵、性骚扰等行为。(4)抄袭剽窃、篡改侵吞他人学术成果,滥用学术资源和学术影响,以及其他学术不端行为,在招生、考试、推优、保研、就业、竞赛及绩效考核、岗位聘用、职称评聘、评优评奖、项目申报等工作中徇私舞弊、弄虚作假。(5)索要、收受学

生及其家长或者其他利益相关人的财物,参加由学生及其家长或者其他
利益相关人付费的宴请、旅游、娱乐休闲等活动,或者利用学生家长等资
源谋取私利。假公济私,擅自利用学校、二级单位名义或者校名、校徽、专
利、场所等资源谋取个人利益等。师德师风考核参照学校相关文件执行,
考核分优秀、良好、合格、不合格 4 个等次。

其二,人才培养考核。人才培养主要考查的是教师的教学工作量和
课堂教学质量。根据教师所属类别的不同,制定了相应的教学工作量考
核标准。例如,教学为主型的教授年均教学工作量不少于 240 课时,其中
为本科生授课不少于 120 课时;教学科研并重型的教授年均教学工作量
不少于 160 课时,其中为本科生授课不少于 80 课时;科研为主型和社会
服务与推广型的教授年均教学工作量不少于 32 课时,其中为本科生授课
不少于 16 课时;讲师的年均教学工作量不少于 96 课时。根据学校有关
规定,教学工作量的核算按本科(全日制)及研究生培养教学计划的实际
授课的标准课时数计算(指导论文、实习见习实践、指导研究生等纳入教
学计划的教学环节)。不同类别的教师应完成相应最低标准课时数,但符
合一定的条件可以适当减免。例如,担任教学院部领导及省级以上人大
代表、政协委员等职务的和临床教师在医院上班的,教学工作量可减少定
额标准的 1/2;担任学校机关、直属单位领导职务的,教学工作量可减少
定额标准的 2/3;担任校级领导职务的,教学工作量可减少定额标准的 3/
4;兼任专业负责人或教研室、研究室、党支部、基层工会等教学院部基层
组织负责人,以及民主党派校级组织主任委员的,教学工作量可减少定额
标准的 1/10;担任班主任的,每学期可减免 20 课时工作量。除了上述对
课堂教学数量上的要求外,对课堂教学的质量的考核则以聘期内每学期
的测评成绩为准。人才培养的考核遵循的是保课时数量、重教学质量的
基本理念和思路,最终考核结果分为合格、不合格 2 个等次。

其三,科学研究考核。科学研究主要考查的是教师所获的项目、奖励
和成果等业绩。这些业绩分为突出业绩、A 档业绩、B 档业绩和 C 档业绩
共 4 个档次。同一类别的教师在不同档次的业绩标准各不相同,不同类
别的教师在同一层次的业绩考核标准也不尽相同。例如,在项目方面,主
要有教学质量工程项目、教研项目、纵向科研项目和横向科研项目等几种

类型。理工科教师的 A 档项目业绩标准为：主持省部级教科研或教学质量工程项目 1 项；主持纵向科研项目单项经费达 8 万元或累计个人纵向科研项目到账经费达 10 万元；主持横向科研项目单项到账经费达 10 万元或累计个人横向科研项目到账经费达 20 万元。理工科教师的 B、C 档项目业绩标准相比 A 档在级别和到款金额要求方面总体降低且呈现逐级下降趋势。人文社科类教师 A 档的项目业绩标准为：主持省部级教科研项目 1 项或教学质量工程项目 1 项；主持纵向科研项目单项经费达 2 万元或累计个人纵向科研项目到账经费达 3 万元；主持横向科研项目单项到账经费达 3 万元或累计个人横向科研项目到账经费达 7 万元。人文社科教师的 B、C 档项目业绩标准相比 A 档在级别和到款金额要求方面总体有所降低且呈现逐级下降趋势。在奖励方面，主要有科学技术奖、社科成果奖、教学成果奖、调研成果奖、教学质量优秀奖；有教学能力竞赛获奖；指导学生学科竞赛、"挑战杯"大学生课外学术科技竞赛或大学生创业大赛获奖；有指导学生创新创业训练项目获立项；有指导学生获优秀学位论文；等等。理工科教师 A 档奖励业绩标准为：获省部级科学技术奖励或省级教学成果奖 1 项；获校级教学质量优秀奖 1 次；在省级教学竞赛中获二等奖及以上奖励 1 项；指导学生在国际、国家级 A 类学科竞赛、"挑战杯"大学生课外学术科技竞赛或大学生创业大赛中获奖 1 项；指导学生在省级 A 类学科竞赛、"挑战杯"大学生课外学术科技竞赛或大学生创业大赛中获三等以上奖励 1 项；指导学生创新创业训练项目获国家级立项 1 项；等等。理工科教师的 B、C 档奖励业绩标准相比 A 档总体有所降低且呈现逐级下降趋势。此处人文社科教师奖励业绩标准与理工科教师相比差异不大。在成果方面，主要有在各类学术期刊上发表论文、出版专著或教材、获得国家授权各类专利、制定行业标准和地方标准、经过科技成果转化单项收益、成果入选文库或被采用、咨询报告获领导人肯定性批示或采纳等。理工科教师 A 档成果业绩标准为：在学校期刊分类中的核心 B 档及以上期刊上发表论文 1 篇；出版 10 万字以上专著或教材 1 部；获得国家授权发明专利 1 项，或制定行业标准、省级地方标准 1 项；经过科技成果转化单项收益达 40 万元以上；等等。理工科教师的 B、C 档成果业绩标准相比 A 档在金额和等级上总体有所降低且呈现逐级下降趋势。

人文社科教师在 A 档的成果业绩标准中取消了对发明专利和制定地方标准的要求,新增了成果入选国家哲学社会科学成果文库或被国家社科基金《成果要报》、教育部《大学智库专刊》采用以及咨询报告获省部级领导人肯定性批示或采纳的内容,此外,专著的字数也由理工类的 10 万字增加到 15 万字。由此可见,H 校对科学研究采取的分级分类考核是根据学校发展目标、学科建设规划以及学科特点、岗位类别制定的,非常具有针对性,最终考核结果分为合格、基本合格、不合格 3 个等次。

其四,公共服务考核。公共服务主要考查的是教师在教科研服务、校内外兼职、基层组织管理以及承担学校或上级部门委派任务等方面的表现。其中,教科研服务方面,主要有担任班主任,担任学生各类学科竞赛、社会实践、学生社团等的指导,担任新进教师导师指导青年教师教学科研工作,承担学科建设、专业建设、课程建设、实验室建设和招生就业宣传等相关工作。校内外兼职方面,主要有担任人大代表、政协委员、各类学术兼职等,以及承担校内各级学术委员会、教学委员会等工作。基层组织管理方面,主要有承担基层教学组织、基层党组织、工会、职代会等部门或研究生教育、科研管理等方面的工作。承担学校或上级部门委派任务方面,主要有承担学校或其他上级部门要求的援疆、援藏、援外、支教、支医、支农、乡村振兴、灾后重建、挂职交流、社会公共服务等工作,以及上级部门委派的"博士服务团"、公派在国(境)外服务、青年教师深入企事业实施行动计划项目、借调到政府部门等工作。公共服务还包括其他经校长办公会同意认可的工作。公共服务最终考核结果分为合格、不合格 2 个等次。

2.案例Ⅱ:W 校的教师绩效考核

W 校的教师绩效考核主要针对的是教师系列职称的所有专任教师,考核的是教师在师德师风、教学工作、教研科研和公共服务 4 个方面的履职情况。考核实行分类分级管理,将教师岗位分为教学为主型、教学科研型、科研为主型、社会服务与推广型 4 种类型。考核采用定量与定性相结合的方式,突出质量导向、工作业绩和师德师风,如实反映教师履行岗位职责的全貌,并引导教师向教学科研型、科研为主型、社会服务与推广服务型转型发展。教师岗位人员的考核采取年度考核和三年聘期考核相结合的方式,考核等次均按照优秀、合格和不合格 3 个等次确定,考核结果与人才项目或称号、职务、职称、职级的评定或晋升挂钩。笔者对 W 校教师绩效考核的具体内容及指标进行了梳理,结果见表 3-3。

表 3-3　W 校教师绩效考核的内容及指标

考核内容	指标构成	指标考核方式
师德师风	思想政治与品德	按照《W 校关于加强和改进新时代师德师风建设的实施意见》等文件精神,从职业道德、敬业精神、教书育人、团结协作、工作态度等方面进行综合考评
教学工作	教学工作量	根据学校《各岗位每年度教学基本工作任务表》规定,确定不同岗位类别教师年度课堂教学工作量最低限额
教研科研	项目	纵向教学项目;纵向科研项目;项目累计到账经费;教学质量工程项目
	奖励	教学成果奖;教师教学竞赛获奖;指导学生学科、技能竞赛获奖;科研成果奖
	成果	学术论文;学术著作;发明和实用新型专利;软件著作权;专利转化收益
公共服务	专业建设	承担课程建设、教材建设、实验室和实习基地建设、人才培养方案修订等系列工作
	院校服务	参与学科建设、队伍建设和班主任等工作
	社会服务	开展横向技术研究开发课题、开展技术咨询服务与推广,在成果转化、技术咨询与推广、艺术创作与推广、提供政策咨询等方面产生影响力和经济社会效益

注:不同职称和学科背景的教师考核指标存在一定的差异,为了便于更加直观地展现,在此全部整理在一个表中。

其一,师德师风考核。师德师风主要考查的是教师的思想政治与品德。W 校为此出台了《W 校关于加强和改进新时代师德师风建设的实施意见》文件,从职业道德、敬业精神、教书育人、团结协作和工作态度等方面对师德师风进行定性评价与考核,并以此作为评价教师工作绩效的重要依据。同时文件中也列出了高校教师师德失范行为清单,对具有负面行为触犯清单的教师业绩考核实行"一票否决"。教师失范行为主要包括:(1)违反政治纪律和规矩,发表损害国家声誉的言论,在课堂上宣扬不当的政治观点或言论。（2）存在论文抄袭或造假，伪造或篡改实验数据，无视学术规范，不正当署名，未经同意使用他人研究成果等学术不端行为。（3）为获得个人或团体利益，存在虚假宣传或造假行为。（4）在招生、考试、评价等环节中存在不公正行为，利用职权或影响力与学生建立不正当关系或进行性骚扰。（5）违反廉洁纪律，利用职务之便谋取私利，参加由学生支付费用的宴请和娱乐活动，接受学生及家长礼品、礼金等。（6）存在无故旷工等严重违反工作纪律的行为。师德师风考核坚持定性为主，同时参考师德师风失范清单进行综合评定。

其二，教学工作考核。教学工作主要考查的是教师的教学工作量。根据教师岗位类型区分，制定了相应的教学工作量考核标准。例如，教学为主型教师，包括专业课、公共政治、公共外语、公共数学或公共体育教师，每年度课堂教学工作量分别按照教务部基本课时量规定执行。教学科研型教师每年度课堂教学工作量不少于128课时。科研为主型教师每年度课堂教学工作量不少于64课时。社会服务与推广型教师每年度教学工作量不少于64课时。新入职教学为主型教师第一学年基本教学工作量减半，即第一学年需要完成128课时基本工作量（4课时/周），其中体育课第一年需要完成192课时基本工作量（6课时/周）；教学科研并重型教师第一学年需要完成64课时基本工作量（2课时/周），其中体育课第一年需要完成96课时基本工作量（3课时/周）；科研型教师无额定教学工作量要求。根据《W校关于教授为本科生授课的规定》，教授、副教授每年至少承担1门本科或专科课程。另外，经学校批准读博的教师、学校派出参加国内外访学的教师以及参加企业实践的教师教学工作量标准按照相应办法单独执行。不难发现，W校的教学工作考核侧重于对教师教学工作量的考核，且对教师教学工作量的要求标准普遍较低，教师除课堂授课外空余时间充足，可以更好地投入科研和社会服务中去。

其三，教研科研考核。教研科研主要考查的是教师所获项目、奖励和成果等的业绩情况。无论是不同职称和类别的教师，还是同一职称不同类别的教师，或是不同职称同一类别的教师，其所对应的教研科研业绩考核标准不尽相同。例如，在项目方面，主要有纵向教研教改项目、纵向科研项目、项目累计到账经费和教学质量工程项目等几种分类。对教学为主型四级教授的要求是获批主持省部级教科研项目 1 项,获批国家级教学质量工程项目 1 项(排前 2),项目累计到账经费 4 万元(人文社科类)或 16 万元(理工医类);对教学科研型四级教授的要求是获批主持省部级教科研项目 1 项,项目累计到账经费 5 万元(人文社科类)或 20 万元(理工医类);对科研为主型四级教授的要求是获批主持省部级教科研项目 1 项,项目累计到账经费 6 万元(人文社科类)或 24 万元(理工医类);对社会服务与推广型四级教授的要求是获批主持省部级教科研项目 1 项,项目累计到账经费 12 万元(人文社科类)或 48 万元(理工医类)。可见,同一职称不同类别教师的项目考核标准存在差异。相比教授职称,各类别副教授对项目的要求相对有所降低,主要体现在项目级别普遍由省部级降低到厅局级,同时对项目累计到账经费的要求也做出下调,如人文社科类教学为主型五级副教授项目累计到账经费为 3 万元,理工类教学为主型五级副教授的项目累计到账经费为 12 万元,相比四级教授分别下降了 1 万元和 4 万元。在奖励方面,主要有教学成果奖、教师教学竞赛获奖、指导学生学科技能竞赛获奖和科研成果奖等。对教学为主型四级教授的要求是获省级及以上教学成果奖 1 项、获国家级教学竞赛三等奖及以上或省级教学竞赛二等奖及以上 1 项、作为第一指导教师指导学生参加学科技能竞赛获国家级 A2 二等奖 1 项或国家级 A3 二等奖 2 项;对教学科研型四级教授的要求则在此基础上增加了获省部级科研成果奖三等奖及以上的条款;对科研为主型四级教授的要求相比教学为主型四级教授减少了获省级及以上教学成果奖 1 项和指导学生科学技能竞赛获奖的条款;对社会服务与推广型四级教授的要求则是在科研为主型四级教授的基础上增加了指导学生获世赛全国选拔赛前两名和学生获得全国技术能手称号 1 项的条款。相比四级教授,对各类别五级副教授奖励方面的要求在数量或级别上总体有所降低。最后,在成果方面,主要有学术论文、学术著作、发明和实用新型专利、软件著作权、专利转化收益和决策咨询报告被批示或采纳等。对教学为主型、教学科研型、社会服务与推广型四级教授的要求是公开发表 C 档论文 1 篇或作为第一发明人获得国家发明专利 1 项;对科研为主型四级教授的要求是公开发表 C 档论文 2 篇或作为第一发明人获得国家发明专利 1 项。五级副教授的要求相对就有所降低，除了 C 档论文和发明专利外，获得实用新型专利、软件著作权或实现专利转化成果收益 30 万元都可以作为替代选择。由此可见，W 校对教研科研采取的分级分类考核非常精细，综合了人文社科和理工医科的学科特点以及不同教师岗位类别的要求，具有层次性和针对性，最终目标是引导教师往教学科研型、科研为主型、社会服务与推广型的方向发展。

其四，公共服务考核。公共服务主要考查的是教师在专业建设、院校服务和社会服务等方面的表现。专业建设是在一定的教育理论指导下，在特定的社会和学校环境中，通过一系列的制度和活动，培养适应和引领行业、产业发展需要的高素质人才的过程。W 校的专业建设考核包括承担课程建设、教材建设、实验室和实习基地建设、人才培养方案修订等系列工作。院校服务是高校面向师生提供教育、科研等方面一系列服务的过程。这些服务旨在促进学生的全面发展，提高教育质量。W 校的院校服务考核包括参与学科建设、队伍建设和班主任等工作。社会服务是高校面向社会提供技术、科普等方面一系列服务的过程。W 校的社会服务考核包括开展横向技术研究开发课题，开展技术咨询服务与推广，以及在成果转化、技术咨询与推广、艺术创作与推广、提供政策咨询等方面产生的影响力和经济社会效益。

3. 案例Ⅲ：Z 校的教师绩效考核

Z 校的教师绩效考核主要适用于受聘在教师岗位从事全日制教学的专任教师。考核内容主要包括师德师风、教学、科研、校企合作、部门工作等方面，考核坚持以德为先、注重实绩，以及定性和定量相结合的原则。其中教学、科研和校企合作构成了教师的实质业绩。在教师实质业绩考核中，教学工作占比 60%，科研工作占比 20%，校企合作工作占比 20%，以此确定最终得分。根据最终得分，教师业绩考核结论分为 A、B、C、D 4 个等级，分别对应优秀、良好、合格、不合格。在教师业绩考核的基础上，再结合师德师风和部门工作表现，综合评定教师年度绩效。年度绩效考核分为优秀、合格、基本合格和不合格 4 个等次。笔者对 Z 校教师绩效考核的具体内容及指标进行了梳理，结果见表 3-4。

表 3-4　Z 校教师绩效考核的内容及指标

指标内容	指标构成	指标考核方式
师德师风	思想政治与品德	按照《Z 校关于进一步加强新时代师德师风建设的实施办法》《Z 校师德师风问题整治工作实施方案》等文件精神,从师德师风总体要求和目标以及师德师风失范行为等方面进行综合考评
教学工作	教学工作量与教学效果	教学工作量根据不同职称等级教师的基本工作量折算标准折算;教学效果由学生评教、督导评教和二级学院三方评教构成
	教学建设与研究	教学建设业绩包括教师承担专业(群)建设、课程建设、教材建设、其他教学建设; 教学研究业绩包括教师在教研项目、教学研究与改革上所取得的成果荣誉等
	教学竞赛获奖	教师参加教学类比赛获奖;指导学生参加专业相关竞赛获奖
科研	项目	纵向科研项目;项目到账经费
	奖励	科技成果奖
	成果	专利;论文;专著;软件著作权;商标;科技成果转化;标准
	平台	科研平台
校企合作	技术研发	横向科研项目;参编工法;共建研发平台
	合作办学	共建产业学院;"1+"系列合作办学;现代学徒制人才培养
	实训基地建设	校外实训基地建设;申报各类产教融合示范基地
	职教联盟	成员单位共建;专业委员会创建;省级及以上联盟创建
部门工作	日常表现	各二级学院结合院部工作实际制定指标内容,包括但不限于思想政治、师德师风、廉洁从教、工作纪律、出勤情况和参加部门重点工作表现等

其一,师德师风考核。师德师风主要考查的是教师的思想政治与品德。Z 校高度重视教师师德师风建设,专门出台了《Z 校关于进一步加强新时代师德师风建设的实施办法》《Z 校师德师风问题整治工作实施方案》等文件,规定了师德师风建设的总体要求、任务清单和师德失范负面清单及处理方法。Z 校将教师师德师风问题界定为 6 个方面共 31 个条

目,具体如下:(1)违反政治纪律问题。例如,在教育教学活动中妄议党的大政方针,发表与党中央、省委重大决策部署不一致的错误言论;利用讲座、论坛、报告会、网络等方式,公开发表违背、歪曲党的改革开放政策或其他有严重政治问题的文章、演说、宣言、声明等;编造、散布政治谣言或其他虚假信息、不良信息;丑化党和国家形象,或者诋毁、诬蔑党和国家领导人、英雄模范,或者歪曲党史、国史、军史。(2)违反廉洁从教问题。例如,索要或接受家长赠送的礼品礼金、有价证券和支付凭证等;参加由学生及家长支付费用的宴请、旅游、健身、娱乐等活动安排;让学生及家长支付或报销应由教师个人或亲属承担的费用;利用家长资源谋取个人私利或不当利益;组织或参与有偿补课,或为校外培训机构和他人介绍生源、提供相关信息;向学生推销图书报刊、教辅读物、学具教具、生活用品、商业保险等获取回扣;在购买办公设备、学生校服、教学装备等物资采购中收受回扣;擅自利用学校名义或校名、校徽、场所等资源谋取个人利益;违规使用科研经费;擅自从事影响教育教学本职工作的兼职取酬行为。(3)违反生活纪律问题。例如,生活奢靡、贪图享乐、追求低级趣味;与他人发生不正当性关系;违背社会公序良俗,在公共场所有不当行为。(4)侵害学生权益问题。例如,歧视、侮辱、虐待、伤害学生;实施猥亵、性骚扰等行为;在招生、考试、推优、保送等工作中徇私舞弊、弄虚作假;私自截留、挪用学生各类补助、劳务费等。(5)违反法律法规问题。例如,酒后驾驶机动车;参与嫖娼等色情活动;吸食毒品或参与赌博活动。(6)违反学术诚信问题。例如,在项目申请、成果申报、职务(职称)晋升、评优评奖中,伪造、篡改学术经历、学术能力、学术成果;在科研活动中,抄袭、剽窃他人成果,伪造或篡改数据、资料、文献、注释,捏造事实,编造虚假研究成果;未参加研究或创作而在研究成果、学术论文上署名,或未经他人许可,不当使用他人署名,或多人共同完成研究而在成果中未注明他人工作贡献;违反正当程序或者放弃学术标准,进行不当学术评价,甚至虚假评价;对学术批评者进行压制、打击、报复;论文或论著一稿多投或重复发表;采用不正当手段干扰和妨碍他人研究活动。Z校师德师风建设坚持树立典型和惩处违规相结合的原则,对师德失范的教师,根据情节严重程度,采取相应的处理措施。

其二，教学工作考核。教学工作包含教师在教育教学过程中所取得的成绩，主体是学校人才培养方案安排的教学工作。在进行教学工作考核时，主要包括教学工作量与教学效果、教学建设与研究业绩、教学竞赛获奖3个方面。首先，教学工作量与教学效果中的教学工作量是指由学校安排、在人才培养方案内的教师讲授的课程及承担的实践性教学（含实验实训、实习、课程设计、毕业实践等）工作量。教学工作量按实际教学工作量进行折算，对应不同职称教师的基本工作量折算标准分别为：教授256课时/学年；副教授320课时/学年；讲师及以下384课时/学年。最多按折算标准课时量的1.5倍计，超出不计分；每少10％减1分，不到10％按10％计；少于基本工作量50％的，不得分。教学工作量与教学效果中的教学效果主要包括教师在承担课程、实践性教学等方面的评价效果，教学评价计算分别是学生评教5分、督导评教7分、二级学院（部）评教3分。其次，教学建设与研究主要包括教学建设业绩和教学研究业绩。教学建设与研究业绩基本分按实际业绩进行折算，对应不同职称教师的基本分折算标准分别为：教授70分，副教授60分，讲师及以下50分。教学建设业绩主要包括教师承担专业（群）建设、课程建设、教材建设、其他教学建设（包括实验实训建设、1＋X等级证书建设等工作）。其中专业（群）建设区分国家级、省部级、市级专业，分别赋予600分、300分和150分不同的分值；新专业三年建设期内每年按100分计；其他均按50分计。课程建设也区分国家级、省部级、市级和校级课程，分别给予300分、150分、50分和20分的赋分。有财政拨款的每1万元加2分，不到1万元的不计分。教材建设业绩按照字数工作量、教材系数和重版系数的乘积计算。字数工作量按1万字2分计。教材系数国家级为3分，省部级为1.5分，其他正式出版教材，学校统一组织编写的校级活页式、工具手册式教材为1分。教材的重版系数为1分/版数。国家级、省部级教材须提供相应的立项文件。计分以出版时间为准，只计算当年出版的。其他类型教材参照执行。教材审核计入教材建设，参与教材专项审核工作每次按5分计。教学研究业绩包含教师在教研项目、教学研究与改革中所取得的成果荣誉等。其中教学研究项目区分国家级、省级、市级和校级,不同等级的项目再区分重大、重点和一般,分别赋分,如国家级重大项目500分,国家级重点项目300分,国家级一般项目200分。教改论文区分核心期刊、普通期刊和学校学报,分别赋分,核心期刊30分,普通期刊10分,学校学报5分。教研成果奖同样区分等级和等次赋分,如国家级教学成果特等奖1000分,国家级教学成果一等奖850分,省部级教学成果特等奖500分,省级教学成果一等奖400分。最后,教学竞赛获奖是指教师参加教学类比赛、指导学生参加专业相关竞赛。教学竞赛获奖基本分20分,按实际业绩进行折算。根据教学竞赛获奖积分办法,获奖层次区分国家级、省部级、市厅级和校级,获奖等级区分一等奖、二等奖和三等奖,如国家级一等奖计200分,省部级一等奖计50分,国家级二等奖计100分,省部级一等奖计30分。教师参加教学类比赛按同级别乘以1.5系数计算,列入上级对学校考核的竞赛按2.0系数计算,同时满足条件系数连乘,如赛事设特等奖,则按一等奖的1.2倍计算。可以看到,Z校对教师教学工作的考核非常精细,分值占比也非常高,一定程度上反映出了高职院校对教育教学工作的重视。

其三,科研考核。科研主要考查的是教师在项目、奖励、成果和平台方面的业绩情况。Z校的科研考核采取的是一刀切式的考核机制,即所有教师参照同样的考核指标要求,并未按照不同职称进行分类管理。项目方面专指纵向科研项目,按项目级别的不同赋予不同分值,如国家级重大项目800分,国家级重点项目500分,国家级一般项目300分,省部级重大项目200分,省部级重点项目150分,省部级一般项目100分,厅局级重点项目40分,厅局级一般项目20分,以上项目到款经费每1万元加1分。奖励方面专指各类科技成果奖,科技成果奖同样区分国家级、省部级和厅局级,分别考核赋分,如国家级特等奖1000分,国家级一等奖850分,国家级二等奖750分,国家级三等奖550分,省部级特等奖500分,省部级一等奖400分,省部级二等奖300分,省部级三等奖300分。为鼓励教师积极申报省部级以上科技成果奖,凡是学校层面送出但省部级最终未获奖的,算作有效申报,按30分计。成果层面主要是指专利、软件著作权、商标、论文、专著、标准和成果转化等。其中专利区分发明和实用新型专利分别按 50 分和 5 分计；软件著作权和商标均按 5 分每项计分；论文按照刊物等级不同分别计分，科学引文索引(SCI)、社会科学引文索引(SSCI)全文收录的每篇计 80 分，工程索引(EI)全文收录的每篇计 50 分，浙大一级期刊每篇计 60 分，中文社会科学引文索引(CSSCI)收录的每篇计 50 分，北大核心期刊每篇计 30 分，普通期刊每篇计 10 分，学校学报每篇计 5 分；专著按照字数满 20 万字每部计 40 分；标准按照类别和发挥作用不同分别计分，发布国家标准且为主编的，计 200 分，若为参编的计 50 分。发布行业标准且为主编的计 50 分，若为参编的计 30 分。发布地方标准且为主编的计 50 分。成果转化直接按项单独计分，每项基本分 20 分，成果转化金额每增加 1 万元增加 10 分。在科研考核中，纵向科研项目不包括已到期但尚未完成的项目。项目立项按 50% 计分，项目按期完成且经费使用执行率达标方可计算剩余 50% 分数。同一科研项目，在项目研究期内，由项目负责人根据项目进展情况分配各年度的分数。各类科研项目、科研成果排名加权系数由项目负责人根据项目成员在建设工作中的作用大小进行分配。由教师指导学生完成的专利、论文、项目等，学生排名第一，指导教师排名第二，视同指导教师取得的成果。

其四，校企合作考核。校企合作主要考查的是教师在技术研发、合作办学、实训基地建设和职教联盟建设方面的业绩情况。其中技术研发主要包括横向科研项目、参编工法和共建研发平台 3 个方面。横向科研项目按照累计年度到款额每 1 万元计 5 分；参编工法以发文或证书人员名单为准，国家级工法每个计 30 分，省部级工法每个计 20 分，市级工法每个计 15 分；研发平台以校企合作协议和政府主管部门立项或考核合格文件为准，共建国家级企业技术研发中心每个计 30 分，共建省级企业技术研发中心每个计 20 分，共建市级企业技术研发中心每个计 15 分，共建校级企业技术研发中心每个计 6 分。合作办学主要包括教师参与共建产业学院、拓展"1＋"系列合作办学、主动开展现代学徒制人才培养等方面。产业学院新建 1 个计 60 分，运行计 80 分；"1＋1＋X"行业联合学院新建 1 个计 60 分，运行计 80 分；"1＋1"企业学院新建 1 个计 40 分，运行计 60

分;"1＋X"专业联盟新建 1 个计 20 分,运行计 30 分;现代学徒制班新建一个计 20 分,运行计 30 分;以上合作办学项目,若有经费到款,参照横向科研项目按 5 分/万元累加。实训基地建设主要包括校外实训基地建设、申报各类产教融合示范基地、参与职教集团建设,以及其他校企融合活动等。校外实训基地建设以校企合作协议、省产学研领导小组办公室或主管部门对产教融合型企业的认定文件为依据,校外一般实训基地计 5 分,校外示范性实训基地计 15 分,优秀校企合作基地计 15 分,省级及以上产教融合型企业计 15 分,校外实训基地当年度接纳顶岗实习学生或落实毕业生就业的,每 5 人计 2 分;产教融合示范基地以政府主管部门立项发文为依据,立项国家级产教融合示范基地计 100 分,立项省级产教融合示范基地计 80 分,立项市级产教融合示范基地计 40 分。职教集团(联盟)建设方面,新增集团(联盟)成员单位每个计 2 分,共建集团(联盟)专委会每个计 5 分,举办职教集团(联盟)活动每次计 3 分。其他的校企融合活动以活动照片或宣传报道等为准,如校企联谊活动、校企互访活动、校企党建活动等。

其五,部门工作考核。部门工作考核由各二级学院结合院系工作实际制定指标内容,包括但不限于思想政治、师德师风、廉洁从教、工作纪律、出勤情况和参加部门重点工作表现等方面。教师所在的部门不一样,其部门考核内容也不尽一致。综合多个部门的考核文件来看,考核加分内容大致包括以下几个方面:一是兼职业绩。例如,担任专业负责人、教研室主任、兼职辅导员、老带新指导教师、学生管理工作、党建工作、兼职院工会委员、社团指导教师;担任省级及以上教学工作委员会、教学学术委员会、专业指导委员会成员;承担院级教学工作委员会、教学学术委员会工作;担任学院研究所所长、秘书、信息员、安全员、档案员、资产管理员、实训室管理员、宣传员、图书管理员、考勤考员;组织二级学院层面的各级专业竞赛会议;等等。二是校企合作业绩。例如,为社会培训员工;个人联系的校外实训基地与学院合作办学、设立奖学金且通过学院审核的,按实际到款额,参照学校对外技术服务标准;对外技术服务项目,在学校相关考核的基础上,学院额外配套。三是荣誉称号。根据教师所获荣誉称号等级不同给予相应加分,如获得省级教学名师、省级优秀教师、厅优秀共产党员、校教学名师、校教学能手、校教坛新秀等。四是其他方面。例如,媒体宣传报道,招生宣传工作,教师作讲座、报告、示范课、公开课、观摩课等;联系专家面向学院教师和学生授课或作讲座,介绍企业并组织企业参加供需见面会和招聘会,介绍学生进入企业顶岗实习或就业,指导学生参与各种竞赛,主动参与周末外出等监考任务,单考单招出卷和五年一贯制出卷等;暑期下企业锻炼,进入高校访学,访问工程师流动站学习,参加校外公益性活动等。

4.高校教师绩效考核指标整体清单

综合前述案例,不难发现,不同的高校因发展定位和内部学科或专业发展具体情况的不同,所实行的教师绩效考核指标及考核管理方式存在一定差异。例如,H 校将教师进行分类管理,不同职称的教师适用于不同的考核标准,考核指标总体侧重于科学研究;W 校也将教师进行分类管理,不同职称的教师适用于不同的考核标准,考核指标总体引导教师从专注教学向教学科研服务全方位发展转变;Z 校并未对教师进行分类管理,所有教师参照执行同一套考核标准,考核指标总体更加侧重于教学,同时兼顾科研和校企合作等。从整体来看,高校教师绩效考核指标又具有统一性,如考核内容都是围绕师德师风、教学、科研和服务展开的,关注的都是教师在德、能、勤、绩、廉等方面的表现,区别只体现在教学、科研和服务等方面的内容细分上。例如,H 校将教科研服务、校内外兼职、基层组织管理和承担上级委派任务全部归类为公共服务,W 校将专业建设、对外的社会服务和对内的院校服务归类为公共服务,而 Z 校则将技术研发、合作办学、实训基地和职教联盟建设划归为校企合作,将其他归类为部门工作进行考核。

关于高校教师绩效考核体系,国内众多学者进行了有益的探索。早在 2007 年,李元元等就认为高校教师绩效评价指标普遍存在重数量、轻质量以及与社会生产和教学实践相脱节的问题,提出高校教师绩效评价指标应包括师德、教学、科研和社会服务 4 个方面。[①] 韩小林等认为高校教师绩效考核应区分教师类型，具体可从教学、科研、社会服务和荣誉等方面进行考核评价。[②] 张有绪和陈伟则进一步创新评价方法，提出采用模糊评价法对教师师德素养、教学、科研和职业发展进行考核。[③] 上述研究是在没有区分高校类型的基础上进行的高校教师绩效考核指标体系研究。应该说，这些研究结论具有一定的推广性，为我国高校教师绩效考核的改革指明了基本方向。

近年来，国内学者开始区分不同类型高校开展教师绩效考核的个案研究，以期探索适用于不同类型高校的教师绩效考核指标体系。例如，王仁高等研究了青岛农业大学的教师分类绩效评价体系，发现高校的教师绩效评价体系一级指标由师德师风、本科教学教研、科学研究、学科建设和研究生教育以及社会服务构成。[④] 其中师德师风在指标体系中属于定性考核指标，通过对被考核对象的民意测验打分，按照百分制进行评价；本科教学教研包括课堂教学、指导学生和育人、教研教改、教学奖励 4 个二级指标；科学研究、学科建设和研究生教育、社会服务在考核体系中不设二级指标，直接设考查点。科学研究主要考查科研项目、科研论文、科研奖励、学术专著和译著及物化成果；学科建设和研究生教育主要考查研究生课程教学、指导研究生情况、研究生教研教改、学科建设、学术会议组织、学术报告主讲和学术兼职；社会服务主要考查横向合作项目、科研成果转让、以科技成果创业、参加社会实践项目、参加有组织社会培训授课、在电视台做科技讲座或示范、参加有组织的科技下乡等活动、科研成果被认定为主推品种、受聘为政府企业专家顾问、社会服务受到政府表彰和媒

①　李元元，王光彦，邱学青，等.高等学校教师绩效评价指标研究[J].高等教育研究，2007(7):59-65.

②　韩小林，马瑞敏，吴文清，等.基于分类分型的高校教师绩效评价研究[J].重庆大学学报(社会科学版)，2014(1):114-119.

③　张有绪，陈伟.高校教师绩效考核体系的构建研究[J].经济研究参考，2014(5):77-79.

④　王仁高，张水玲，张恩盈.高校教师绩效分类评价体系研究——以青岛农业大学为例[J].青岛农业大学学报(社会科学版)，2019(2):57-61.

体报道等。龙粲妍通过研究认为应用型本科高校教师绩效考核评价体系由师德、科研和教学等内容构成。[①] 其中教学包括教学工作量、教学质量、教学成果奖;科研包括科研项目、横向科研项目以及对外签订的其他科研处备案合同,包括指导学生参加科技大赛和做学术报告,也包括发表学术论文,取得专利和成果产品化等;师德主要采用定性方法考查爱岗敬业、职业道德以及团队精神。张建营同样以应用型本科高校为研究对象,将教师绩效考核指标体系解构为教师职业道德、教学工作量、育人工作量、科研工作量、教师培训与成长 5 个维度。[②] 其中的职业道德、教学工作量和科研工作量与前述 3 个案例中的指标名称及内容类同;育人工作量所含的内容与前述案例研究中的公共服务部分类同,如担任班主任、教师进宿舍、学生心理健康工作、招生工作、社会实践指导、学生社团指导、就业创业指导等;教师培训与成长也与前述案例研究中的公共服务或校企合作内容部分类同,如参加政府、社会和学校的各类培训,到企事业单位与政府机关挂职,参加企业生产、科学研究、技术革新或开发等。

　　综合案例及学者研究结果,可以发现,任何类型的高校其教师绩效考核都可从师德、教学、科研和服务 4 个方面展开。这 4 个方面基本囊括了高校教师绩效考核的全部内容,只是由于不同高校类型特征和发展目标的差异而呈现出不同的考核条目及考核比重。这些考核条目差异主要体现在与教学相关的项目、竞赛和获奖究竟放在教学、科研还是服务模块当中,专业建设、校企合作等工作究竟是放在教学还是服务当中,等等。不管最终放在哪块内容当中,它们都属于高校教师工作绩效考核的有机组成部分,都应该被纳入高校教师工作绩效考核的指标库当中。鉴于此,本书系统整合案例及学者研究结果,构建高校教师工作绩效考核指标整体清单,具体见表 3-5。

　　① 龙粲妍.应用型本科高校教师绩效考核体系改善方法分析[J].现代交际,2019(17):145-146.
　　② 张建营.应用型本科高校教师绩效考核体系重构[J].机械职业教育,2023(6):31-35.

表 3-5　高校教师工作绩效考核指标整体清单

考核内容	一级指标	二级指标
1.师德 2.教学 3.科研 4.服务	1.思想政治品德 2.教学工作量 3.教学质量 4.项目 5.奖励 6.成果 7.院校服务 8.社会服务	1.职业道德;2.敬业精神;3.团结协作;4.工作态度;5.最低授课学时;6.附加授课学时;7.学生评教;8.督导评教;9.学院评教;10.教研项目;11.教学质量工程项目;12.纵向科研项目;13.纵向科研项目到账经费;14.横向科研项目到账经费;15.科学技术奖;16.社科成果奖;17.教学成果奖;18.调研成果奖;19.教学质量奖;20.教学能力竞赛获奖;21.荣誉称号;22.指导学生竞赛获奖;23.指导学生项目立项;24.指导学生申报授权专利;25.论文;26.专著;27.教材;28.专利;29.软件著作权;30.标准;31.工法;32.科研平台建设;33.科技成果转化;34.研究成果被人大复印资料等转载;35.咨询报告获领导批示;36.担任班主任;37.社会实践指导;38.学生社团指导;39.新教师指导;40.承担学科或专业建设;41.承担课程建设;42.承担实验室(实训基地)建设;43.承担校企合作;44.承担工会工作;45.承担科研管理工作;46.招生就业宣传;47.承担学术委员会工作;48.承担教学委员会工作;49.担任人大代表;50.担任政协委员;51.校外各类学术兼职;52.校外支援工作;53.挂职交流;54.社会公共服务;55.其他

　　根据高校教师工作绩效考核指标整体清单,高校教师工作绩效考核包括师德、教学、科研和服务 4 个方面的内容,具体可分解为思想政治品德、教学工作量、教学质量、项目、奖励、成果、院校服务和社会服务 8 个一级考核指标,这 8 个一级指标可进一步细分为 55 个二级可观测指标。其中与师德相关的 4 个二级指标采用定性评价方法测定,并结合行为失范处理办法综合处理,其余的二级指标均可采用定量评价方法规范执行。高校教师工作绩效考核指标整体清单较为系统地反映了当前我国高校教师工作绩效考核评价的细部内容,为教师身份下高校辅导员工作绩效指标的确立奠定了良好基础。

(二)辅导员的教师身份所涵盖的关键绩效指标

　　高校辅导员是高校教师群体的有机组成部分,具有其他专任教师所共有的一些特征,如极为注重师德、需要讲授课程、考核教研科研等。但其职业领域和职业功能的特殊性又决定了辅导员的"教师"身份与其他教师在内涵和绩效考核方面存在差异。采用适当的方法找到两者之间的共性和差异,是区分辅导员和其他教师身份内涵的关键,同时也是提取教师身份下辅导员工作绩效指标的关键。本书采用辅导员团体焦点访谈法,围绕高校辅导员绩效考核指标与教师绩效考核指标的异同进行集体探索和验证,最终从教师岗位工作绩效指标中提取与辅导员岗位类同的工作绩效指标,提取结果见表 3-6。

表 3-6　教师身份下的高校辅导员工作绩效指标

考核内容	一级指标	二级指标
1.师德 2.教学 3.科研 4.服务	1.思想政治品德 2.教学工作量 3.教学质量 4.项目 5.奖励 6.成果 7.院校服务 8.社会服务	1.职业道德;2.敬业精神;3.团结协作;4.工作态度;5.一定授课学时;6.学生评教;7.督导评教;8.学院评教;9.教研项目;10.纵向科研项目;11.纵向科研项目到账经费;12.科学技术奖;13.社科成果奖;14.教学成果奖;15.调研成果奖;16.参加竞赛获奖;17.荣誉称号;18.指导学生竞赛获奖;19.指导学生项目立项;20.指导学生申报授权专利;21.论文;22.专著;23.教材;24.专利;25.平台建设;26.研究成果被人大复印资料等转载;27.咨询报告获领导批示;28.社会实践指导;29.学生社团指导;30.新教师指导;31.承担课程建设;32.招生就业宣传;33.承担学术委员会工作;34.校外各类兼职;35.校外支援工作;36.挂职交流;37.其他

教师身份下的高校辅导员工作绩效主要体现为辅导员的"教师"角色在遵循规范、承担任务或发挥功效方面的具体情况。从表 3-6 的指标体系可以看出,教师身份下的高校辅导员工作绩效指标体系包含 4 个方面的考核内容、8 项一级指标和 37 项二级指标(剔除了 18 项)。在师德方面,高校辅导员与其他教师群体相比没有根本性变化,都是围绕职业道德、敬业精神、团结协作和工作态度展开的。辅导员个人具有什么样的思想政治品德往往决定了其在教学、科研和服务等方面的绩效表现。在教学方面,高校辅导员承担着讲授一门思政课程的基本任务,这是国家对高

校辅导员从业者所提出的要求,同时也是各高校在辅导员职称评定中所设置的基础条件。在实际执行过程中,高校辅导员讲授课程与专任教师讲授课程遵循的是同一套教学管理体系,教学效果的评价主要由学生评教、督导评价和学院评教构成,但辅导员教师身份的特殊性决定了高校辅导员不可能像专任教师一样具有很高的教学工作量要求和附加授课学时加分。很多高校对辅导员的授课要求是:讲授一门思政课但每周不能超过一定课时,以免影响到其他工作。因而,高校辅导员的课时量是稳定在一定区间的。除此之外,辅导员授课还体现在讲授党课、团课等多个方面。在科研方面,高校辅导员与其他专任教师一样,承担着个人或指导学生项目申报、竞赛获奖和产出成果等系列考核任务。但与专任教师所不同的是,辅导员的科研更倾向于人文社科类。这与辅导员学科背景和职业领域有着密切的关系。另外,高校辅导员除了可以参加各类面向高校开放的项目和竞赛外,还可以参加各类面向辅导员单列的项目、竞赛和平台建设,如教育部人文社科项目辅导员专项、辅导员职业能力竞赛、辅导员工作室建设等。这为辅导员取得科研绩效增加了更多可能。在服务方面,高校辅导员也可以和其他专任教师一样,通过参加院校服务和社会服务取得绩效,如指导学生社会实践、指导学生社团活动、指导初级辅导员工作、承担课程建设、招生就业宣传、担任学术委员会工作以及校外各类兼职和挂职交流等。

教师身份下的高校辅导员关键绩效指标是高校辅导员基于"教师"身份进行价值创造的过程中与辅导员岗位紧密相关的工作绩效指标。根据帕累托"二八原理",判断一项工作绩效指标是否为关键绩效指标,关键看其对教师身份下的辅导员工作绩效的贡献度如何。因而,采用科学的方法对上述指标进行客观分析和评价是提取关键绩效指标的基本途径。本书分别从本科和高职院校选取多名教师系列职称评审专家,综合运用德尔菲法和模糊综合评价法对提取的工作绩效指标进行评价,以 20% 的行为完成 80% 的业绩为参照,最终确定教师身份下的辅导员关键绩效指标,具体结果见表3-7。

表 3-7　教师身份下的高校辅导员关键绩效指标

考核内容	一级指标	二级指标
1.师德 2.教学 3.科研 4.服务	1.思想政治品德 2.教学工作量 3.项目 4.奖励 5.成果 6.院校服务	1.职业道德;2.一定授课学时;3.教研项目;4.纵向科研项目;5.参加竞赛获奖;6.荣誉称号;7.指导学生竞赛获奖;8.论文;9.专著;10.平台建设;11.社会实践指导;12.新教师指导;13.承担课程建设

从表 3-7 可以看出,教师身份下的高校辅导员关键绩效指标包含 6 项一级指标和 13 项二级指标。其中,一级指标包含思想政治品德、教学工作量、项目、奖励、成果和院校服务等方面。二级指标包含职业道德、一定授课学时、教研项目、纵向科研项目、参加竞赛获奖、荣誉称号、指导学生竞赛获奖、论文、专著、平台建设、社会实践指导、新教师指导和承担课程建设等方面。与表 3-6 中的普通工作绩效相比,教师身份下的高校辅导员关键绩效指标少了社会服务和教学质量的内容。这说明辅导员虽然也要和其他专任教师一样接受学校的教学质量考核,但这并不是其工作绩效考核的重点。同时还说明校外各类兼职、挂职和支援等在辅导员绩效考核中处于边缘化位置,对辅导员工作绩效的影响也比较有限。除此之外,还可以看出,其一,职业道德是辅导员思想政治品德的核心,相比敬业精神、团结协作和工作态度,职业道德对辅导员的工作绩效起着最为关键的影响。其二,辅导员学历背景和工作领域的特性决定了其科研项目主要偏向人文社科方向,更多的是考核项目的等级而非经费。其三,奖励是对辅导员学术或工作成果的外部激励与反馈,可分为个人奖励和指导学生奖励两个方面。个人奖励主要是辅导员自身参加各类竞赛获奖以及获得相关的荣誉称号,指导学生奖励主要是辅导员指导学生参加各类竞赛活动所获的奖励。两者在辅导员的工作绩效考核中都非常重要。其四,成果反映的是辅导员在工作过程中的重要学术与工作产出。与专任教师还有教材、专利等考核有所不同,辅导员的成果主要侧重于论文、专著和平台建设等方面。其五,院校服务关注的是辅导员的校内服务性绩效产出,相比专任教师的多元化考核要求,辅导员的绩效考核更侧重于社

会实践指导、新教师指导和承担课程建设等方面。

三、管理人员身份下的高校辅导员关键绩效指标

高校管理人员是指在高校中从事管理、服务、协调等工作的人员。他们通常具有较高的学历和专业知识，肩负着维护学校的日常运营和管理，确保学校各项工作顺利进行的重要任务，同样也是高校教育事业的重要组成部分。在高校中，管理人员广泛分布于学工、教学、科研、财务、后勤、图书、实训等各个部门，他们都需要在学校规章制度的约束下，根据岗位职责及相应的管理流程，来处理各种复杂的事务和突发事件，为学校的发展和学生的成长做出贡献。高校的行政管理人员按照层次可分为基层行政管理人员、中层行政管理人员和高层行政管理人员。教育部《普通高等学校辅导员队伍建设规定》指出高校辅导员具有管理人员的身份，这种对辅导员管理人员身份的认定原则上要求辅导员和其他管理人员一样，根据自己的工作范围履行好相应的管理职责。因而高校辅导员在高校中通常也会以行政人员的身份参与年度考核，并且相应的考核结果会被作为其职务晋升的重要依据。但高校辅导员岗位的特殊性决定了其工作业绩又与其他行政管理人员存在区别，不能简单地以行政管理考核指标来一刀切地衡量辅导员。找到这种联系和区别，是提取管理人员身份下高校辅导员关键绩效指标的基本前提。

（一）高校行政管理人员工作绩效考核指标

高校行政管理人员工作绩效考核是指对高校行政管理人员的工作表现、工作质量、工作效果等进行全面、客观、公正的评估和考核的过程，旨在提高行政管理人员的工作质量和效率，促进学校的整体发展。通过对行政管理人员工作绩效的考核，可以了解行政管理人员的工作状况，发现其在工作中存在的问题和不足，为改进行政及管理工作提供依据，同时也可以为行政管理人员的晋升、奖惩等提供参考。根据研究需要，接下来笔者将通过对三所案例高校的行政管理工作绩效考核文件进行分析，并结合文献进行讨论，最终构建高校行政管理人员工作绩效考核指标整体清单，为管理人员身份下的辅导员工作绩效指标提取奠定基础。

1.案例Ⅰ:H校的行政管理人员绩效考核

H校的行政管理人员绩效考核主要针对在职在岗的各类行政人员。根据行政人员所属层次的不同,相应的绩效考核指标也会存在差异。例如,教辅部门的普通行政人员适用于管理教辅岗位年度考核办法,学校中层干部适用于中层干部年度考核办法。一般行政管理人员考核内容包括工作完成情况、工作效率、服务质量、工作态度等方面,具体考核内容各部门可以根据岗位性质和职责要求进行细化。中层管理人员考核内容包括工作完成情况、工作效率、工作质量、服务意识和廉洁自律等方面。行政管理人员的绩效考核采取定量考核和定性考核相结合的方式,考核结果分为优秀、合格、不合格3个等次。根据行政人员业绩考核结果,学校将对表现优秀的行政人员进行表彰和奖励,对不合格的行政人员进行批评和惩戒。同时,根据考核结果,可以对行政人员采取岗位调整、培训等措施,以促进其工作能力的提升。笔者对H校行政管理人员绩效考核的具体内容及指标进行了梳理,结果见表3-8。

其一,工作质量考核。工作质量主要考查的是行政管理人员工作的准确性和规范性以及各项工作的质量和标准是否符合学校的要求。考核时关注其是否能够按照规定程序和标准完成工作,是否能够及时发现并纠正工作中的问题,具体而言包括任务完成率、工作效率和工作准确率等指标。任务完成率主要通过对行政管理人员的工作成果进行评估,包括完成的工作任务、工作报告、文件等,检查其是否符合计划和目标,考查其实际完成比例;工作效率主要是评估行政管理人员在工作中的效率,包括处理事务的速度、响应请求的及时性等;工作准确率主要是评估行政管理人员在处理各项事务时的准确性,如文件处理中的错误率、数据录入的准确性等。在具体考核中,H校首先根据行政管理人员的工作职责和任务,制定明确的考核标准,包括任务完成的时间、质量、效率等方面的要求。然后通过查看行政管理人员的工作日志定期对行政管理人员的工作任务完成情况进行检查与评估,包括任务的进度、完成情况、质量等方面。工作日志要求记录每天的工作任务、完成情况、遇到的问题及解决方法等。最后再结合领导、同事等的评价,给出工作质量的考核分数。

表 3-8　H 校行政管理人员绩效考核的内容及指标

考核内容	指标构成	指标考核方式
工作质量	任务完成率	对行政管理人员的工作成果进行评估,包括完成的工作任务、工作报告、文件等,检查其是否符合计划和目标,考查其实际完成比例
	工作效率	评估行政管理人员在工作中的效率,包括处理事务的速度、响应请求的及时性等
	工作准确率	评估行政管理人员在处理各项事务时的准确性,如文件处理中的错误率、数据录入的准确性等
工作态度	责任心	评估行政管理人员遵守规范、承担责任和履行义务的自觉态度
	敬业精神	评估行政管理人员对本职工作的全身心投入程度
	服务意识	评估行政管理人员对师生需求和感受的满足以及对服务流程和细节的精心设计与执行情况
	团队合作精神	评估行政管理人员与各部门及岗位联系、沟通、协调和合作的意识和能力
工作创新	工作改进情况	考察行政管理人员在工作中是否能够提出新的思路和方法,是否能够不断改进工作流程和方法,以提高工作效率和质量
工作纪律	廉洁自律	评估行政管理人员自觉遵守职业道德规范和法律法规,不接受贿赂、不徇私情、不谋取个人私利,保持清正廉洁的操守和高尚品德,对自己的行为进行约束和规范的具体情况
	按章办事	评估行政管理人员熟悉并掌握学校的规章制度和决策,确保在工作中能够按照规定和决策办事的具体情况

注:不同类别的行政管理人员指标存在一定差异,为了便于更加直观地展现,在此全部整理在一个表中。

其二,工作态度考核。工作态度主要考查的是高校行政管理人员在工作中是否认真负责、积极主动、服务周到以及注重团结协作,关注的是其履行工作职责和提供服务的态度表现,具体包括责任心、敬业精神、服务意识和团队合作精神等考核指标。责任心主要评估行政管理人员遵守规范、承担责任和履行义务的自觉态度,以及是否能够勇于承担责任,积极处理工作中出现的问题和困难;敬业精神主要评估行政管理人员对本职工作的全身心投入程度,考查其是否能够积极主动地思考、学习、实践,是否能够克服困难以及积极追求工作效果和价值;服务意识主要评估行政管理人员对师生需求和感受的满足以及对服务流程和细节的精心设计与执行情况;团队合作精神主要评估行政管理人员与各部门及岗位联系、沟通、协调和合作的意识与能力,重点考查其是否能够与同事团结合作,围绕共同的目标开展工作,共同完成工作任务,为团队的成功和成就做出贡献。在具体考核中,H 校以个人自评、同事互评和领导评价相结合的方式,全面整合关于行政管理人员工作态度的信息,最终以定性和定量相结合的方式评价行政管理人员的工作态度。

其三,工作创新考核。工作创新主要考查的是行政管理人员在工作中是否能够提出新的思路和方法,是否能够不断改进工作流程和方法,以提高工作效率和质量。高校行政管理人员的工作创新主要体现在以下 4 个方面:一是优化工作流程。对现有的工作流程进行全面梳理,找出存在的问题和瓶颈,通过改进工作流程,提高工作效率。二是积极学习和引入先进的管理理念和技术,如信息化管理、大数据分析等,提高管理水平和效率。三是针对师生的需求,创新服务模式,提供更加便捷、高效的服务。例如,可以引入自助服务终端、在线服务平台等,方便师生办理业务。四是能够经常提出新的想法和建议,为工作创新提供源源不断的动力。在具体的考核中,H 校参照以上 4 个方面设立了评价标准,以个人自评、同事互评和领导评价相结合的方式,根据最终整合的打分结果对行政管理人员的工作创新情况做出评价。

其四,工作纪律考核。工作纪律主要考查的是行政管理人员工作中在遵纪守规、服从安排等方面的具体表现。遵守工作纪律是每个行政管理人员应尽的义务和责任,工作纪律考核对于维护工作秩序、提高工作效率、保证工作顺利开展具有重要意义。H 校对行政管理人员的工作纪律考核主要包括廉洁自律和按章办事 2 个考核指标。廉洁自律是工作纪律考核的重要内容,主要评估行政管理人员在自觉遵守职业道德规范和法律法规,不接受贿赂、不徇私情、不谋取个人私利,保持清正廉洁的操守和高尚品德,对自己的行为进行约束和规范等方面的具体表现;按章办事是工作纪律考核的基础内容,主要是评估行政管理人员熟悉并掌握学校的规章制度和决策的程度,确保在工作中能够按照规定和决策办事的行为表现。在具体的考核中,H校围绕以上2个指标细化了考核内容,采取个人自评、同事互评和领导评价相结合的方式,对行政管理人员的工作守纪情况进行打分并给出客观评价。

2. 案例Ⅱ:W校的行政管理人员绩效考核

W校的行政管理人员绩效考核主要面向在职的各类行政坐班人员。行政管理人员的身份比较多样化,其中一类是专职行政坐班人员,如教学秘书、学工秘书、图书管理员、教务干事等,这类人员普遍学历相对低一点,绝大部分是硕士研究生。还有一类是以专任教师身份兼行政工作的人员,如办公室主任、教务处长、科研处长等职能部门中层干部,这类人员学历普遍较高,多数为博士研究生或在读博士研究生。虽然两类行政管理人员所处的管理层次不同,但所遵循的绩效考核内容却基本一致,都是围绕着德、能、勤、绩、廉展开。考核采用定性与定量相结合的方式,最终的考核结果分为优秀、合格和不合格3个等次。普通行政人员根据考核结果直接确定年终考核优秀名单,并进行相应的表彰和奖励,而中层管理人员的考核结果仅作为其整体工作业绩考核的一部分。对W校行政管理人员绩效考核的具体内容及指标进行梳理,结果见表3-9。

其一,"德"的考核。"德"的考核是对行政管理人员在思想道德方面的全面评价,是评价其是否具备良好品德和道德修养的重要标准。一般而言,德包含政治品德、职业道德、社会公德和个人品德等方面的内容。W校对行政管理人员"德"的考核则主要关注政治品德和职业道德两项指标。在政治品德方面,主要考核行政管理人员的政治立场、政治觉悟和政治素养,重点评估其是否坚持党的基本路线,是否忠于国家,是否遵纪守法、办事公道、行为廉洁等。在职业道德方面,主要考核行政管理人员在工作过程中是否用高尚的道德指导本职岗位职业活动的具体实践,包括职业上的原则性、事业心、责任感、政策性等。在具体考核中,W校围绕两项指标细化了相关测评内容,使之可操作化,并采用五级评分法进行测定,先是由个人自评,再由领导小组测评,在此基础上整合得分,从而将"德"的考核由定性转化为定量。

表 3-9　W 校行政管理人员绩效考核的内容及指标

考核内容	指标构成	指标考核方式
德	政治品德	考核行政管理人员是否坚持党的基本路线,是否遵纪守法、办事公道、品德高尚等
	职业道德	考核行政管理人员在工作过程中是否用高尚的道德指导本职岗位职业活动的具体实践,包括职业上的原则性、事业心、责任感、政策性等
能	业务能力	考核行政管理人员是否具备履行职责所需的专业知识和技能,包括对学校管理政策、教育法规、行政流程等方面的理解和掌握程度,以及在具体工作中运用这些知识和技能解决问题的能力
	组织协调能力	考核行政管理人员在组织协调工作、处理复杂问题、推动项目进展等方面的能力,包括能否合理安排工作资源,协调各方利益,推动工作进展,以及在遇到困难时能否迅速找到解决方案
	创新能力	考核行政管理人员在工作中是否有创新思维和创新能力,包括能否提出新的管理理念、工作方法,能否推动学校管理的改进和创新,以及能否适应新的工作环境和挑战
勤	工作态度	考核行政管理人员对工作的热情、投入程度,以及在工作中能否保持积极向上的态度
	工作效率	考核行政管理人员在工作时间内能否高效地完成任务,能否合理安排工作和生活时间,以及是否有自我学习和提高的意识
	责任心	考核行政管理人员能否以高度的责任感对待工作,在工作中是否尽职尽责,为学校的发展和学生的成长贡献自己的力量
绩	工作量	考核行政管理人员在一定时间内完成的工作量,包括工作任务的多少、工作量的大小等
	工作质量	考核行政管理人员完成工作的质量,包括工作的准确性、完整性、及时性等方面
	工作效益	考核行政管理人员的工作成果及其对学校发展的贡献,包括工作成果的效益大小、对学校发展的推动作用等
廉	廉洁自律	考核行政管理人员在工作中保持廉洁自律的情况,关注其有无违规、违纪、违法等行为
	遵纪守规	考核行政管理人员遵守国家、学校和部门的制度规定以及依法依规办事的情况

　　注:不同类别的行政管理人员指标具体内容存在一定差异,为了便于更加直观地展现,在此全部整理在一个表中。

其二，"能"的考核。"能"主要考查的是高校行政管理人员在履行职责、服务师生方面的能力，它是评价行政管理人员工作表现和职业素养的重要标准之一。W校对行政管理人员"能"的评价包含业务能力、组织协调能力和创新能力3项考核指标。其中业务能力主要考核行政管理人员是否具备履行职责所需的专业知识和技能，包括对学校管理政策、教育法规、行政流程等方面的理解和掌握程度，以及在具体工作中运用这些知识和技能解决问题的能力；组织协调能力主要考核行政管理人员在组织协调工作、处理复杂问题、推动项目进展等方面的能力，包括能否合理安排工作资源，协调各方利益，推动工作进展，以及在遇到困难时能否迅速找到解决方案等；创新能力主要考核行政管理人员在工作中是否有创新思维和创新能力，包括能否提出新的管理理念、工作方法，能否推动学校管理的改进和创新，以及能否适应新的工作环境和挑战等。在具体考核中，W校采用个人自评和领导小组打分相结合的方式进行综合评定。

其三，"勤"的考核。"勤"是评价高校行政管理人员工作态度和工作作风的重要标准，也是他们履行职责、服务师生的重要保障。W校对行政管理人员"勤"的考核主要从工作态度、工作效率和责任心3个方面展开。其中，工作态度主要考核行政管理人员对工作的热情、投入程度，以及在工作中能否保持积极向上的态度；工作效率主要考核行政管理人员在工作时间内能否高效地完成任务，能否合理安排工作和生活时间，以及是否有自我学习和提高的意识；责任心主要考核行政管理人员能以高度的责任感对待工作，在工作中是否尽职尽责，为学校的发展和学生的成长贡献自己的力量。在具体的考核中，W校围绕不同指标分别进行评价，先是个人自评，再是领导小组测评，在此基础上得出整合得分，作为对行政管理人员"勤"的考核评定得分。

其四，"绩"的考核。"绩"是高校行政管理人员在履行职责、完成工作任务中所取得的实际成果和效益，是评价他们工作表现和职业素养的重要标准之一，也是他们获得认可和肯定的重要依据。W校对行政管理人员"绩"的考核主要包括工作量、工作质量和工作效益3项考核指标。其中，工作量主要考核行政管理人员在一定时间内完成的工作量，包括工作任务的多少、工作量的大小、工作时间的长短和工作复杂度等;工作质量主要考核行政管理人员完成工作的质量,评价其是否及时准确地回应师生家长的需求,是否能够及时有效地解决各类问题等;工作效益主要考核行政管理人员的工作成果及其对学校发展的贡献,包括工作成果的效益大小、对学校发展的推动作用等。在具体的考核中,工作效益参照教职工考核管理办法业绩计算方法计算量化分数,其他部分则依然采取个人自评和领导小组测评相结合的方式评定,最终在此基础上计算整合得分,以此作为对高校行政管理人员"绩"的评价得分。

其五,"廉"的考核。"廉"是行政管理人员始终不变的底色,是其正确履行职责、有效服务师生的重要保障。行政管理人员不论职位高低,都该做到慎独慎微,常怀廉洁律己之心、常思贪欲之害。W 校对行政管理人员"廉"的考核主要围绕廉洁自律和遵纪守规 2 个方面展开,重点考查其是否保持良好的行为规范和职业操守,有无参与任何违法违纪的行为。其中,廉洁自律主要考核行政管理人员在工作中保持廉洁自律的情况,关注其有无违规、违纪、违法等行为;遵纪守规主要考核行政管理人员遵守国家、学校和部门的制度规定以及依法依规办事的情况。在具体的考核中,W 校设置了 20 项负向测评题项,采用个人自评和领导小组测评相结合的方式进行综合评定,最终以题项测评得分作为对行政管理人员"廉"的评价得分。

3.案例Ⅲ:Z 校的行政管理人员绩效考核

Z 校的行政管理人员绩效考核主要针对在学校党政部门、教辅部门工作的人员和在二级学院从事党政管理工作的教职工。例如,学工部、宣传部、办公室等职能部门的干事,技术中心、实训部、教务处等教辅部门的干事,以及二级学院的教学秘书、学工秘书等岗位人员。中层管理干部适用于单独的绩效考核体系,并没有列入普通行政管理人员范畴,但其考核维度与普通行政管理人员一致,对本书依然具有参考价值,故在此一并纳入分析范畴。总的来看,Z 校对行政管理人员的考核内容包括德、能、勤、绩、廉 5 个方面,每个方面再细分考核指标。考核采用定性评价与定量评价相结合的方式,由个人自评和领导小组测评共同构成,考核结果分为优秀、合格、基本合格和不合格 4 个等次。年度考核为优秀的人员直接认定为年度校级先进工作者并给予先进奖励金，不合格的将被约谈，并视情况跟岗工作或离岗进修，如果两年考核不合格将调离原岗位。对 Z 校行政管理人员绩效考核的具体内容及指标进行梳理，结果如表 3-10 所示。

表 3-10　Z 校行政管理人员绩效考核的内容及指标

考核内容	指标构成	指标考核方式
德	思想政治素质	主要看行政管理人员的政治思想表现，包括理想信念、宗旨观念、政治立场、政治方向和政治鉴别力、科学发展理念等
	职业道德	主要看行政管理人员是否具有正确的职业观念和良好的师德师风、工作纪律和工作作风，忠于职守，服从安排，保守工作秘密，坚持依规服务
	社会公德	主要看行政管理人员在社会交往和公共生活中是否遵守社会行为准则，富有社会责任感和正义感，同不良现象作斗争
	个人品德	主要看行政管理人员能否牢固树立正确的世界观、人生观、价值观，正直、诚实、守信、谦虚、襟怀坦荡、光明磊落、情趣健康，具有良好的生活作风
能	业务素质	主要看行政管理人员是否具备本职工作所需的政策理论水平、专业知识水平及业务技能等
	工作能力	主要看行政管理人员能否熟练运用政策组织开展工作、协调解决问题，以及是否拥有正确处理业务及语言文字表达等方面的能力
	学习能力	主要看行政管理人员的学习态度、方法及成效，包括平时自学、提高能力和参加学校、部门开展的各类培训的表现情况
勤	工作态度	主要看行政管理人员对工作的热情、投入程度，以及在工作中是否能够保持积极向上的态度
	工作作风	主要看行政管理人员工作是否积极主动，团结协作，认真负责，严谨细致
	工作纪律与出勤	主要看行政管理人员是否深入实际，善于开动脑筋，刻苦钻研业务，精益求精及热情服务师生

续表

考核内容	指标构成	指标考核方式
绩	思路与措施	主要看行政管理人员在完成目标任务和履行岗位职责过程中是否具有正确业绩观,提出的工作思路和采取的措施是否科学合理
	数量与质量	主要看行政管理人员能否在规定时间内按质、按量完成或超额完成工作任务
	效率与效益	主要看行政管理人员办事效率如何,工作是否取得明显的成效,有没有突出的贡献
	临时性工作	主要看行政管理人员接受完成岗位职责以外的临时性任务情况
廉	遵纪守法	主要看行政管理人员在工作中是否严格廉洁从业
	依纪依法	主要看行政管理人员在办事过程中是否公正文明、公道正派、教职工是否认同满意

注:不同类别的行政管理人员指标存在一定差异,为了便于更加直观地展现,在此全部整理在一个表中。

其一,"德"的考核。"德"是一个人内在的品质和修养,是个人在思想、行为和情感上对社会、对他人、对自己的尊重和爱护。在工作中,"德"表现为一个人的职业道德和职业操守,以及对工作的诚信、认真、负责的态度。Z校对行政管理人员"德"的考核主要包括思想政治素质、职业道德、社会公德和个人品德等4项考核指标。其中,思想政治素质方面,主要考核的是行政管理人员的政治思想表现,包括理想信念、宗旨观念、政治立场、政治方向和政治鉴别力、科学发展理念等;职业道德方面,主要考核行政管理人员是否具有正确的职业观念和良好的师德师风、工作纪律和工作作风,是否忠于职守、服从安排、保守工作秘密和坚持依规服务等;社会公德方面,主要考核行政管理人员在社会交往和公共生活中是否遵守社会行为准则、富有社会责任感和正义感,以及能否同不良现象作斗争;个人品德方面,主要考核行政管理人员能否牢固树立正确的世界观、人生观、价值观,是否正直、诚实、守信、谦虚,是否襟怀坦荡、光明磊落、情趣健康和具有良好的生活作风。Z校在对行政管理人员进行"德"的考核的同时还配套设置了反向测评指标，如个人品德、职业道德和社会公德等方面存在不良情形，被发现并查实的，每次酌情扣 1—2 分，直到扣完为止。

其二，"能"的考核。"能"主要是指一个人的业务知识和工作能力，包括分析判断事物的准确性、周密性、敏感性、预见性、果断性、条理性和灵活性，以及决策、用人、协调、计划和解决问题等方面的能力。Z 校对行政管理人员"能"的考核主要包括业务素质、工作能力和学习能力等 3 项考核指标。其中，业务素质方面，主要考核行政管理人员是否具备开展本职工作所需的政策理论水平、专业知识水平及业务技能；工作能力方面，主要考核行政管理人员熟练运用政策组织开展工作、协调解决问题的能力，以及是否拥有正确处理业务及语言文字表达等方面的能力；学习能力方面，主要考核行政管理人员的学习态度、方法及成效，包括平时自学和参加学校、部门开展的各类培训的表现情况。在反向测评方面，如不能坚持经常性学习，业务素质不高，掌握工作政策标准存在偏差的，每次酌情扣 1—2 分；无故不参加会议、学习、培训和活动的，每次扣 1 分。

其三，"勤"的考核。"勤"主要指一个人的事业心、工作态度、工作作风和勤奋精神，它能反映出一个人对待工作的积极性、主动性、创造性和纪律性。勤是衡量一个人工作态度的指标，也是衡量其对工作的投入程度和认真程度的重要依据。Z 校对行政管理人员"勤"的考核主要包括工作态度、工作作风和工作纪律与出勤 3 项考核指标。其中，工作态度方面，主要考核的是行政管理人员对工作的热情和投入程度，关注其在工作中是否能够保持积极向上的态度；工作作风方面，主要考核的是行政管理人员在工作中是否积极主动和团结协作，做事是否认真负责和严谨细致；工作纪律与出勤方面，主要考核的是行政管理人员在工作中能否深入实际和善于开动脑筋，是否刻苦钻研业务和追求精益求精，以及能否热情服务师生。在对行政管理人员"勤"的考核上，Z 校也设置了反向测评指标，如上班无故迟到、早退或擅自离岗的，每次扣 0.5 分。事假超过 5 天以上的每天扣 0.5 分；工作时间做与工作无关的事，如玩游戏、网购、看电影、听音乐、炒股票等，每次扣 0.5 分；因服务态度差或者消极怠工被投诉的，每次扣 2 分。

其四，"绩"的考核。"绩"是指一个人的工作成绩和贡献，主要反映在完成工作的数量、质量、效率以及取得的经济效益和社会效益等方面，是评价其工作表现的重要依据。Z校对行政管理人员"绩"的考核主要包括思路与措施、数量与质量、效率与效益和临时性工作等4个方面。其中，思路与措施方面，主要考核行政管理人员在完成目标任务和履行岗位职责过程中是否具有正确的业绩观，提出的工作思路和采取的措施是否科学合理；数量与质量方面，主要考核行政管理人员能否在规定时间内按质、按量完成或超额完成工作任务；效率与效益方面，主要考核行政管理人员办事的效率如何、有什么样的工作成效和实际做出多大的贡献；临时性工作方面，主要考核行政管理人员接受完成岗位职责以外的临时性任务情况。在对行政管理人员"绩"的考核上，并无反向测评指标。

其五，"廉"的考核。"廉"是指一个人在廉洁自律等方面的表现，它是一个人道德品质的重要组成部分，也是评价一个人是否具备良好职业操守和道德品质的重要标准，在工作中综合表现为一个人的清正廉洁、公正公开、自觉接受监督的态度和行为。Z校对行政管理人员"廉"的考核主要包括遵纪守法和依纪依法2个方面。遵纪守法方面，主要考核行政管理人员在工作中是否遵守党纪国法，是否清正廉洁，是否以身作则等；依纪依法方面，主要考核行政管理人员在办事过程中是否公正文明、公道正派，以及教职工是否认同满意等。在对行政管理人员"廉"的考核上，Z校设置了系列反向测评指标，如发现工作推诿或不按工作程序办事被投诉，每次扣2分；发现有吃、拿、卡、要等行为的，直接扣完。

4. 高校行政管理人员绩效考核指标整体清单

综合前述案例，不难发现，不同的高校因内部管理制度和文化的不同，所实行的行政管理人员绩效考核指标及考核管理方式存在差异。例如，H校将行政管理人员绩效考核分为工作质量、工作态度、工作创新和工作纪律4个方面，每个方面再细分二级指标进行定性与定量相结合的考核，而W校和Z校则是围绕德、能、勤、绩、廉5个方面对行政管理人员进行绩效考核，但具体到二级指标方面两者存在明显差异，如W校对"德"的考核设置了政治品德和职业道德2项二级指标，Z校对"德"的考核除了政治品德和职业道德之外，还增加了社会公德和个人品德2项二级指标。与H校的绩效考核由个人、同事和领导三方结果共同决定不同，W校和Z校的考核结果由个人自评和领导小组测评两方结果所决定。从整体来看，高校行政管理人员绩效考核指标具有统一性，关注的是相关人员在德、能、勤、绩、廉等方面的综合表现，只是在指标的命名、内涵、数量和归类等方面有所不同。例如，H校的绩效考核虽然没有按照德、能、勤、绩、廉5个维度进行划分，但细究其指标体系的实质，其实还是围绕着这5个维度展开的，也就是说，H校的行政管理人员绩效考核指标并没有超脱德、能、勤、绩、廉5个维度范畴，其任何一项指标都可以归类其中。正因为此，才为整合并构建高校行政管理人员绩效考核指标体系提供了可能。

　国内学者围绕高校行政管理人员的绩效考核指标问题做了不少探索研究。在中国知网以高校、行政、绩效等为篇名关键词进行检索，显示最早对此问题开展研究的是汪琼于2003年发表的《对高校行政管理人员绩效考核的几点思考》一文。作者认为在高校中行政管理人员的数量庞大，素质参差不齐，对这部分群体加强绩效考核至关重要。针对当时高校行政管理人员绩效考核普遍存在考核标准过于粗略模糊、考评关系唯一、考核缺乏反馈、职位高低影响考绩等问题，作者提出采用工作分析法建立360度绩效考核的理念及其方法。[1] 该文发表后，伴随着高校扩招所带来的行政管理人员队伍的不断壮大和各种问题的凸显，关于高校行政管理人员绩效考核指标问题的研究开始增多。陈博根据高校行政管理工作的职业特点和具体要求，从德、能、勤、绩4个维度构建了行政管理人员的绩效评价指标体系，并提出采用定量测评法来进行全面、科学、合理的绩效评价。[2] 刘兵和郭然认为高校行政管理人员的绩效考评仍是学校管理中的薄弱环节，对行政管理人员的绩效考评应该既包括诸如出勤率、行政活动节奏快慢、完成业务数量、提供服务的时间等"硬指标"，又包括如提供

---

[1]　汪琼.对高校行政管理人员绩效考核的几点思考[J].科技进步与对策，2003(S1)：174-175.

[2]　陈博.论高校行政管理人员绩效评价体系的构建[J].湘潭师范学院学报（社会科学版），2005(5)：164-166.

的服务是否及时准确、服务对象是否满意等"软指标"。① 苏秋斌和殷姿围绕如何客观、公正地评估高校行政人员的绩效进行探索，并建立起基于经验和波士顿矩阵分析法的 2 个数学模型。② 以上研究分别从不同角度对我国高校行政管理人员的绩效考核指标问题做了有益探讨，为后续学界进一步深化研究指明了基本方向。

随着时间的推移，有关高校行政管理人员绩效考核指标的研究不断增多，且这些研究总体呈现出规范研究和实证研究并行的格局。在规范研究方面，杨军通过引入平衡计分法思想对高校行政管理人员的绩效考核指标进行分析，最终建立了包含 4 项一级指标、14 项二级指标的绩效考核指标体系。4 项一级指标分别为学习与成长、内部业务流程、服务对象和岗位职责，其中，学习与成长细分为品德言行、学习和工作能力 3 项二级指标，内部业务流程细分为业务流程、流程再造和沟通合作 3 项二级指标，服务对象细分为满意度、受益度、美誉度和投诉 4 项二级指标，岗位职责细分为工作态度、工作内容、工作质量和工作效率 4 项二级指标。③李昱通过对高校行政管理人员绩效考核现状、问题及原因的客观分析，归纳出适用于行政人员绩效考核的共性指标，具体包括服务协调、内部管理和学习与成长 3 个方面。④ 还有学者结合地区政策及文件精神，采用规范分析的方式构建了地区性的高校行政管理人员绩效考核指标体系。例如，胡建玲等在走访了山西省多所教学型高校和整理人力资源相关政策文本的基础上，归纳提炼出了包括 3 项一级指标、11 项二级指标和 18 项三级指标的教学型高校行政管理人员绩效考核指标体系，其中一级指标由服务、职责和素质 3 个指标构成，一级指标中的服务由服务满意度和服务数量 2 个二级指标构成，其中服务满意度包括服务态度和服务质量 2

① 刘兵,郭然.高校行政管理人员绩效管理研究[J].黑龙江教育(高教研究与评估),2006(6):17-19.

② 苏秋斌,殷姿.基于经验和波士顿矩阵分析法的高校行政管理人员绩效评价模型[J].广东技术师范学院学报,2007(10):61-64.

③ 杨军.基于平衡记分卡的高校行政管理人员绩效考核指标体系[J].现代教育管理,2010(12):71-73.

④ 李昱.高校行政管理人员绩效考核指标体系设计[J].南昌教育学院学报,2013(10):50-51.

个三级指标,采用定性评价方式进行评价,服务数量则根据接待师生数量进行定量考核。一级指标中的职责由工作质量、出勤情况、工作效率和工作流程合理4个二级指标构成,其中的工作质量包括工作完成量和工作业绩2个三级指标,采用定量方式评价;出勤情况根据请假次数和时间进行定量评价;工作效率和工作流程直接采用定性方式评价。一级指标中的素质由专业知识水平、创新能力、组织协调沟通能力、决策执行能力和个人自律情况5个二级指标构成,其中专业知识水平包括学历、职称和进修培训3项三级指标,创新能力包括重大创新举措1项三级指标,均采用定量方式进行评价。组织协调沟通能力包括组织活动次数和与其他部门沟通情况2项三级指标,前者采用定量评价,后者采用定性评价。决策和执行能力包括部门内部决策能力和执行政策情况2项三级指标,个人自律情况包括廉洁自律和秉公办事2项三级指标,以上均采用定性方式进行评价。①

在实证研究方面,鲍传友等选择某985高校开展案例研究,从德、能、勤、绩、廉5个维度构建了行政管理干部考核的一级指标体系,并根据岗位管理要求,将一级指标细分为可以检测的若干二级指标。② 德包括大公无私、公正意识、奉献精神、团队精神和服务意识5项二级指标,能包括专业知识水平、组织协调沟通能力、决策和执行能力、创新能力4项二级指标,勤包括出勤情况、工作投入程度2项二级指标,绩包括岗位职责履行情况、突出业绩与创新成果2项二级指标,廉包括遵纪守法情况、决策信息公开程度、个人自律情况3项二级指标。周阳在对某学院进行深入调查的基础上,构建了针对该学院行政人员的绩效考核指标体系。③ 该指标体系包括了5项一级指标和24项二级指标。一级指标为个人素养、工作态度、工作能力、工作行为和工作业绩,其中,个人素养包含品德修养、个人仪表仪容、实事求是、意志坚定和虚心好学5项二级指标,工作态

---

① 胡建玲.教学型高校行政管理人员绩效考核指标体系构建——以山西省为例[J].高校后勤研究,2015(4):53-55.

② 鲍传友,毛亚庆,赵德成.高校行政管理干部绩效考核指标体系的构建——基于A大学的案例研究[J].国家教育行政学院学报,2010(6):67-72.

③ 周阳.TF学院行政人员绩效考核体系研究[D].成都:西南石油大学,2015.

度包含团结合作性、积极主动性、责任敬业感和组织纪律性 4 项二级指标,工作能力包含专业技能、学习能力、创新能力、解决问题能力和组织管理沟通能力 5 项二级指标,工作行为包括出勤率、事故次数、表彰次数、安全意识和违纪违规次数 5 项二级指标,工作业绩包括工作完成量、工作质量、工作效率、工作反响和工作创新 5 项二级指标。陈露明以福建省 5 所高校为研究对象,构建了福建省高校行政人员绩效评价指标体系,并采用因子分析法对指标做了权重分析。[①] 指标体系由个人品德、工作能力、服务意识和岗位职责 4 个一级指标和 15 个二级指标组成。其中个人品德包含职业道德、协作精神、学习欲望和敬业精神 4 项二级指标,工作能力包含业务水平、管理水平、创新意识和自我提高能力 4 项二级指标,服务意识包含工作态度、工作效率和热情主动 3 项二级指标,岗位职责包含岗位工作量、工作难度、工作质量和工作氛围 4 项二级指标。解强选择陕西省某高校的行政岗工作人员和中层管理者为研究对象,以问卷和访谈相结合的方式进行研究,构建了包括 5 项一级指标和 11 项二级指标的绩效管理考评体系。[②] 一级指标分别由德、能、勤、绩、廉 5 个方面组成,其中德包括思想政治和工作态度 2 项二级指标,能包括工作能效和组织协调 2 项二级指标,勤包括工作纪律、个人发展和工作规范 3 项二级指标,绩包括工作质量、工作创新和履职尽责 3 项二级指标,廉包括廉洁自律 1 项二级指标。

综合案例及学者的研究结果,可以发现,任何类型的高校其行政管理人员绩效考核都可以从德、能、勤、绩、廉 5 个方面展开。这 5 个方面基本囊括了高校行政管理人员考核的全部内容,只是不同高校因类型特征和管理目标的差异而呈现出不同的考核条目及考核侧重。有的围绕德、能、勤、绩设置指标,有的围绕能、勤、绩设置指标,有的围绕能、勤、绩、廉设置指标,当然也有的围绕德、能、勤、绩设置指标,还有的从德、能、勤、绩、廉 5 个方面系统设置指标。在指标设置过程中,有的细化到二级指标,采用定性与定量相结合的方式,也有的细化到三级指标,使评价更加定量化和

---

① 陈露明.我国高校行政人员绩效评价指标体系研究[J].湖州师范学院学报,2019(10):107-111.

② 解强.Y 高校行政人员绩效考核体系优化研究[D].延安:延安大学,2021.

更具可操作性。虽然采用不同的划分方式,指标有着不同的命名或等级,但其实都可以归类到德、能、勤、绩、廉 5 个模块之中。鉴于此,本书系统整合案例及学者的研究结果,在德、能、勤、绩、廉模块基础上设置并优化二级和三级指标,由此构建高校行政管理人员工作绩效考核指标整体清单,具体见表 3-11。

表 3-11　高校行政管理人员工作绩效考核指标整体清单

考核内容	一级指标	二级指标
1.德 2.能 3.勤 4.绩 5.廉	1.思想政治品德 2.业务素质 3.工作纪律 4.工作作风 5.工作量 6.工作质量 7.工作效益 8.廉洁自律	1.政治品质;2.职业道德;3.敬业精神;4.团队意识;5.公正透明;6.奉献精神;7.实事求是;8.意志坚定;9.工作态度;10.虚心好学;11.责任心;12.服务意识;13.学习能力;14.决策执行;15.组织协调;16.部门沟通;17.业务技能;18.创新能力;19.工作出勤;20.遵章守规;21.组织纪律;22.积极主动;23.工作投入;24.工作数量;25.工作时间;26.临时性工作;27.任务完成率;28.工作准确;29.服务质量;30.流程再造;31.创新成果;32.荣誉表彰;33.工作反响;34.廉洁奉公;35.按章办事;36.修身律己

根据高校行政管理人员工作绩效考核指标整体清单,高校行政管理人员工作绩效考核包括德、能、勤、绩、廉 5 个方面的内容,具体可分解为思想政治品德、业务素质、工作纪律、工作作风、工作量、工作质量、工作效益和廉洁自律 8 个一级考核指标,这 8 个一级指标可进一步细分为 36 个二级可观测指标。其中与绩相关的 10 个二级指标可采用定量评价方法测定,其余的二级指标均采用定性评价方式。高校行政管理人员工作绩效考核指标整体清单较为系统地反映了当前我国高校行政管理人员工作绩效考核评价的细部内容,为管理人员身份下高校辅导员工作绩效指标的确立奠定了良好基础。

(二)辅导员的管理人员身份所涵盖的关键绩效指标

高校辅导员是高校行政坐班人员的有机组成部分,其职业功能中包含了大量的事务性工作以及与外部沟通协调和管理服务的内容,因而具有与其他行政管理人员所共有的一些特征,如政治立场要坚定、业务流程要熟悉、讲究工作纪律、管理水平和服务质量等。但其职业领域和职业功能的特殊性又决定了辅导员的"管理人员"身份与其他行政管理人员在内涵和绩效考核方面可能会存在差异。那么,究竟辅导员的"管理人员"身份与普通行政管理者之间在工作绩效表现上是否存在差异? 存在哪些方面的差异? 这是我们所关心的内容,也是探讨辅导员管理人员身份关键绩效指标首先必须回答的问题。本书采用辅导员团体焦点访谈法,围绕高校辅导员绩效考核指标与行政管理人员绩效考核指标的异同进行集体探索和验证,最终从行政管理岗位工作绩效指标中提取与辅导员岗位类同的工作绩效指标,结果如表 3-12 所示。

表 3-12 管理身份下的高校辅导员工作绩效指标

考核内容	一级指标	二级指标
1. 德 2. 能 3. 勤 4. 绩 5. 廉	1. 思想政治品德 2. 业务素质 3. 工作纪律 4. 工作作风 5. 工作量 6. 工作质量 7. 工作效益 8. 廉洁自律	1. 政治品质;2. 职业道德;3. 敬业精神;4. 团队意识;5. 公正透明;6. 奉献精神;7. 实事求是;8. 意志坚定;9. 工作态度;10. 虚心好学;11. 责任心;12. 服务意识;13. 学习能力;14. 决策执行;15. 组织协调;16. 部门沟通;17. 业务技能;18. 创新能力;19. 工作出勤;20. 遵章守规;21. 组织纪律;22. 积极主动;23. 工作投入;24. 工作数量;25. 工作时间;26. 临时性工作;27. 任务完成率;28. 工作准确率;29. 服务质量;30. 流程再造;31. 创新成果;32. 荣誉表彰;33. 工作反响;34. 廉洁奉公;35. 按章办事;36. 修身律己

研究发现,管理人员身份下的高校辅导员工作绩效指标与普通行政管理人员的工作绩效指标趋同并无变化,此意味着高校行政管理人员工作绩效考核指标整体清单同样适用于对高校辅导员管理身份下工作绩效的评价,只不过在评价的具体内容和形式等方面可能存在差异。从表 3-12 的指标体系中可以看出,管理人员身份下的高校辅导员工作绩效指标体系包含 5 个方面考核内容、8 项一级指标和 36 项二级指标。在"德"方面,主要考核辅导员的思想政治品德,具体包括政治品质、职业道德、敬业精神、团队意识、公正透明、奉献精神、实事求是、意志坚定、工作态度、虚心好学和责任心 11 项指标。在"能"方面,主要考核辅导员的业务素质,具体包括服务意识、学习能力、决策执行、组织协调、部门沟通、业务技能

和创新能力 7 项指标。在"勤"方面,主要考核辅导员的工作纪律和工作作风,工作纪律包括工作出勤、遵章守规和组织纪律 3 项指标,工作作风包括积极主动和工作投入 2 项指标。在"绩"方面,主要考核辅导员的工作量、工作质量和工作效益,工作量包括工作数量、工作时间、临时性工作和任务完成率 4 项指标,工作质量包括工作准确率和服务质量 2 项指标,工作效益包括流程再造、创新成果、荣誉表彰和工作反响 4 项指标。在"廉"方面,主要考核辅导员的廉洁自律情况,具体包括廉洁奉公、按章办事和修身律己 3 项指标。总体来看,高校辅导员所面临的管理工作比一般的行政管理人员更加复杂,其中既有面向学生的向下管理,也有面向同事的横向管理,还有面向领导的向上管理,当然还有面向自身的自我管理。学生群体的思想活跃性和群体构成的复杂性给辅导员管理工作带来极大的挑战。高校辅导员只有根据实际工作需要,将各种类型的管理相互协调、有机融合,才能更加游刃有余地面对各项挑战,使管理工作更具确定性,从而创造更大的管理绩效。

　　管理人员身份下的高校辅导员关键绩效指标是高校辅导员在基于"管理人员"身份进行价值创造的过程中与辅导员岗位紧密相关的工作绩效指标。根据帕累托"二八原理",判断一项工作绩效指标是否为关键绩效指标,关键看其对管理人员身份下的辅导员工作绩效的贡献度如何。因而,采用科学的方法对上述指标进行客观分析和评价是提取关键绩效指标的基本途径。本书分别从本科和高职院校选取多名熟悉干部考察和选拔任用的人员,综合运用德尔菲法和模糊综合评价法对工作绩效指标进行评价,以 20% 的行为完成 80% 的业绩为参照,最终确定管理人员身份下的辅导员关键绩效指标,具体结果见表 3-13。

表 3-13　管理人员身份下的高校辅导员关键绩效指标

考核内容	一级指标	二级指标
1. 德 2. 能 3. 绩	1. 思想政治品德 2. 业务素质 3. 工作量 4. 工作质量 5. 工作效益	1. 职业道德;2. 业务技能;3. 工作数量;4. 任务完成率;5. 工作准确率;6. 服务质量;7. 创新成果;8. 荣誉表彰;9. 工作反响

从表 3-13 可以看出,管理人员身份下的高校辅导员关键绩效指标包含 5 项一级指标和 9 项二级指标。其中一级指标包含思想政治品德、业务素质、工作量、工作质量和工作效益,二级指标包含职业道德、业务技能、工作数量、任务完成率、工作准确率、服务质量、创新成果、荣誉表彰和工作反响。与表 3-12 中的工作绩效相比,管理人员身份下的高校辅导员关键绩效指标少了工作纪律、工作作风和廉洁自律的内容,这说明辅导员虽然和其他行政管理人员一样在工作出勤、遵章守规、组织纪律性、工作主动性、工作投入程度和工作时间,以及是否廉洁奉公、按章办事和修身律己等方面有考核要求,但这些考核并不是辅导员工作绩效考核的重点,因而不能作为辅导员岗位的关键工作绩效指标。除此之外,还可以看出,其一,职业道德作为思想政治品德的核心内容,是辅导员在高校的立身之本,也是其有效开展管理的基本前提。职业道德在广义上包含了政治品质、敬业精神、团队意识、公正透明、奉献精神、实事求是、工作态度、意志坚定、虚心好学、责任心等内容,它对辅导员的管理工作绩效起着基础性影响。其二,业务技能是指辅导员开展具体业务管理所必须具备的技能,它是辅导员业务素质的核心部分,综合反映了辅导员围绕职业功能的 9 个维度进行过程化管理的能力和水平。职业道德和业务技能水平高度关联着辅导员的管理工作绩效。其三,工作数量是反映辅导员管理工作绩效的核心指标。与工作时间长短不同,工作数量相对比较客观,不以人的工作态度和能力为转移。例如,辅导员带班级的数量、学生人数、组织开展活动的规模和次数等都是工作数量的具体体现。其四,除了工作量之外,辅导员开展管理工作的关键绩效还体现在工作质量上,具体包括工作准确率和服务质量等内容。例如,能否精准"资助"、精准预判危机事件、精准评优评奖、精准选人用人;在管理过程中是否能够秉持服务的理念,提供优质的服务,取得好的服务效果;等等。其五,辅导员的管理绩效还体现在工作效益上,具体可以从创新成果、荣誉表彰和工作反响 3 个关键绩效指标进行考察。创新成果是指辅导员在工作中取得的创新性的工作或学术成果,如工作流程优化、工作平台搭建、工作案例入编、学术论文发表等。荣誉表彰是指辅导员在工作领域所获得的各级各类荣誉称号和获奖表彰,如优秀辅导员、先进工作者、优秀共产党员等。工作反响是指以学生为主体的利益相关群体对辅导员开展工作情况的评价。根据关键绩效指标的特性不同，可以采用不同的评价方式，如职业道德和业务技能可以采用定性方式进行评价，而工作数量、工作质量和工作效益均可采用定量方式进行评价。

四、双重身份下的高校辅导员关键绩效指标体系

高校辅导员是"教师"和"管理人员"双重身份的复合体，兼具教师和管理人员的交叉职能，同时又与两者有着明显的区分。教师身份下的高校辅导员关键绩效体现在思想政治品德、教学工作量、项目、奖励和成果等方面，管理人员身份下的高校辅导员关键绩效体现在思想政治品德、业务素质、工作量、工作质量和工作效益等方面。虽然两者在构成内容表述上存在较大差别，但结合二级指标分析可以发现，两者在考核理念和方式等方面存在趋同，如对思想政治品德的重视，对各自工作量以及工作成果的考核，采用定性和定量相结合的方式等。因而，接下来，本书将以前述研究结果为基础，对两种不同身份下高校辅导员的关键绩效指标进行有机整合，进而构建双重身份下的高校辅导员关键绩效指标体系。

（一）总体思路

高校肩负着培养德智体美劳全面发展的社会主义建设者和接班人的重要使命，需要对辅导员进行更符合时代特征和发展规律的绩效考核，设定更清晰、具体的考核标准。同时，高校辅导员绩效考核体系应该具有导向作用。一是强调辅导员的基础工作和工作效果并重，以全面评估辅导员的工作表现。基础工作包括辅导员计划、总结、工作手册等的完备情况，学生信息管理系统的建立和维护情况以及执行学院各项制度情况、履行职责情况等方面。工作效果则按照高校的属性和年级的不同，将分管学生的缴费率、不及格率、处分率、考证通过率、毕业率、就业率和专升本、考研考公率等纳入考核指标。二是坚持辅导员事务性工作和所获成果考核并重，以全面评估辅导员的专业化、职业化程度。事务性工作包括思想动态研判、主题班会教育、日常劳动纪律教育、奖惩助贷工作、心理健康教

育、就业指导与生涯规划等。所获成果包括围绕大思政领域所立项的项目、发表的论文、出版的专著等学术成果和与职业相关的工作案例汇编、网文获奖、各类职业技能竞赛获奖等工作成果。三是坚持自主评价和他人评价相结合。自主评价是由辅导员根据考核评价指标和考核管理办法自主进行打分,他人评价主要是指以学生群体为核心的辅导员工作满意度测评。四是坚持定量评价和定性评价相结合,以定量评价为主的方式。定量评价主要针对可以量化的部分,如到课率、缴费率、就业率等各种工作完成比例,以及课题、论文、竞赛、优秀辅导员等可以按级别赋分的成果或荣誉。定性评价主要针对不可直接量化的部分,如辅导员的思想政治品德问题,但可采用一定的数学方法将定性评价定量化处理。五是适当强调团队合作和集体绩效。高校应正视辅导员工作的具体特点和考评的特殊性,构建科学的辅导员工作绩效考核体系。在考核过程中,不仅要关注辅导员个人的表现,还要注重团队的集体绩效,如辅导员工作室的建立和运行、辅导员理论宣讲团队的构建等,避免过于注重辅导员个人的表现而忽视与其他同事的合作与配合。考核中要注重采用公正、客观和科学的考核方法,避免过于依赖经验印象和历史表现,而忽视辅导员的实际工作表现和发展潜力。同时,应加强对考核执行者的培训和管理,确保其具备足够的知识结构和知识积累,以提高考核工作的效率和准确性。

(二)基本原则

1.坚持师德为先的原则

高校辅导员是大学生的人生导师和知心朋友,其职业特征是育人。近些年国家相继出台的《深化新时代教育评价改革总体方案》和《新时代高校教师职业行为十项准则》等文件深刻指出,要把师德师风作为衡量高校教师的首要标准,努力培养造就一支师德高尚的高素质专业化教师队伍。国家对高校教师师德师风的严格要求同样适用于辅导员群体,因为辅导员本身就是教师队伍的有机组成部分,辅导员的工作特点决定了其对学生的影响程度丝毫不亚于专任教师,甚至远远超过专任教师。其一,高校辅导员是学生日常学习、生活中的重要指导者和引路人。辅导员要以高尚的道德品质和行为标准为学生树立榜样，引导学生形成正确的道德观念和行为习惯。其二，高校辅导员的首要任务是培养和教育学生。只有师德高尚的辅导员才能全心全意地履行自己的教育职责，为学生的全面发展提供有力支持。其三，良好的师生关系是辅导员工作顺利开展的基础。学生更愿意向品德高尚、言行一致的辅导员倾诉心声、寻求帮助。其四，高校辅导员在处理学生事务时，需要坚守公正、公平的原则。师德高尚的辅导员在面对各种复杂情况时，始终坚守教育公平与正义，维护学生的合法权益，确保教育工作的公正性和公平性。总的来看，师德问题是高校辅导员绩效考核要关注和解决的首要问题，国家对高校辅导员必须是中共党员的条件设定也说明了辅导员政治思想品德在其职业过程中的重要性和基础性地位。

2.坚持教育引导与管理服务并重的原则

高校辅导员在高等教育系统中扮演着重要的角色，他们不仅是教育引导学生的重要力量，更是管理与服务学生的关键人物。教育引导学生主要体现在思想引领、学业指导和职业规划等方面，包括深入了解学生的思想动态，通过班会、团日活动等形式，引导学生树立正确的世界观、人生观和价值观；关注学生的学习情况，为学生提供学习方法和技巧的指导，帮助学生制订合理的学习计划，提高学习效果；引导学生了解自身兴趣和优势，结合市场需求，制定合理的职业规划，为学生的未来发展奠定坚实基础等。管理服务主要体现在日常生活管理、心理健康服务和危机干预等方面，包括关注学生的日常生活，为学生提供住宿、餐饮等方面的帮助，确保学生生活有序、安全；关注学生的心理健康状况，提供心理咨询和疏导服务，帮助学生解决心理问题，提高心理素质；及时发现和处理学生中的突发事件和危机事件，确保学生安全等。高校对辅导员的绩效考核应关注其在教育引导和管理服务学生方面的综合表现，引导辅导员不断学习新知识、新技能，提升自身素质和能力水平，将教育引导的理念贯穿于管理服务之中，为学生提供个性化的教育引导和管理服务，满足不同学生的需求，进而促进学生的全面发展。

3. 坚持专业化与职业化发展的原则

高校辅导员专业化与职业化发展是国家对辅导员队伍提出的基本要求，也是高等教育事业发展的必然趋势。高校对辅导员的绩效考核不仅要引导辅导员明确职业发展方向，还要促进他们不断提高专业素养，为学生提供更优质高效的服务。专业化意味着辅导员要具备深厚的学科知识和专业技能，能够高效地解决学生在学业、心理、职业规划等方面的问题，更好地理解学生的需求，提供更加精准、专业的服务，满足学生多样化的成长需求，同时还要能够积极探索新的工作方法和手段，推动学生工作的创新和发展。职业化要求辅导员明确自己的职业定位和发展方向，形成稳定的职业心态和职业规划，不断提升自己的职业素养和综合能力，增强在职业市场上的竞争力，为未来的职业发展打下坚实基础。高校对辅导员的绩效考核应设置与辅导员专业化与职业化相关的指标。例如，可以设置关于辅导员参与专业培训、学术研究、工作经验积累等方面的指标，以鼓励他们在专业领域深入发展。同时，也可以设置关于辅导员在职业规划、职业成长、职业认同等方面的指标，以促进他们的职业化发展。然后通过明确考核目标、强化考核结果的反馈与沟通、将考核结果与职业发展挂钩以及建立持续发展的绩效考核体系等措施，激励辅导员不断提升自己的专业素养和职业能力，从而为学生提供更优质的服务。

（三）指标体系

由于高校辅导员在两种不同的身份下所呈现出的关键绩效指标在考核内容和指标构成等方面存在明显的差异，因而要构建双重身份下的高校辅导员关键绩效指标体系，就必须采用科学的方法对两者进行整合，以重新界定考核内容，统一指标层次。从当前研究来看，应用基于 BSC 理论的德尔菲法是整合高校辅导员关键绩效指标的可行途径。

BSC 理论最早由美国哈佛大学的罗伯特和戴维提出，主要从财务、客户、内部运营、学习与成长 4 个维度将组织的战略目标转化为可操作的衡量指标和目标值，从而形成一个新型的绩效管理体系。将 BSC 理论和 KPI 理论进行有效的转换结合，可以构建适应高校工作特性的辅导员关键绩效考核体系。^①本书结合高校及辅导员岗位特性,对各维度做了如下转换:其一,将财务维度转换为职责维度。原 BSC 理论中的财务维度关注的是企业盈利能力和股东价值再造,解决的是"股东如何看待我们的"问题。对高校辅导员来说,其工作价值不在于营利性,而在于维护学生利益方面的表现,关注的是其尽职履职的实际情况。其二,将客户维度转换为评价维度。原有的客户维度关注的是客户的需求和满意度,解决的是"客户如何看待我们"的问题。高校作为一个社会组织,虽然营利性特征并不明显,但也有其服务的群体,如学生群体、用人单位群体和内部其他群体等。高校辅导员是高校思想政治工作的主要承载者,承担着"改进客户评价"的任务,应采用 360 度评价法,综合衡量其工作绩效。其三,将内部运营维度转换为育人维度。在原 BSC 理论中,内部运营维度关注的是企业的内部流程和效率,主要解决的是"我们擅长什么"的问题。对于高校来说,内部运营绩效体现在最终"产品"——学生的培养质量上,学生知识的增长、素质的提升都可以视为内部运营维度优化的结果。因而,对辅导员的考核,可关注其实际的育人行为及育人成效。其四,将学习与成才维度转换为自我成长与实现维度。在原 BSC 理论中该维度关注的是企业创新能力和员工成长,解决的是"我们如何进步"的问题。对高校辅导员而言,应重点关注其知识和技能的提升,如培训学习、学历提升、证书获取、科研成果等。其五,鉴于新时代师德的重要地位,增设师德考核维度。原 BSC 理论体系中并无此维度,但是从当前国家对高校教师的考核要求来看,师德师风是第一位的,而且必须从严考核。对师德师风有严重问题的,其他方面也一票否决。

如上所述,将 BSC 理论进行转换后共得到五个新的维度,分别为师德师风维度、职责维度、育人维度、自我成长与实现维度和评价维度。这5 个维度为两种不同身份下高校辅导员关键绩效指标的整合提供了判别准则。5 个维度的有机融合也组成了系统化的辅导员绩效管理体系。接下来,笔者将以 5 个维度为判别准则,结合专家德尔菲法,将两种不同身

---

① 孙涛,郑秋鹏,王炜,等.BSC+KPI 视域下高校教师绩效考核体系构建——基于德尔菲法和层次分析法的应用[J].中国高校科技,2020(6):21-26.

份下的辅导员 KPI 指标进行层级的适当转换和分类整合,以构建双重身份下的高校辅导员关键绩效指标体系。经过反复讨论和专家咨询,最终构建高校辅导员关键绩效考核体系鱼骨图层次结构模型如图 3-1 所示。通过该鱼骨图,可以直观地看到各维度下 KPI 指标的分层次条理化编排,以及清晰了解各个指标之间的排列及从属关系。

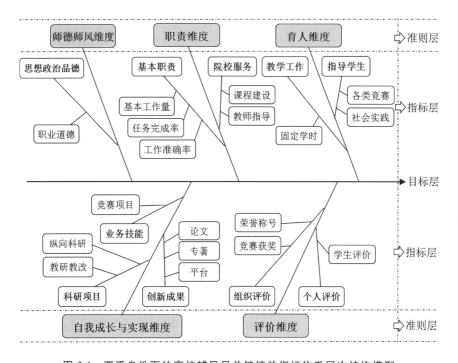

图 3-1 双重身份下的高校辅导员关键绩效指标体系层次结构模型

第二节 高校辅导员双线晋升的职业发展逻辑

一、胜任特征与工作绩效的关系

从胜任特征的定义可知,胜任特征是一组能将某一种工作中卓越成就者与表现平平者区分开来的个人的深层特征,它可以预测工作中人的行为进而预测个体的工作绩效。因而，在实际工作中，胜任特征往往是面试和招聘的重要依据，用于评估一个人是否具备胜任某工作岗位或角色的能力。同时，企业也会根据员工的胜任特征来制订个性化的培训计划和发展规划，以提高员工的工作绩效。

胜任特征与工作绩效之间的关系主要体现在以下几个方面。首先，胜任特征直接影响到工作绩效。一个员工如果具备与工作相关的专业知识、技能、个性特质、心理素质等，就能更好地理解和执行工作任务，从而提高工作绩效。例如，一个医生如果具备丰富的医学知识和临床经验，那么他就能更准确地诊断和治疗疾病。企业也可以根据员工胜任特征评估结果和绩效目标设定情况，预测员工在未来一段时间内的工作绩效表现。对于胜任特征匹配度高的员工，可以预测其将具有较高的工作绩效，而对于胜任特征匹配度低的员工，则需要通过培训和提升来提高其工作绩效。其次，胜任特征具有可区分性，能够将绩效优秀者与绩效一般者区分开来。不同水平的胜任特征对应着不同的工作绩效表现，拥有较高水平的胜任特征的员工，通常能够表现出更高的工作绩效。最后，胜任特征与员工所在工作岗位的要求紧密联系，因而具有动态可变性。随着工作条件和环境的变化，对员工的胜任特征要求也会发生变化，因此员工需要不断学习和调整自己的胜任特征以适应新的要求。

有研究表明，胜任特征对工作绩效中与个人素质有关的行为和完成任务有关的行为均有很高的预测作用，但胜任特征与工作绩效的关系因工作绩效因素的不同而存在差异，由此说明胜任特征与工作绩效之间存在着复杂的联系模式。[①] 也有学者通过研究发现管理胜任特征在职位层次和性别上存在显著差异，并且对工作绩效的不同维度有不同的预测效应。例如，关系胜任特征能有效预测人际促进和工作奉献，问题解决特征主要对任务绩效和人际促进有预测力，而诚信责任特征则更多地影响管理者的工作奉献。[②] 在实际工作中，企业可以通过构建胜任特征模型来

---

① 王登峰，苏彦捷，崔红，等.工作绩效的结构及其与胜任特征的关系[J].心理科学，2007(4)：770-773.

② 金杨华，陈卫旗，王重鸣.管理胜任特征与工作绩效关系研究[J].心理科学，2004(6)：1349-1351.

识别出能够产生优秀绩效的员工所必需的知识、技能和素养,通过分析员工胜任特征与绩效目标之间的关系,了解员工在哪些方面具备优势、在哪些方面存在不足。对于存在不足的员工,可以针对其胜任特征中的短板进行培训和提升,以提高其工作绩效。

随着研究的不断推进,学界对胜任特征与工作绩效关系的探讨进一步拓展。从早期的重点关注管理者向开始关注专业技术人员的胜任特征与工作绩效转变。例如,有学者将小学科学课教师胜任特征划分为教育理念、学生理解、知识体系、行为能力和专业成长 5 个维度,工作绩效分为科学知识、探究能力、科学态度 3 个维度,通过实证研究发现科学课教师的 5 个维度胜任特征与其工作绩效具有正向关系,但在不同维度绩效的影响上存在差异。[①] 也有学者对研究型大学教师开展研究,发现研究型大学教师胜任特征对工作绩效产生正向促进作用,该正向作用主要通过基本特质和科研内驱得以实现,而人力资源管理强度对胜任特征与工作绩效具有调节效应。[②] 还有学者以拳击教练员为研究对象,将其胜任特征归纳为专业技能、专业知识、职业态度、个人特质、管理技能和人际关系 6 个维度,并实证检验了胜任特征与工作绩效的关系。[③]

高校辅导员是"教师"和"管理人员"双重身份的复合体,兼具专业技术人员和管理者的双重身份特性。上述研究表明,管理者胜任特征和专业技术人员胜任特征与工作绩效之间均具有正向关系,因而,可以推断高校辅导员胜任特征对其工作绩效产生也具有正向促进作用。只不过胜任特征不同维度对工作绩效各维度的促进作用存在差异,需要结合具体情况具体分析。例如,辅导员胜任特征中职业知识层面的学术性知识以及职业能力层面的学术研究能力 2 个维度对工作绩效中自我成长与实现维度下的科研项目和创新成果 2 个指标具有明显的正向促进作用;胜任特

---

① 李中国.科学课教师胜任特征与工作绩效关系研究[J].教育研究,2012(8):120-126.

② 贾建锋,王露,闫佳祺,等.研究型大学教师胜任特征与工作绩效——人力资源管理强度的调节效应[J].软科学,2016(11):105-108.

③ 卜宪贵.中国拳击教研员胜任特征及其与工作绩效关系研究[J].山东体育学院学报,2018(2):102-106.

征中职业能力层面的人际沟通和人格特质层面的宜人性 2 个维度对工作绩效中评价维度下的学生评价具有明显的正向促进作用;职业知识层面的制度性知识、专业性知识和人格特质层面的可靠性对工作绩效中职责维度下的工作完成率和准确率具有明显的正向促进作用。总之,高校辅导员胜任特征与其工作绩效之间具有密切的关系,明晰这种关系以及把握这种关系的动态可调整特点,有助于确保辅导员具备与岗位相匹配的胜任特征,进而提高其工作绩效。

二、工作绩效与职业发展的关系

工作绩效是对员工在工作中的行为、表现以及结果的全面衡量和评价,是影响个人职业发展的重要因素。它不仅为个人职业规划提供指导,为职业成长提供机会,还可以激发个人职业动力。为了在职业生涯中取得成功,员工需要不断提升自己的工作绩效,并关注自己的职业发展机会。

工作绩效对职业发展的影响主要体现在 3 个方面。首先,工作绩效是评估员工能力和贡献的重要标准。优秀的工作绩效通常意味着员工在工作中表现出色,能够为组织创造价值。因此,这些员工往往更容易获得晋升机会,从而在职业生涯中取得更高的职位和更大的责任。其次,工作绩效与薪酬水平密切相关。一般来说,组织为了激励员工继续努力工作,会给予他们相应的薪酬回报。工作绩效越好的员工,其薪酬水平也越高。最后,优秀的工作绩效可以为员工赢得良好的声誉,有助于员工在职业发展中获得更多的机会和资源。随着员工的职业发展不断往前推进,职业本身也会给员工带来更多的机会和挑战。员工需要不断学习和提升自己的知识和技能以应对这种挑战。当员工意识到自己的职业发展前景广阔,并对职业发展充满信心时,他们会更加努力地工作,以实现自己的职业目标。由此可见,职业发展和工作绩效是相互影响、相互促进的关系。优秀的工作绩效有助于员工获得晋升、薪酬提升和声誉认可等职业发展机会,而这些职业发展机会又进一步激励员工提升工作绩效。这种相互促进的关系有助于员工在职业生涯中不断取得进步和成功。

辅导员的工作绩效是其职业发展的"软实力"基础。根据高校辅导员关键绩效指标体系层次结构模型,辅导员的关键工作绩效包括师德师风、职责履行、教育成果、工作创新、他方评价等方面。这些方面的优秀表现将为辅导员的职业发展提供有力的支撑,尤其是在双线晋升的背景下,辅导员工作绩效的优劣将直接影响其在双线晋升中的职业发展表现。具体来看,辅导员工作绩效与双线晋升发展之间存在相互促进的关系。一方面,优秀的工作绩效能够为辅导员双线晋升提供有力支持。例如,辅导员在教学科研方面,通过取得研究成果、发表学术论文等展现其学术能力和贡献,从而有助于职称的晋升。在学生管理教育方面,辅导员通过高效的学生工作、良好的师生关系等展现其管理能力和责任感,获取良好的评价和口碑,从而有助于行政职务的提升。另一方面,双线晋升为辅导员提供了更加广阔的职业发展空间。辅导员在双线晋升的驱动下,会更加努力地投入工作,追求更高的工作标准和成果。

高校辅导员作为高校中的一类特殊群体,其职业发展路线相比其他教职工更显多样化。从当前高校的实践来看,总体出现转专任教师、转普通行政、提中层干部或继续担任专职辅导员等几种类型。严格意义上,辅导员转专任教师或普通行政并不能理解为职业发展,只有辅导员的专业技术职务或职级取得晋升才是真正意义上的职业发展,如讲师晋升为副教授、管理八级晋升为管理七级或提任中层干部等。国家对辅导员的双线晋升政策确实为广大辅导员提供了职业发展的双重机会。但在具体实践当中,名义上提供双重机会的双线晋升政策,因与辅导员的工作特征不匹配,实质上变成了辅导员晋升的双重困境。[①] 在双线晋升政策下,辅导员既要完成教学科研,又要做好思政和管理工作,巨大的压力和繁杂的事务性工作削弱了辅导员专技职称发展的竞争力。另外,现有辅导员管理职级的发展体系缺乏"规划性"和"可预见性",导致辅导员管理晋升具有虚化的态势。[②] 在这样的现实背景下,辅导员更要有清晰的职业发展自

① 陈向明,王富伟.高等学校辅导员双线晋升悖论——一项基于扎根理论的研究[J].教育研究,2021(2):80-96.

② 杨长亮,王鑫.背景·实景·前景:高校辅导员"两双"政策的演化逻辑[J].高校辅导员学刊,2024(2):7-11,95.

我定位，并根据自身特点及工作绩效优势不断调整优化职业发展策略。

三、胜任特征、工作绩效与职业发展的关系

由前述分析可知，胜任特征不仅影响辅导员的工作绩效，还对其职业发展有重要作用。胜任特征对辅导员职业发展的影响是通过影响其工作绩效来实现的。因而，具备与职业目标相符的胜任特征的辅导员，更有可能在职业道路上取得成功。同时，高校也可以根据辅导员的胜任特征，为他们提供个性化的职业发展规划和培训，以帮助辅导员有目的性地提升工作绩效。

由于辅导员胜任特征不同维度对其工作绩效各维度指标的影响存在差异，工作绩效不同维度指标又对辅导员双线晋升的职业发展产生影响，故进一步厘清辅导员胜任特征、工作绩效与职业发展之间的关系，无论对于辅导员自我发展目标定位，还是对高校开展分层次分类别的辅导员职业培训，都具有重要的现实意义。在实际操作中，可采用反向掘进法来探索三者之间的关系。具体来说，要厘清以下问题：一是高校辅导员的职称（职级）晋升主要考核哪些方面的工作业绩（关键绩效）？二是这些工作业绩（关键绩效）的取得需要辅导员具备什么样的知识、能力和素质（胜任特征）？

从当前高校的具体实践来看，高校辅导员的职称晋升走的是思政系列专业技术岗，主要考核的是辅导员在师德修养、学生工作、综合评价、教学科研以及育人实效等方面的业绩。具体的量化标准和要求可能因学校、地区或政策而有所不同，但总体上都是围绕这些方面进行评估的。其中师德师风是基础，完成基本工作职责是前提，教科研项目、创新成果和育人实效才是关键。在辅导员职称晋升的激烈竞争过程中，评审专家重点关注的是该辅导员所获科研项目、发表论文、出版专著、搭建平台以及个人参赛或指导学生竞赛所获荣誉的档次和数量等内容。这些成果及荣誉是支持辅导员在职称晋升中脱颖而出的核心要素，也是辅导员获得职称晋升必须努力去争取的关键绩效指标。研究发现，教科研项目、论文和专著等成果的获得离不开辅导员的学术性知识和学术研究能力，辅导员

只有掌握学术性知识和能力,才可能成为一个独立的学术研究者,进而在进取性和可靠性等人格特质的共同作用下积极投身科研实践,创造相应工作绩效。平台,如辅导员工作室的申请、立项和建设,需要辅导员以制度性、专业性和学术性知识为依托,充分发挥在人际沟通、组织管理和学术研究等方面的能力,扮演好领导管理者的角色。个人竞赛,如辅导员职业能力大赛等,考查的是辅导员在制度性知识和专业性知识的指导下在人际沟通、学生问题处理等方面所具有的能力,需要辅导员具有外倾性、宜人性和可靠性,才能得到学生信任,从而更好地解决学生面临的问题,真正发挥人生导师和知心朋友的角色作用。

高校辅导员的职级晋升因各高校政策的不同而存在差异。在制定了《专职辅导员职级晋升实施办法》的高校,辅导员可参照办法在现有身份不变的情况下实现职级的逐级晋升。在尚未出台辅导员职级实施办法的高校,辅导员职级的晋升主要依赖于中层管理干部行政职务的提拔。从当前高校具体实践来看,高校辅导员的职级晋升主要考核的是辅导员在师德师风、职责履行、自我成长和工作评价等方面的表现。其中,师德师风问题依然是基础性问题,是职级晋升时的首要评价内容。职责履行、自我成长和工作评价才是辅导员职级晋升的关键,具体包括辅导员工作的完成情况、院校服务的参与情况、创新成果和业务技能的获得情况以及学生和组织的评价情况。这些业绩是辅导员职级晋升的核心要素,也是衡量辅导员管理工作绩效的关键指标。研究发现,任务完成率、工作准确率等绩效指标既受辅导员所掌握的制度性知识和专业性知识的影响,也受辅导员人际沟通、组织管理和问题处理能力的影响。辅导员只有在掌握相应的知识和技能的基础上,认真可靠地去履行工作职责,才能扮演好一个领导管理者的角色。创新成果和业务技能反映的是辅导员自我成长与实现的过程,它在辅导员职称晋升中也占据着重要地位,由此说明辅导员工作创新成果的获得和业务技能的提升对其职业发展有重要的促进作用。组织和学生对辅导员的评价是其工作绩效的有机组成部分。组织评价综合了对辅导员宜人性、可靠性和进取性等人格特质以及人际沟通、组织管理和问题处理等多项能力指标的考核,关注的是辅导员领导管理者角色的发挥情况。而学生评价代表的是学生对辅导员人际沟通和宜人性的主观感知，反映的是辅导员人生导师和知心朋友角色的发挥情况。

综上所述，可以发现，其一，高校辅导员双线晋升的职业发展路径选择受到其工作绩效的影响。一般而言，辅导员更易产出哪些方面的工作绩效，就更倾向于或更适宜于往哪个方向发展。其二，辅导员工作绩效的具体表现又受到其胜任特征的影响。辅导员具备什么样的胜任特征，就更易产出什么样的工作绩效，而工作绩效的产出特点又会对辅导员的发展方向产生影响。由此说明高校辅导员胜任特征可通过影响辅导员的工作绩效，进而影响其对自身职业发展路径的选择。当然，双线晋升的两条路径并不是非此即彼的关系，而是相辅相成、互为支持的。职级的晋升往往需要以一定的职称为前置条件，同时职级的晋升又能够为辅导员职称的晋升带来更多的资源和机会。以某高校为例，辅导员聘任管理岗位需符合一定条件。例如，聘任管理八级岗辅导员，本科毕业的须在本校从事学生工作 5 年以上；硕士研究生毕业的须在本校从事学生工作 2 年以上；博士研究生毕业的须在本校从事学生工作 1 年以上。聘任管理七级岗辅导员，应当已经担任副高级专业技术职务或 3 年以上中级专业技术职务或管理八级岗 2 年以上。可见，辅导员职称的晋升对其职级发展也具有一定的促进作用。因而，作为高校辅导员，首先必须要有明确的自我意识，要根据自身特点对自己的职业发展路径做出合理规划，并为此努力做出尝试和改变，以最终实现自己的职业发展梦想。

第四章 新时代新使命:高校辅导员职业能力再培养

高校辅导员职业能力是一个综合性的概念,涵盖了辅导员在从事学生工作过程中所应具备的职业知识、职业技能和职业态度等多个方面。提升辅导员职业能力是加强辅导员队伍建设的关键,也是提升高校思想政治教育质量、促进学生全面发展的重要保障。在新时代的语境下,如何实现辅导员职业能力的再培养、促进辅导员队伍的再建设,推动辅导员队伍的专业化和职业化发展再上新台阶成为新的时代议题。从历史经验来看,这是一项长期而艰巨的任务,需要教育部门、高校和辅导员自身的共同努力。本章将以前述研究结果为依据,从国家、高校和辅导员三个层面提出高校辅导员职业能力培养的优化策略,以期为新时代我国高校辅导员队伍建设提供借鉴和参考。

第一节 国家层面辅导员职业能力培养优化策略

一、厚植辅导员职业发展政策制度环境

高校辅导员制度是国家政策法规支持的产物,具有鲜明的中国特色和时代特征。从 1952 年政务院颁布《关于在高等学校有重点地试行政治工作制度的指示》,清华大学创造性地实施"双肩挑"政治辅导员制度至

今，我国高校辅导员制度不断发生变迁，辅导员的角色内涵也随之发生改变，辅导员职业发展的路径也更加清晰。经过多年的实践和发展，中国特色的辅导员制度在推动高校思想政治工作、促进学生全面发展等方面取得了显著成效。辅导员队伍成为高校思想政治工作的重要力量，为学生提供了全方位、多层次的指导和帮助。面对新时代的新要求和新挑战，我国需要在总结历史经验的基础上，继续加强政策支持，完善制度建设，推动高校辅导员制度创新，为新时代我国高校辅导员职业能力培养和专业化、职业化发展提供坚实的制度保障。

首先，加强思想政治教育学科建设，为辅导员职业发展提供坚实的学科支撑。思想政治教育学科是高校辅导员开展工作的认识论和方法论基础，它为辅导员提供了系统的理论体系和知识框架，能够帮助辅导员深入理解思想政治教育的本质、目的和方法。随着我国社会主义发展进入新时代，面对各种复杂的形势问题，高校辅导员的作用愈加凸显，如何提升思想政治教育学科建设的指向性和针对性变得尤为关键。一是优化马克思主义理论与思想政治教育学位点建设，增加面向高校辅导员的思想政治教育专业博士学位授予点数量和规模。通过建立健全导师遴选和考核机制，打造一支高水平、高素质、结构合理的导师队伍，畅通导师与辅导员之间的联系和沟通，为辅导员提供个性化的学术指导和职业规划建议，也为辅导员的学历晋升和专业发展提供更广阔的平台。二是构建以马克思主义基本原理、马克思主义中国化理论、思想政治教育原理与方法等为核心的课程体系。同时，根据辅导员职业发展和工作需要，增设与辅导员工作密切相关的课程模块，如学生心理健康教育、网络思想政治教育、职业规划与就业指导等，不断调整和优化课程体系，确保课程内容的先进性、适切性和时代性。三是加强面向高校辅导员的各类科研平台建设，增加教育部人文社科、省哲学社会科学、省教育厅等各级各类人文社科项目中辅导员专项课题的数量。在职业教育作为类型教育的时代背景下，尤其要加大对高职院校辅导员的支持力度，增加对高职院校辅导员的科研项目供给。同时，还要加强对《高校辅导员》《高校辅导员学刊》等辅导员专项期刊建设的支持，为广大辅导员学术交流提供更广泛、更有影响力的平台。

　　其次,构建系统化的辅导员培养培训体系,满足辅导员多样化的提升发展需求。我国高校辅导员群体数量庞大,且在学科背景、胜任特征、职业目标等方面存在差异,因而国家和相关教育部门需要不断加强辅导员培训培养的顶层设计,构建完善系统化多元化的辅导员培养培训体系。一是推动基础培训的省域和高校联合共建,提升辅导员入职培训的实效性,帮助其快速适应岗位需求,掌握基本工作技能。内容包括但不限于辅导员职业道德规范、学生工作基础理论、心理健康教育基础、职业生涯规划指导等方面,可综合采用集中授课、案例分析、经验分享等方式。二是加大省域层面专项培训供给力度,满足辅导员专业发展培训需求,提升辅导员解决特定问题的能力。内容包括但不限于学生危机事件处理、网络舆情引导、心理健康教育与咨询、就业指导与服务等方面,可邀请专家学者、优秀辅导员进行授课和分享,采用案例分析、模拟演练等方式。三是强化国家、省级和高校三级联动的常规培训,促进辅导员队伍持续更新工作理念和方法,提升工作效能。内容包括但不限于思想政治教育、学生事务管理、心理健康教育、职业规划指导等方面的最新理论、方法和案例,可采用春秋季集中培训、月度培训、辅导员沙龙等活动相结合的方式。四是加大国家和省级层面高级研修覆盖面,为辅导员专家化发展提供有力支持。内容主要涉及思想政治教育前沿理论、学生工作创新实践、科研方法与论文写作等方面,可通过课题研究、论文撰写、专家辅导员等专题研修的方式,提升辅导员的理论素养和科研能力。

　　最后,提升高校辅导员双线晋升政策效能,完善专职辅导员职业发展体系。国家对高校辅导员实施双线晋升发展政策,为高校辅导员的职业发展提供了规范指引。国内高校积极响应国家政策,开展对专职辅导员双线晋升发展路径的探索。从当前高校具体实践来看,基本形成了辅导员职称评审走思政单列,职级发展走干部提拔的大致格局。仔细审视,不难发现,之所以辅导员双线晋升如学者研究所述的存在"晋升悖论",是因为职称和职级的通道看似都是畅通的,但要真正获得晋升却很难。现实当中,辅导员职称晋升走思政单列,并不是指辅导员单列,而是指所有从事思想政治教育的人单列,其中包含思政教师。相比之下,辅导员没有任何学科方面的竞争优势。另外,虽然国家对辅导员做出了初级、中级和高级的层级划分,但在高校层面真正执行落实到位的却凤毛麟角。辅导员想要获得职级提升依然只能走中层干部提拔系列,难度可想而知。因而,优化辅导员双线晋升政策,提升政策效能,让辅导员对职业发展更抱希望,成为当前国家及相关教育部门必须面对的新问题。面对此问题,国家可以责令教育部门制定新的政策,指导各高校做出行动改变。一是在职称晋升方面,要求各高校设立思政系列辅导员专项,每年面向辅导员适当配置评聘指标。二是在职级晋升方面,要求各高校出台相应的制度,打通专职辅导员内部职级晋升通道,设立初级、中级、高级或首席、特聘、主任、专家、骨干等不同的级别,配套相应的待遇,从根本上解决高校辅导员的出路问题。

二、完善辅导员分类化评价与激励机制

根据国家对辅导员职业功能的界定,新时代高校辅导员应是"无所不能"的多面手,同时扮演着思想政治教育者、学生事务管理者、党团和班级建设者、学生学业指导者、心理健康咨询者、职业生涯规划者、危机事件干预者、兼职教学工作者、理论实践研究者等多种不同的职业角色。同时,由于辅导员入职后专业化发展水平的差异,辅导员又可分为初级辅导员、中级辅导员和高级辅导员三个不同的层次。所以从结构视角来看,高校辅导员群体呈现出一个多层次多类别的立体网状结构。每个辅导员在不同的职业发展阶段都呈现出不同的职业功能定位,对应于网状结构上不同的区位。由此可见,国家应对辅导员实施分类化管理,要设计完善分类化的评价与激励机制,明确不同类别辅导员的工作职责、发展目标,以及评估他们在各自领域内的工作成效,从而为他们提供针对性的指导和帮助,促进辅导员队伍职业能力的整体提升。

首先,要明确辅导员分类标准,建立辅导员分类评价体系。辅导员的分类从理论上看并不难,可以按照辅导员所属层次和主攻模块方向进行划分,最终形成一个多层次多类别的立体网状结构。但具体到现实当中,工作模块比较容易区分,所属层级却很难界定。按照《高等学校辅导员职业能力标准(暂行)》的规定,初级辅导员一般工作时间为1—3年,经过规

定入职培训并取得相应证书;中级辅导员一般工作时间为 4—8 年,具备一定工作经验,培养了较强研究能力,积累了一定理论和实践成果;高级辅导员一般工作时间为 8 年以上,具有丰富的实践经验,较高的理论水平和学术修养,在思想政治教育工作某一领域有深入的研究并具备有影响力的成果,发表不少于 5 篇高质量论文,成为该领域的专家。该标准对辅导员层级的划分既有工作年限上的规定,也有工作能力上的要求,但对工作能力的要求描述偏定性。虽然高级辅导员有发表 5 篇高质量论文的规定,但对具体期刊要求没有做出明确说明,因而要完全给予区分有一定难度。例如,辅导员工作已满 8 年,但是没有重要成果或者只有极少的成果,究竟应该划入哪个类别,值得商榷。所以,一是要针对不同模块类别的辅导员,按照辅导员分类评价指标进行筛选,根据辅导员上传的个人成果以及工作年限和实际表现,综合判定其所属的类别,将辅导员精准分类。在工作年限和工作能力冲突错位时,可将工作能力作为标准进行判定。二是要对不同类别的辅导员制定差异化的评价指标和权重,以体现评价的专业性和精准性,更好地发挥评价的指挥棒作用。例如,思政教育类辅导员应重点评价其思政理论水平、教育引导能力;危机干预类辅导员则侧重评价其组织协调能力、应急处理能力等。三是注重过程与结果相结合,既要关注辅导员的工作成果,如学生满意度、获奖情况等,也要关注其工作过程和方法,如工作态度、创新能力等。

其次,要实施分类化的激励措施,强化对分类化评价的价值引领。评价与激励是相互依赖的,评价可以为激励提供依据,而激励反过来可以为评价提供动力。国家对辅导员队伍的分类化评价需要配套相应的激励措施,才能更好地激发辅导员的积极性,促进他们朝着专业化方向不断努力。国家既可以通过指导意见的形式引导各高校进行分类化改革和出台相应的激励措施,也可以通过顶层设计的方式自上而下直接将激励措施制度化。具体来看,可以从薪酬待遇、职业发展、培训进修和荣誉表彰 4 个方面进行设计。薪酬待遇方面,可以引导高校根据辅导员的分类和绩效,设置差异化的薪酬体系。对于年度考核表现优秀的辅导员,给予更高的薪酬待遇。职业发展方面,可以根据各类别设置相应的职位头衔,指导高校为不同类别的辅导员提供清晰的职业晋升通道和发展空间。例如，设立思政教育专家、学生事务管理专家、就业指导专家等类型化的职位头衔，鼓励辅导员在各自领域精耕细作，成为该领域的专家。培训进修方面，可以针对各类型头衔的辅导员，提供定制化的培训和进修机会，如国内外著名高校的访问学者、各专业领域的学历进修和联合培养等。荣誉表彰方面，除了辅导员年度人物、优秀辅导员等综合性荣誉之外，设立辅导员专项荣誉和表彰奖项，如思政教育新秀、思政教育名师、职业规划新秀、职业规划名师等，对在各自领域内取得突出成绩的辅导员给予表彰和宣传，以此树立榜样和标杆。

最后，要健全辅导员分类化管理制度，为辅导员职业发展提供持续保障。高校辅导员的分类化管理离不开相应的制度保障。在具体实践中，可以通过由教育行政主管部门发布部门规章的形式自上而下形成制度体系。一是可在《普通高等学校辅导员队伍建设规定》《高等学校辅导员职业能力标准（暂行）》等相关法律法规和政策文件的基础上制定并颁发《高校辅导员分类管理暂行办法》，合理设置各类辅导员岗位，明确分类标准、岗位职责、任职条件、工作要求和评价方式等内容，为辅导员分类管理提供制度保障。二是通过分类管理优化高校辅导员队伍结构，确保各类辅导员的合理化配置。根据具体的分类考核指标和评价标准对各类辅导员定期进行考核评估。根据考核评估结果和工作实际，适时调整辅导员的分类和岗位设置，确保辅导员队伍的优化配置和高效运行。同时，也要鼓励不同类别的辅导员加强交流合作，形成优势互补、协同发展的良好局面。三是定期对辅导员分类管理制度进行评估，建立可持续发展和改进的机制。要检查辅导员分类管理制度的落实情况，包括岗位设置、选拔聘任、培养发展、管理与考核等各个环节是否按照规定执行。分析辅导员队伍的年龄、学历、专业背景等结构是否合理，是否满足学生多样化、个性化的成长需求。考察辅导员的职业发展路径是否清晰，激励机制是否有效。总之，通过对分类管理制度的执行情况进行定期的检查、评估和改进，确保这项制度得到有效落实。

三、构建辅导员分层分类精准培训体系

参加培训与学习是辅导员提升职业能力的重要途径。国家长期以来

极为重视高校辅导员队伍建设,面向辅导员群体搭设了多种进修平台,开设了各类培训项目,不仅有效提升了辅导员的专业素养和实践能力,还大大增强了其创新能力和职业认同感,为辅导员的职业发展提供了强有力的保障。随着时代的发展和高校考核要求的提升,辅导员对培训进修的需求不断增长,包括学历的提升、研究方法的掌握、专业知识的拓展和业务技能的提升等各个方面。现有的培训体系虽然提供了多样化的培训服务项目,但仍存在培训内容与辅导员实际工作不能完全匹配的情况,无法满足辅导员对"美好培训"的追求,需要国家及教育部门层面进一步优化培训项目设计,构建面向全体辅导员的分层分类精准培训体系,以满足不同层次不同类别辅导员对职业能力提升的培训需求。

首先,要增加优质培训项目的供给,扩大高校辅导员培训覆盖群体。当前,高校辅导员培训已基本形成了国家级、省级、校级三级培训体系。依托这一体系,辅导员可以接受从基础到进阶、从理论到实践的全方位培训。国家级培训注重理论引领和前瞻性,省级培训强调区域特色和实际需求,校级培训则注重贴近学校和学生实际的实务操作。在具体实践当中,校级培训方便、快捷和易组织,可以较好地覆盖到全校所有辅导员。国家级和省级层面的辅导员培训往往由于资源有限,只能覆盖到小部分辅导员。例如,教育部高校辅导员培训和研修基地与地方教育主管部门主办的高校骨干辅导员培训项目,主要面向高校骨干辅导员,每次开班接收的学员数量有限,各高校只能按照限定名额参加,因而很多辅导员工作多年也未曾有机会参与。高校辅导员网络学习平台虽然提供的辅导员培训项目覆盖面更广,但形式比较单一,依然无法满足新时代高校辅导员的个性化培训需求。因而,国家及相关教育主管部门应根据辅导员职业发展的内在特点,继续加大优质培训项目的供给,力争达到培训内容的全方位和培训对象的全覆盖。一是挖掘各地各高校特色资源,加大建设沉浸式、交互式高校思想政治实践教育基地,面向区域内各高校辅导员组织开展系列重点培训班次。二是打造高校辅导员队伍能力提升大数据赋能平台,为辅导员提供丰富的在线课程和学习资源,推进培训项目组织报名、质量评估等智能化管理,集成辅导员学习成长数字档案,动态呈现学习培训、成长发展等情况。三是推动平台和资源的整合与共建共享,整合优质师资和课程信息，开发出更多主题鲜明、形式多样、功能齐全的新项目。

其次，加强辅导员分层分类管理，构建多层次精准培训体系。培训的需求来源于国家对辅导员素质能力的要求与辅导员素质能力现状之间的矛盾和冲突。高校辅导员因学科背景、工作内容、个体胜任特征等方面的差异而存在工作绩效表现上的差异，其对培训进修的需求势必也会存在差异，需要国家及教育部门根据当前我国高校辅导员队伍的整体情况，结合现有的培训平台、资源和项目，构建分层分类的辅导员精准培训体系，以满足辅导员日益增长的对"美好培训"的向往和追求。一是要根据辅导员学习成长数字档案对辅导员进行分层分类管理，以工作年限、能力水平和工作表现为依据，将辅导员分为初级、中级和高级等不同层次。按照工作方向、专业领域等因素，将辅导员分为心理健康教育、职业规划、思想政治教育等不同类型。不同层次不同类型的辅导员在工作绩效表现和个人培训进修需求方面必然会存在差异。二是要针对不同层级和类型的辅导员，制定个性化的培养方案，明确培养目标、培养内容、培养方式等，进而精准匹配培训项目。例如，对于初级辅导员，注重基础知识和技能的培训；对于中级辅导员，强调专业能力的提升和工作经验的积累；对于高级辅导员，则注重领导力、科研能力和创新能力的培养。三是要对培训过程进行实时监控，努力确保培训的质量和效果。对于线上课程，应设置学习进度监控、过程性考核和最终考试评估；对于线下培训，应组织课堂互动和讨论，穿插模拟演练、角色扮演等实践活动，锻炼辅导员的实际操作能力。

最后，加强培训评估和反馈，建立辅导员层级和类型的动态调整机制。随着辅导员工作年限、工作内容和工作目标等的发展变化，辅导员所属的层级和类型可能也会发生改变，进而导致辅导员个人培训需求发生变化。国家和教育主管部门应通过定期评估的方式，对辅导员的层级和类型进行动态管理，确保辅导员队伍的整体素质和工作效能不断提升。一是要基于辅导员的工作职责、目标以及发展需求，制定具体、可衡量的评估标准。这些标准应涵盖思想政治素质、业务能力、组织协调能力、沟通能力、科研能力等各个方面。定期要求各高校辅导员更新辅导员大数据平台，如实上报个人数据和培训需求，以分层分类全盘掌握全国高校辅导员的实际情况。二是根据高校思想政治工作发展的新趋势和辅导员培训进修的新需求,不断开发和更新培训资源及项目库,及时调整各类培训计划和方案,始终确保培训项目能满足各个层级和类别辅导员的培训进修要求。三是制定明确的动态调整标准,根据辅导员学习成长数字档案数据,自动化调整辅导员所属层次及类别,智能化匹配相应的培训方案及项目,并通过问卷调查、学员反馈、实践考核等方式,对培训效果进行评估,根据评估结果不断优化调整培训实施方案,以最大限度保证培训的有效性和针对性。

第二节 学校层面辅导员职业能力培养优化策略

一、完善辅导员工作评价指标体系

评价具有导向功能,它能帮助评价对象了解自身在工作中的优点和不足,引导评价对象朝着理想目标前进。评价在辅导员工作中扮演着至关重要的角色,它不仅是衡量辅导员工作成效的标准,更是指导辅导员职业发展的工具。一个完善、科学、公正的评价体系,能够准确地反映辅导员的工作绩效,为辅导员提供明确的工作方向和目标,促进其职业能力的不断提升。

综合当前研究及高校实践来看,现有辅导员工作评价尚存在评价标准的科学性和客观性不足的问题。目前许多高校的辅导员绩效评价指标主要偏向学生就业率、毕业生满意度、学生心理辅导频率等学校关注点,而忽视了辅导员在学生思想引导、党团建设、理论实践研究等其他方面的重要工作。这种单一的评价指标无法全面反映辅导员的工作内容和成果,且不少评价指标仍显模糊,缺乏统一的规范,使得辅导员在工作中难以把握方向。

根据当前高校辅导员工作评价存在的问题,可以双重身份下的高校辅导员关键绩效指标体系为参照，从师德师风、职责、育人、自我成长与实现以及评价等维度来构建完善高校辅导员工作评价指标体系。对指标的评价应坚持定性与定量相结合的方式，能定量的尽量定量，师德师风、评价等无法完全定量的，先采用定性评价，再对定性评价结果进行无量纲定量化处理，以最大限度地保证指标评价结果的客观和公正。

首先，师德师风维度主要考核辅导员的职业道德。辅导员职业道德体现为辅导员在从事大学生思想政治教育、管理、服务等工作中应遵循的道德规范和行为准则，它涵盖了辅导员的道德品质、职业操守、教育态度等方面。具体而言，可从辅导员的道德品质、职业操守、敬业精神、责任心、公平公正、廉洁自律、团队意识、遵纪守规等方面分别设计题项，开展来自学生、同事和领导等多方位的 360 度考核评价。对多方定性打分结果进行无量纲加权平均处理，计算最终得分作为辅导员师德师风绩效分。如果出现触犯师德师风红线的事项，则采取一票否决制，始终坚持把师德师风维度评价作为其他任何维度评价的起始点。

其次，职责维度主要考核辅导员的基本职责和院校服务。辅导员基本职责可从基本工作量、任务完成率和工作准确率 3 个方面进行衡量。基本工作量是指与辅导员所负责的学生工作直接相关的各项任务的总和，包括学生教育、管理、服务工作量、班级带班数量以及学生心理咨询、就业指导、党团建设等"专责工作"的工作量。不同学校和院系可能会根据自身的实际情况制定不同的工作量标准和计算方法。任务完成率是衡量辅导员工作效率和效果的综合性指标，计算方法是将辅导员实际完成的工作任务量与预期目标进行比较，得出一个百分比。例如，如果辅导员的预期目标是完成 100 场思想政治教育活动，实际完成了 90 场，那么任务完成率就是 90％。工作准确率是指辅导员在履行职责、完成工作任务时所达到的正确性、精确性和可靠性程度。评估辅导员工作准确率可以采用定性和定量相结合的方法。一方面，通过收集和分析相关数据和信息，如工作记录、报告、反馈意见等进行量化评估；另一方面，结合实际情况和专家意见，进行定性评估，以更全面地了解辅导员的工作表现。辅导员院校服务可从课程建设和新教师指导 2 个方面进行衡量。课程建设是指辅导员参与职业规划与就业指导、心理健康教育、美育等与学生教育管理相关课程的授课、教材编写和团队建设等，考核的是辅导员的专业素养和综合能力。教师指导特指辅导员的老带新工作。辅导员老带新是一个重要的人才培养机制，通过实施明确的配对关系、详细的辅导计划、有效的辅导活动、定期的交流会议以及及时的评估与反馈，可有效提升辅导员的职业能力。

再次，育人维度主要考核辅导员的教学和指导学生情况。高校将辅导员参与教学作为其专业技术职务评定的必要前提，原则上要求辅导员承担思想政治理论课、心理健康教育、创新创业、军事理论、劳动教育等与大学生思想政治教育工作相关课程的教学任务。因而，辅导员参与教学理应纳入其绩效考核的组成部分。高校对辅导员的课时量也应做出明确规定。指导学生主要是指辅导员指导学生社会实践和参加竞赛等活动。指导学生社会实践和参加竞赛是辅导员育人成果的重要体现，可以根据社会实践具体成效和竞赛获奖档次等确定其工作业绩，由此激发辅导员的参与动力。

又次，自我成长与实现维度主要考核辅导员的科研项目、创新成果和业务技能。科研项目侧重于思政类纵向科研和教研教改两种类型。辅导员开展科学研究对提升其专业素养和能力水平具有重要的促进作用，也能够为学生提供更好的指导和帮助。创新成果包括学术论文、专著和工作平台等内容。学术论文和专著是辅导员创新意识和研究能力的集中体现，是辅导员对思政工作领域问题的理论总结和高度概括，可根据论文发表期刊的档次和专著字数界定其业绩。平台是指辅导员工作中所搭建的具有思政属性的各种教育类平台，如辅导员工作室、理论宣讲团等。工作平台应按照级别和数量计算相应的业绩。除此之外，教学成果奖、德育成果奖等也应纳入辅导员考核体系，按照奖项等级计算相应业绩。业务技能主要考核辅导员参加职业能力大赛的获奖情况。辅导员职业能力大赛包含了职业知识测试、案例研讨和谈心谈话等环节，能够反映辅导员掌握学生教育理念、方法和技能的实际情况，故以辅导员职业能力大赛的结果来评价辅导员的业务素质与技能相对比较客观。高校可根据国家及省里的竞赛要求合理安排校级辅导员职业能力大赛，并不断将其规范化和制度化，将此作为辅导员职业能力提升的重要抓手。

最后，评价维度主要考核辅导员的组织评价和学生评价。组织评价是指学校及外部组织给予辅导员个人整体性的或局部性的评价，主要包括辅导员个人荣誉和参加竞赛获奖 2 个方面。前者诸如优秀辅导员、优秀共产党员、辅导员年度人物等，后者诸如参加辅导员职业能力大赛、辅导员工作案例大赛、辅导员理论宣讲比赛、辅导员网络写作大赛等的获奖情况。这些均可根据荣誉或奖项颁发单位的级别按规定计算业绩得分。学生评价主要是指辅导员所带班级学生对辅导员的年终满意度评价，可采用李克特五级量表方式，由学生逐项做出判断和选择，最后将定性评价结果定量化处理，计算出辅导员的学生满意度得分，作为辅导员的学生评价业绩分。不论是组织评价还是学生评价，其实都属于外部评价，虽然两者的评价方式不同，但都可以作为推动辅导员不断提升职业能力的重要手段。

二、畅通辅导员双线晋升发展通道

辅导员双线晋升是国家针对高校辅导员群体所制定的一项特殊的职业发展策略。在这项策略背景下，高校辅导员在职业发展上既可以沿着行政管理职级路线晋升，也可以沿着专业技术职务路线晋升。双线晋升制度为辅导员提供了更多的发展机会，有助于激发辅导员的工作热情，稳定辅导员队伍，提高高校学生工作水平。但在现实当中，高校管理岗位有限，辅导员在行政职务晋升上的机会相对较少，同时辅导员在科研方面相对较弱，发表高质量论文难度大，因而辅导员面临行政职务和专业技术职务晋升的双重挑战。

畅通辅导员双线晋升发展通道是辅导员队伍专业化、职业化建设的关键一环。解决路径包括完善行政职务晋升机制，设立独立的辅导员行政职级晋升通道和完善专业技术职务晋升机制，设立单列的思想政治教育学科职称晋升通道两个方面。在职级晋升方面，设立清晰的辅导员行政职务晋升通道，如九级科员—七级正科—副处—正处，或独立的辅导员行政职级晋升通道，如初级辅导员—中级辅导员—高级辅导员。在选拔管理干部时设置一定比例的辅导员系列名额，增加辅导员在管理岗位上的发展机会。以某高校为例,晋升副科级辅导员需要具有本科学历者在专职辅导员岗位连续工作三年以上,或具有硕士学位者在专职辅导员岗位工作一年以上。晋升正科级辅导员,需要具有本科学历或硕士学位者任副科级专职辅导员两年以上。具有博士学位者在专职辅导员岗位工作一年以上,可直接申请晋升正科级辅导员。在职称晋升方面,设立单列的思政系列教学晋升路径,包括助教—讲师—副教授—教授等,制定独立的辅导员科研成果评价标准,降低发表高质量论文的要求,同时注重辅导员的实际工作成效和育人成果。辅导员高级职称比例按照不低于专业教师平均数单独设置,鼓励辅导员在专业技术上有所建树。

高校在完成辅导员双线晋升制度框架的建构之后,还应为辅导员提供发展机会与资源支持。首先,可通过对辅导员工作模块化改革,减轻辅导员带班工作量,为辅导员提供更多承担学院相关工作的机会,如学生工作、招生就业、心理咨询、党团建设、校园文化建设等,让他们在模块化工作的专项实践中锻炼自己的能力。其次,制定完善的辅导员职业发展培训体系,包括心理咨询技能、职业规划与定位、人际沟通与社交技巧、创新创业等方面的专项培训,促进辅导员往专业化、职业化方向发展,提高辅导员的专业素养和职业能力。最后,支持创建辅导员工作室、心理咨询工作室等各类辅导员工作平台,并配备相应的资源和条件,促进辅导员之间的学术交流与对外合作,鼓励辅导员参加学术会议、发表教育论文、参与课题研究等,为辅导员提供展示自己才华的机会。

高校还应加强对辅导员的跟踪管理和评估,构建有效的双线晋升激励机制。首先,要设立双线晋升工作领导小组,明确小组工作职责,加强对双线晋升工作的组织和协调。通过定期对辅导员的工作业绩进行跟踪和评估,及时发现问题并提出相应的改进措施。其次,要建立针对辅导员的专项评优评奖制度,表彰在工作中表现突出的辅导员,激发他们的工作热情。评优评奖不局限于优秀辅导员、优秀共产党员等综合性荣誉奖励,还可以根据辅导员的工作特点设置得更加多样化,如科研之星、事务管理之星、就业创业之星等。最后,结合辅导员工作评价指标体系和评优评奖制度,优化辅导员薪酬待遇管理办法。辅导员的薪酬待遇要与其工作业绩和贡献相挂钩,确保辅导员的付出得到应有的回报。在职称评审时更应将辅导员的工作实绩和教育成果作为重点考量内容，充分发挥成果的价值导向作用。

三、强化对辅导员开展科学研究的引导支持

科学研究是辅导员职业功能的重要组成部分，对辅导员其他维度职业功能的发展具有引领和促进的作用。通过科学研究，辅导员能够更深入地学习和理解心理学、教育学、社会学等相关学科的理论知识，增强专业基础，掌握前沿动态，提升解决实际问题的能力。同时，科学研究还有助于提升辅导员的教育素养，增强其职业认同，为其在学术机构、教育机构等领域拓展职业发展路径。总体而言，辅导员开展学术研究对其职业能力的促进是全方位的，但由于职责定位、学科背景等方面的限制以及培训发展支持的不足，高校辅导员的学术研究能力普遍偏弱，一定程度上影响了其双线晋升的职业发展路径选择。作为高校，应鼓励和支持辅导员积极参与学术研究，并为他们提供必要的支持和保障。

首先，高校要坚持辅导员工作模块化改革，引导辅导员尽早确立研究方向。当前，高校对辅导员的管理模式主要有两种，一种是辅导员以带班为主，每人带 200 名左右学生，扮演的是传统班主任的角色；另外一种是辅导员减少带班数量，同时分管某一模块的工作，如职业规划、心理辅导、团学社工作、创新创业等。显然，模块化工作将工作内容划分为若干个独立设计、具有独立功能的子系统，这些子系统有着特定的工作目标和方法，可以独立进行研究和探索，从而使得辅导员工作内容更加聚焦、工作重点更加突出、研究方向更加明确。高校辅导员可以在工作中更深入地了解实际问题，围绕实际问题开展学术研究，并将研究成果反哺于实践，继而改进实践。辅导员工作的模块化改革对辅导员专业化、职业化发展具有重要的现实意义，它既能帮助辅导员提升在某一领域的职业能力，也能有效引导辅导员聚焦研究方向，围绕特定领域产出系列成果，向着高级辅导员的方向不断前进。

其次，高校应根据辅导员工作模块的特征，制订形式多样的学术训练计划。由于辅导员不同工作模块的工作内容及属性存在区别，开展学术

研究所采用的理论与方法也势必会存在差异,因而对辅导员队伍的科学研究能力培养不能一刀切,而是要根据不同模块群体的特征走精准化培养路线。可以先由辅导员根据自身的学科背景、工作特点和个人发展意愿,提出个性化的学术训练需求。然后由高校按模块整合全体辅导员的学术训练需求,设立初级、中级和高级 3 个不同层次的学术训练课程,明确不同模块、不同层次在培训内容、学习方式、学时等方面的目标要求。再根据不同类别的差异性特点提供个性化的学术训练服务,内容可涵盖高等教育背景知识、模块学科知识、心理学知识、沟通技巧以及学习与研究能力等方面。例如,针对职业规划与就业指导模块辅导员,重点培训国家就业相关政策、职业咨询、职业生涯规划、人力资源管理和职业素质测评的相关理论以及科学研究方法、学术论文结构及撰写规范等方面的知识或技能。培训可综合采用多种方式,根据实际情况按计划执行。例如,邀请资深辅导员或相关专家进校办讲座或研讨会;派送辅导员外出参加学术会议、研讨交流、短期培训班等外部培训;搭建学术交流平台,组织辅导员开展学术研讨会、经验分享会等。

最后,高校应构建辅导员科研激励机制,厚植辅导员学术发展院校环境。科学研究是一个不断提出问题和解决问题的复杂过程,辅导员学术研究能力的养成并非一朝一夕就能完成,需要辅导员日积月累、持之以恒,不断克服各种困难和挑战。再加上科研成果产出本身具有滞后性和不确定性的特点,亟须高校构建有效的外部激励机制,营造良好的学术发展环境,以推动辅导员持续开展学术研究。高校可结合辅导员工作实际,从薪酬、晋升和荣誉 3 个方面构建完善辅导员科研激励机制。薪酬激励方面,可灵活运用校友基金、培训创收等经费,设立科研津贴和奖金,对取得优秀科研成果的辅导员给予额外的经济奖励。晋升激励方面,可将科研成果作为辅导员晋升的重要评价指标,对于在科研方面表现突出的辅导员,给予优先晋升的机会,扩大其职业发展空间。荣誉激励方面,增加辅导员从事科学研究的荣誉供给,增设辅导员科研新秀、辅导员学术之星等多种类型的荣誉称号。每两年召开一次全校辅导员学术评价会议进行表彰,尤其是对取得重大科研成果的辅导员,要给予特别隆重的表彰,以对其他辅导员起到良好的示范引领作用,增强广大辅导员的学术荣誉感和归属感。

第三节 辅导员个人层面职业能力培养优化策略

一、加强辅导员职业生涯规划设计

职业生涯规划是个体为实现自己的职业目标而制订一系列计划、做出决策，并付诸行动的过程，也是个体基于对个人兴趣、能力、价值观以及外部职业环境的深入分析，选择最适合自己职业发展道路的过程。科学合理的职业生涯规划，可以帮助规划者更好地实现职业理想和人生价值。当前，由于高校辅导员双线晋升发展制度的规范性和引领性不足，辅导员对个人职业发展普遍感到迷惘和焦虑，大量辅导员在职业发展过程中遭遇双线晋升悖论，无奈选择挣扎或者"躺平"。造成这一现象的原因有两个方面，一方面是高校相关制度设计不完善，缺少对辅导员职业发展的有效引导。另一方面则是辅导员职业生涯规划不清晰，缺少对职业发展路径的合理安排。机会总是留给有准备的人，极少数有清晰规划的辅导员按照计划行动，依然可以乘风破浪、崭露头角，而缺少职业规划的辅导员却千篇一律地沉陷于琐碎的事务性工作，职业能力得不到提升，职业发展也看不到希望。可以说，在外部环境不变的情况下，辅导员对个人职业生涯规划的重视程度和设计规划能力成为其在职业发展中占得先机的关键因素。

首先，高校辅导员要开展全面的自我评估，明确个人职业发展定位。自我评估是辅导员对自己的性格、兴趣、能力、价值观、动机以及优缺点进行全面了解和认识的过程，旨在回答"我是谁""我擅长什么""我喜欢什么"以及"我追求什么"4个基本问题。自我评估的过程正是辅导员洞悉个人胜任特征的过程。由于胜任特征会影响到工作绩效进而影响到职业发展目标选择，因此自我评估是辅导员明确个人职业定位的基础和前提。辅导员只有通过自我评估形成清晰的自我认知，才能科学合理地进行职业定位,明确辅导员职业生涯的发展方向和目标。在双线晋升政策背景下,辅导员在入职后需要尽快完成思考,自己究竟想要在辅导员岗位上实现什么样的职业目标,是成为专业的心理咨询师、职业规划师,还是在教育管理领域有所建树。当然,这两者之间并不冲突,有时候还可以相互补充、相互促进,关键看辅导员个人的职业规划能力和实践转化水平。一般而言,辅导员可以根据自我评估结果,选择与个人兴趣、能力和价值观相匹配的方向作为职业发展首要定位。例如,个人专业基础好,学习能力强,又喜欢钻研和文字创作,可以优先选择职称晋升通道。如果个人组织管理和人际沟通能力强,且性格外倾和宜人,可以优先选择职级晋升通道。如果辅导员个人素质非常全面,选择两条道路同时进行也未尝不可。只是职级的晋升不确定性因素更多,需要结合学校整体环境权衡考虑。

其次,要设定阶段性的发展目标,制订详细的行动计划。高校辅导员职业目标的达成建立在系列阶段性目标完成的基础之上,它是一个典型的从量变到质变的发展过程。正所谓不积跬步无以至千里,无论辅导员确立怎样的职业发展定位,都需要以阶段性发展目标为支撑,以详细的行动计划为参照,稳扎稳打,步步为营,才能促逼自身不断迫近职业目标,直至最终实现职业理想。阶段性目标的设定应遵循 SMART 原则,设定的目标要具体、可衡量、可达成、相关性强且时限明确,应包括短期目标、中期目标和长期目标。高校辅导员要根据自身职业发展定位,做出合理的目标规划并制定具体的行动方案。以职称晋升为例,若辅导员的终极职业目标是成为该领域的专家,那么就要想方设法地以最快的速度完成从讲师到副教授再到教授的转变。这里的教授是长期目标,讲师和副教授都是中期目标,当然也属于阶段性目标。辅导员针对每个阶段性目标,首先需要根据所在院校实际,将其分解为具体的目标,包括需要完成的任务、学习的技能、参与的活动、发表的论文、立项的课题等。然后根据目标任务的性质,按时间将其合理分解为短期目标,如将 5 年内发表 4 篇核心期刊论文的任务分解为 1 年至少发表 1 篇的短期目标。有了明确的短期目标后,还需要制订详细的行动计划来支持目标的达成,如接受专项的论文撰写学术训练、参加相应的学术会议、定期定时进行论文撰写等。更进一步的,还可主动搜索学术会议和各类培训的信息,将其作为行动计划的可操作部分，在无形中将行动计划转化为具体的行动方案。

最后，要开展持续的学习与改进，不断优化职业发展路径。职业生涯规划在本质上还是属于一种规划或设计，规划做得再合理，如果缺少行动的支持，那么终究只能停留在思想层面，无法发挥其真正的价值和作用。哪怕有了具体行动，职业生涯也并非完全一帆风顺。例如，核心论文的发表、重要课题的立项，这些既要看个人的努力程度，还要看个人的学术禀赋，甚至还要有一点点运气成分。所以，作为辅导员，在制定了职业生涯规划之后，需要做的就是围绕目标开展持续的学习与改进，不断提升计划的执行能力。例如，不断学习教育学、心理学、社会学等相关知识，提升自己的专业素养和综合能力，并将所学知识应用于实际工作中，解决实际问题，提升自己的实践能力和创新能力；逼迫自己不断加强学术训练，申报各类课题，撰写发表高质量论文，利用社交媒体、博客、专栏等渠道分享自己的经验和见解，与更多人建立联系和互动，树立个人品牌形象，提升自己的社会影响力和知名度等。辅导员围绕职业规划目标持续学习精进的过程正是其职业能力不断获得提升的过程。但无论辅导员如何做出努力，职业生涯的发展依然具有不确定性。因为在辅导员按照规划执行的过程中总会出现各种各样意想不到的因素，进而影响到计划的执行，导致实际跟计划发生偏差，这就需要辅导员及时做出反应，仔细分析偏差产生的原因。如果是自己的主观问题引起的，就通过调适自己的行为来纠正偏差，如果是原先制定的方案的问题，就通过调整局部行动方案来优化职业发展路径。

二、系统提升岗位工作知识与技能

岗位工作知识与技能是个体在特定岗位上所必须掌握的专业性的、特定性的知识和技术能力。它们共同构成了个体在岗位上的核心竞争力，对于提升个人工作效率、实现个人职业发展具有重要意义。结合胜任特征来看，高校辅导员的岗位工作知识主要包括制度性知识和专业性知识，岗位工作技能主要包括人际沟通、组织管理和问题处理等能力。辅导员对岗位工作知识和技能的掌握程度很大程度上决定了辅导员对岗位的胜任程度。根据辅导员胜任特征冰山模型,这些知识和技能属于"水上外显部分",容易了解和测量,也容易通过培训和学习来改变。作为新时代高校辅导员,要重点围绕这几个方面寻求改进,系统提升自己的职业能力,全面打造岗位核心竞争力。

首先,加强岗位工作知识学习,建立完善岗位知识体系。岗位工作知识是辅导员职业能力的基础构成部分,辅导员对相应知识的掌握程度越高,职业技能的训练和提升就更为容易,工作表现往往就更为突出。高校辅导员的岗位工作知识主要包括两个方面,一是对辅导员工作产生影响的各级各类政策、规范等所形成的制度性知识,如国家政策知识、法律法规知识、马克思主义中国化知识和党建理论知识等。二是辅导员岗位自身所内含的各种专业性知识,如心理学知识、人力资源管理知识、教育学知识、传播学知识、网络技术知识、危机管理知识、职业咨询知识、就业指导知识等。显然,这两类知识具有理论性强、涉及面广、更新速度快的特点,且不同类型的知识之间还相互关联,辅导员不但要花费大量的时间去持之以恒地学习、巩固和强化这些知识,还要根据这些知识的特点和关联,努力将它们融合和贯通,建立起完整的岗位知识体系,为职业能力的提升打下坚实的基础。其一,辅导员应紧跟政策动态,积极参与各级教育及人社等部门组织的政策解读、法律法规培训,通过阅读相关书籍、期刊文章和学习在线课程等,不断更新自己的知识库,提升政策敏感度和理论素养。其二,辅导员应主动学习多学科的岗位专业性知识,形成跨学科的知识体系,并将所学专业知识应用于指导具体实践,加深和促进对知识的理解与吸收。

其次,加强岗位工作技能训练,有效提升岗位技能水平。岗位工作技能是辅导员职业能力的核心组成部分,辅导员对相应技能的掌握程度越高,工作表现往往就越突出。高校辅导员的岗位工作技能主要包括三类,一是辅导员的人际沟通技能,尤其是与学生的沟通,如面向学生的理论宣讲、开班会时的口头表达、和学生谈心谈话时的沟通说服、突发事件后的局势驾驭等。二是辅导员的组织管理技能,如选拔任用干部、考核激励学生、组织协调资源、对冲突的管理和处理等。三是辅导员的问题处理技能,如识别问题、分析问题、解决问题等。这三类技能是高校辅导员胜任特征的集中体现，辅导员对这些技能的掌握程度很大程度上决定了其对岗位的胜任程度。作为新时代高校辅导员，要不断加强岗位技能的学习和训练，努力提升岗位技能水平。其一，辅导员要强化实践锻炼，提升人际沟通技能。例如，通过组织班会、座谈会、个别谈心等多种形式，练习并优化口头表达和倾听技巧；采用角色扮演、情景模拟等方式，模拟突发事件处理、危机公关等场景，提升应对复杂局面的能力。其二，辅导员要注重实践反思，提升组织管理技能。例如，将部分学生工作项目化，在计划、组织、领导、协调和控制的过程中锻炼自己的组织协调和管理能力。其三，辅导员要培育问题意识，提升问题处理技能。要注重锻炼自己从日常工作中发现潜在问题的能力，特别是要能及时发现学生思想动态、心理健康等方面的问题，善于运用批判性思维，对问题进行深入剖析，制定切实可行的解决方案。

最后，强化知识与技能检验，努力提升岗位工作绩效。岗位工作知识和技能是辅导员胜任特征的冰山"水上外显部分"，它们按一定的方式结合在一起，共同影响着高校辅导员的工作绩效表现。从辅导员胜任特征模型来看，知识和技能对辅导员工作绩效的影响虽然直接和强烈，但其作用的发挥受到冰山水下诸多隐性要素的制约，呈现出多种不确定性。例如，一个辅导员具有完备的岗位工作知识，也掌握了相应的工作技能，但对工作缺乏主动性，态度不够端正，那最终的工作绩效情况如何可想而知。可见，辅导员的人格特质和职业动机会深刻影响到辅导员的知识和技能在实际工作中的作用发挥。作为新时代高校辅导员，既要努力掌握岗位工作知识和技能，更要积极主动地将知识和技能应用于具体工作实践，在实践中不断强化对知识和技能的检验，努力提升岗位工作绩效。其一，辅导员要以知识和技能立身，利用所学知识与技能有效地教育和引导学生，帮助学生做好成长规划，获得学生的认可和支持，成为学生的人生导师。其二，辅导员要以知识和技能立信，利用所学知识和技能更好地管理和服务学生，帮助学生解决问题，获得学生的信任和支持，成为学生的知心朋友。其三，辅导员要以知识和技能立威，利用所学知识和技能更好地带领学生取得成绩或荣誉，在学生中树立起个人威信，成为学生竞相追随的领导者。

三、强化理论和实践研究能力训练

理论和实践研究是高校辅导员职业功能的重要组成部分,在高校辅导员职业功能中属于最高层次,对辅导员其他维度的职业功能具有先导性和引领性的作用。辅导员开展理论和实践研究,可以引领其他维度提质增效,促进辅导员岗位知识和技能的创造、消化与吸收,同时也是支持其完成职称晋升,向着高级辅导员发展目标不断前进的关键举措。当前我国高校辅导员普遍存在学科背景差异大、学术研究能力偏弱的问题,由此带来的最直接后果是辅导员学术产出困难,工作重复难有创新,深陷事务性工作而无法自拔。所谓万事开头难,开展理论和实践研究更是如此。高校辅导员要想完成从初级到高级的跃迁,就必须不断增进学术意识,培养学术思维,强化科学研究学术训练,并围绕工作当中的问题持续开展深入的研究,力争形成一批具有影响力和推广价值的研究成果。

首先,要树立科研兴业理念,全面增进学术知识和技能。科研是高校辅导员的软肋,众多高校辅导员谈科研色变,尤其是高职院校的辅导员。究其原因,主要是辅导员在高校普遍缺少学科支持,没有形成良好的群体科研氛围,多数辅导员参加工作前从未涉足过课题申报和核心论文撰写与发表等科研任务,因而,对辅导员为什么要做科研、如何做科研等问题的认知是极为模糊的。对科研重要性认知的不足势必会影响到辅导员在科研上的投入进而影响到其对学术知识和技能的获取。作为新时代高校辅导员,必须彻底转变观念,提升对科研的认知。一是要对科研的价值有充分的认知,不断提升自己的科研意识。要意识到,科研不仅可以让自己的系统思维、逻辑思维、批判思维和创新思维等得到强化,有效提升个人的认知水平,助推个人往最高的"创造"层次方向发展。同时,科研还是自己在高等教育领域安身立命的根本,是充分发挥党员先锋模范作用的需要,是自己作为高校教师区别于其他类型学校教师的根本所在。二是要树立科研兴业的理念,充分认识到科研对于提升工作科学性、系统性以及促进个人职业发展的重要性。要通过个人自学和参与培训相结合的方式,系统学习科学研究的基本理论、方法和技术,包括文献检索、数据分析、项目申请书和论文撰写等,不断增进学术知识和技能,为开展科研工作打下坚实的基础。

其次,要切实提升问题意识,努力掌握学术研究的精髓。问题是研究的逻辑起点,任何研究都是基于一定的问题而展开的。问题来源有多个方面,对于辅导员而言,问题主要来自学生管理和思想政治教育实践。当辅导员在工作实践中发现了问题后,可以通过文献研究将问题进一步凝练聚焦来确定选题。从问题到选题是一个从实践到理论的转变升华过程。确定了选题,接下来要思考如何破题。此时需要统筹考虑采用什么样的理论、收集什么样的材料和结合什么样的方法3个根本问题。其中,理论是指导,材料是基础,方法是勾连。总的来说,要采用最切合的理论、最有效的方法和最有说服力的材料,运用科学的方法对材料予以加工处理,在材料的加工处理过程中不断分析问题、呈现证据,直至得出最终的研究结论,或者在经验材料收集分析的基础上采用科学的方法构建新的理论,用新构建的理论指导问题的解决。辅导员要以实际工作为载体,发现和聚焦问题、分析和解决问题、反思和拓展问题。要不断加强学习、交流和思考,逐渐养成系统看问题、分析问题和解决问题的能力。在平时做研究或工作的过程中要经常问以下几个问题:研究的问题(工作目标)是什么?分为哪些子问题(子目标)?如何才能破解这些问题(实现这样的目标)?为什么要这样去做,有没有更好的方法?用什么样的理论能够给予指导或通过研究能够构建什么样的理论?最终可得出什么结论(达到什么效果)?当得出了研究结论,形成了系列成果之后应尝试将理论成果反哺于实践,在实践中予以检验并指导实践活动的开展。在反复实践的过程中又会有新的问题产生,需要通过研究加以系统化解决,此时便又回到新的理论研究原点。每发生这样的一次理论和实践穿梭互动的循环,辅导员的思维模式和工作层次便在潜移默化中上升了一个台阶。

最后,要不断强化学术训练,力争产出高质量的研究成果。学术水平的提升是一个复杂而持续的过程,需要辅导员在兴趣、知识、思维、方法、实践、交流、反思和自我超越等方面不断努力和积累。高校辅导员只有经过长时间的磨砺和锻炼,才能逐步提高学术水平,成为优秀的学术研究者。一是辅导员应根据自己的兴趣、专长以及学生工作的实际需要,明确学术研究的方向,包括但不限于思想政治教育、学生发展理论、心理健康教育、就业指导与职业规划等方向。二是辅导员需结合研究方向和工作实际,制订切实可行的研究计划。可根据省社科基金、省教育科学规划等项目申报活页进行设计,明确研究目标、研究内容、研究方法、时间安排等。与此同时,积极参加各类学术研讨会、工作坊、在线课程等,不断吸收新知识、新方法,并邀请同行和专家学者给予指导,听取意见和建议,反复打磨本子,优化项目设计。当然,还可通过合作研究,整合资源,共克难题,提升研究水平。三是辅导员要随时关注国家和学校发布的科研项目信息,结合自身研究方向,积极申报各类科研项目。在完成研究后,要及时整理研究成果,撰写学术论文或研究报告,尝试向高水平的学术期刊和会议投稿,争取发表高质量的研究论文。总体而言,作为新时代高校辅导员,更应该放眼全局,站位高远,关注思想政治教育的最新动向,关注国家的政策导向,追求改革创新的无限可能,努力成就充实而辉煌的学术人生。

参考文献

一、中文著作

[1] 范跃进.新中国成立以来高等教育元政策(1949—2016)[M].北京:中国社会科学出版社,2017.

[2] 教育部思想政治工作司.加强和改进大学生思想政治教育重要文献选编(1978—2014)[M].北京:知识产权出版社,2015.

[3] 教育部思想政治工作司.思想政治教育原理与方法[M].北京:高等教育出版社,2010.

[4] 黄希庭,郑涌.大学生心理健康教育[M].3版.上海:华东师范大学出版社,2020.

[5] 王重鸣.心理学研究方法[M].北京:人民教育出版社,2001.

[6] 林崇德.心理学大辞典(上卷)[M].上海:上海教育出版社,2003.

[7] 饶征,孙波.以KPI为核心的绩效管理[M].北京:中国人民大学出版社,2003.

[8] 刘明耀.辅导员打造个人品牌IP实战指南[M].北京:中国石化出版社,2022.

[9] 冯刚.新时代高校辅导员培训教程[M].北京:人民出版社,2022.

[10] 耿乃国.高校辅导员工作理论与实务[M].2版.北京:北京师范大学出版社,2021.

[11] 夏旭彦.高校辅导员与学生的关系研究[M].北京:中国农业出版社,2024.

[12] 张安然.现代高校管理与辅导员工作理论研究[M].北京:中国书籍出版社,2024.

[13] 赵巧玲.创新·长效:高校辅导员的发展研究[M].北京:中国商业出版社,2022.

[14] 冯刚,钟一彪,王帅.高校辅导员政策发展史论[M].北京:中国社会科学出版社,2023.

[15] 安鸿章.岗位胜任特征原理与应用[M].北京:中国劳动社会保障出版社,2008.

[16] 陈建文.高校辅导员胜任特征的心理学研究[M].武汉:华中科技大学出版社,2014.

[17] 时勘.青年干部的胜任特征模型开发[M].北京:北京师范大学出版社,2018.

[18] 牛端.高校教师胜任特征模型研究[M].广州:中山大学出版社,2009.

[19] 曹志峰.高校教师胜任力与工作绩效关系研究——复合型组织支持的作用机制[M].武汉:武汉大学出版社,2019.

[20] 卢锐军.其实,绩效管理并不难[M].北京:中国石化出版社,2020.

[21] 姜定维,蔡巍.KPI关键绩效指引成功[M].北京:北京大学出版社,2004.

[22] 陈向明.质的研究方法与社会科学研究[M].北京:教育科学出版社,2000.

[23] 李平,曹仰锋.案例研究方法:理论与范例——凯瑟琳·艾森哈特论文集[M].北京:北京大学出版社,2012.

[24] 周三多,陈传明,刘子馨,等.管理学——原理与方法[M].7版.上海:复旦大学出版社,2018.

二、中文期刊

[1] 彭庆红,耿品.新中国成立70年来高校辅导员队伍建设的历史进程、总体趋势与经验启示[J].思想理论教育导刊,2019(8):132-137.

[2] 耿品,彭庆红.新中国成立以来高校辅导员角色的发展演变[J].学校党建与思想教育,2020(3):81-85.

[3] 吴巧慧,王树荫.高校辅导员制度建设的历史进程与基本经验述评[J].思想理论教育导刊,2013(7):128-131.

[4] 陈素权.高校辅导员的角色冲突及其调适[J].思想理论教育,2007(3):86-89.

[5] 罗公利,聂广明,陈刚.从国际比较中看我国高校辅导员的角色定位[J].中国高等教育,2007(7):61-63.

[6] 姜大源.工作、职业和教育若干概念疏释[J].职教发展研究,2022(4):1-11.

［7］李明忠.高校优秀辅导员的群体特征与职业发展——以 2008—2014 年全国高校辅导员年度人物为例［J］.高等教育研究,2016(3):68-79.

［8］金文斌.改革开放 40 年来高校优秀辅导员群体研究述评［J］.高校辅导员学刊,2018(6):16-19,42.

［9］殷蕾.基于场域理论的班级文化育人研究［J］.中国教育学刊,2018(2):64-67.

［10］仲理峰,时勘.胜任特征研究的新进展［J］.南开管理评论,2003(2):4-8.

［11］时勘.基于胜任特征模型的人力资源开发［J］.心理科学进展,2006(4):586-595.

［12］叶茂林,杜瀛.胜任特征研究方法综述［J］.湖南师范大学教育科学学报,2006(4):101-104.

［13］李德方.基于行为事件访谈法的高职院校校长胜任力模型研究［J］.中国高教研究,2015(7):96-101.

［14］漆书清,戴海琦.情景判断测验的性质、功能与开发编制［J］.心理学探新,2003(4):42-46.

［15］王彦辉.基于岗位胜任特征的人员招聘流程设计［J］.人力资源管理,2014(9):200-202.

［16］周卓华.基于胜任特征的结构化面试在招聘中的应用［J］.消费导刊,2009(12):128-129.

［17］田宝,张翠琼.领导干部选拔:从能力取向到胜任特征的转变［J］.领导科学,2010(23):40-41.

［18］殷智红,李宇红.基于胜任特征的连锁店店长培训研究［J］.技术经济与管理研究,2012(7):58-62.

［19］张东娇.基于胜任特征的校长遴选与培训体系［J］.教育研究,2007(1):86-89,96.

［20］俞继凤.高校教学管理人员培训——基于胜任特征的思考［J］.国家教育行政学院学报,2009(5):32-34.

［21］李华,张曾.基于胜任特征的高校中层干部考核体系研究［J］.西南农业大学学报(社会科学版),2010(4):218-220.

［22］蒲宏.基于 PCI 胜任特征模型的高职教师绩效评价体系设计——以成都 G 职业学院为例［J］.职业技术教育,2020(20):60-64.

[23] 吕素香.基于胜任特征的高校辅导员队伍培养问题与对策[J].思想教育研究,2016(7):92-96.

[24] 王帅.中学名校校长胜任特征研究[J].教育学术月刊,2017(7):54-63.

[25] 牛端,张敏强.高校教师胜任特征模型的构建与验证[J].心理科学,2012(5):1240-1246.

[26] 石学云.我国特殊教育教师胜任特征模型研究[J].教育研究,2015(4):79-85,103.

[27] 王智,张大均.学校心理健康教育教师胜任特征结构及测量[J].心理科学,2011(2):481-487.

[28] 肖凌,聂鹰,梁建春.国有银行中层管理人员胜任特征模型[J].经济科学,2006(5):83-89.

[29] 王桢,苏景宽,罗正学,等.临床医学学科带头人胜任特征模型建构——量化与质化结合的方法[J].管理评论,2011(5):70-77.

[30] 谷丽,阎慰椿,丁堃.专利质量视角的专利代理人胜任特征模型研究[J].科研管理,2018(12):179-188.

[31] 邱芬,姚家新.我国专业教练员胜任特征模型、评价量表的建立及测评研究[J].体育科学,2009(4):17-26.

[32] 杨继平,顾倩.大学辅导员胜任力的初步研究[J].山西大学学报(哲学社会科学版),2004(6):56-58.

[33] 郝英杰.高校辅导员胜任力建模研究[J].国家教育行政学院学报,2007(6):22-25,49.

[34] 陈建文,汪祝华.高校辅导员胜任特征结构模型的实证研究[J].高等教育研究,2009(1):84-89.

[35] 陈岩松.高校辅导员胜任力模型构建:一项实证研究[J].高等教育研究,2010(4):84-89.

[36] 吕云超.基于"冰山模型"的高校辅导员胜任力培养[J].高校辅导员学刊,2011(5):4-7.

[37] 毛霞.高校辅导员胜任力特征构成及培养对策研究[J].思想教育研究,2014(1):102-104.

[38] 葛卫华.辅导员岗位胜任力模型构建的实证研究——以上海高校辅导员为例[J].思想理论教育,2016(7):103-106.

[39] 孙莉玲,江莉莉.高校辅导员胜任力模型建构——基于"全国高校辅导员年度人物"事迹的数据分析[J].高校辅导员,2016(6):24-28.

[40] 吴立爽,熊启,刘鹏.高校辅导员胜任力模型构建研究[J].宁波大学学报(教育科学版),2018(1):82-85.

[41] 张哲.叙事探究:重构高校辅导员身份认同的有效方式[J].高校辅导员学刊,2023(2):28-31,97.

[42] 廖建桥,石薇,陈诚.我国专业技术人员与管理人员胜任特征差别研究[J].科学学与科学技术管理,2010(11):189-193.

[43] 陈滢.关键绩效指标与企业绩效管理[J].商场现代化,2018(12):78-79.

[44] 刘彩华,王春柳,高晶.关键绩效指标法与模糊综合评价法的综合应用[J].集体经济,2010(19):77-78.

[45] 韩锋,吴雷鸣.关键绩效指标法(KPI)在高校辅导员绩效管理应用性分析[J].科技与管理,2011(2):131-134.

[46] 温素彬,郭昱兵.关键绩效指标法:解读与应用案例[J].会计之友,2020(19):148-153.

[47] 李元元,王光彦,邱学青,等.高等学校教师绩效评价指标研究[J].高等教育研究,2007(7):59-65.

[48] 韩小林,马瑞敏,吴文清,等.基于分类分型的高校教师绩效评价研究[J].重庆大学学报(社会科学版),2014(1):114-119.

[49] 张有绪,陈伟.高校教师绩效考核体系的构建研究[J].经济研究参考,2014(5):77-79.

[50] 王仁高,张水玲,张恩盈.高校教师绩效分类评价体系研究——以青岛农业大学为例[J].青岛农业大学学报(社会科学版),2019(2):57-61.

[51] 龙粲妍.应用型本科高校教师绩效考核体系改善方法分析[J].现代交际,2019(17):145-146.

[52] 张建营.应用型本科高校教师绩效考核体系重构[J].机械职业教育,2023(6):31-35.

[53] 汪琼.对高校行政管理人员绩效考核的几点思考[J].科技进步与对策,2003(S1):174-175.

[54] 陈博.论高校行政管理人员绩效评价体系的构建[J].湘潭师范学院学报(社会科学版),2005(5):164-166.

[55] 刘兵,郭然.高校行政管理人员绩效管理研究[J].黑龙江教育(高教研究与评估),2006(6):17-19.

[56] 苏秋斌,殷姿.基于经验和波士顿矩阵分析法的高校行政管理人员绩效评价模型[J].广东技术师范学院学报,2007(10):61-64.

[57] 杨军.基于平衡记分卡的高校行政管理人员绩效考核指标体系[J].现代教育管理,2010(12):71-73.

[58] 李昱.高校行政管理人员绩效考核指标体系设计[J].南昌教育学院学报,2013(10):50-51.

[59] 胡建玲.教学型高校行政管理人员绩效考核指标体系构建——以山西省为例[J].高校后勤研究,2015(4):53-55

[60] 鲍传友,毛亚庆,赵德成.高校行政管理干部绩效考核指标体系的构建——基于 A 大学的案例研究[J].国家教育行政学院学报,2010(6):67-72.

[61] 陈露明.我国高校行政人员绩效评价指标体系研究[J].湖州师范学院学报,2019(10):107-111.

[62] 孙涛,郑秋鹏,王炜,等.BSC＋KPI 视域下高校教师绩效考核体系构建——基于德尔菲法和层次分析法的应用[J].中国高校科技,2020(6):21-26.

[63] 王登峰,苏彦捷,崔红,等.工作绩效的结构及其与胜任特征的关系[J].心理科学,2007(4):770-773.

[64] 金杨华,陈卫旗,王重鸣.管理胜任特征与工作绩效关系研究[J].心理科学,2004(6):1349-1351.

[65] 李中国.科学课教师胜任特征与工作绩效关系研究[J].教育研究,2012(8):120-126.

[66] 贾建锋,王露,闫佳祺,等.研究型大学教师胜任特征与工作绩效——人力资源管理强度的调节效应[J].软科学,2016(11):105-108.

[67] 卜宪贵.中国拳击教研员胜任特征及其与工作绩效关系研究[J].山东体育学院学报,2018(2):102-106.

[68] 陈向明,王富伟.高等学校辅导员双线晋升悖论——一项基于扎根理论的研究[J].教育研究,2021(2):80-96.

[69] 杨长亮,王鑫.背景·实景·前景:高校辅导员"两双"政策的演化逻辑[J].高校辅导员学刊,2024(2):7-11,95.

[70] 李庚.新时代高校辅导员队伍职业化、专业化、专家化建设论析[J].思想理论教育,2023(12):106-111.

[71] 唐知然.高校辅导员数字胜任特征的价值意蕴与提升方略[J].思想理论教育,2023(12):100-105.

[72] 路成浩.新时代高校辅导员队伍建设高质量发展困境与突破[J].学校党建与思想教育,2023(17):80-83.

[73] 张阳,翁伟斌."三全育人"视域下高校辅导员职能的泛化与回归[J].教育理论与实践,2024(09):51-55.

[74] 康易赟,周丙洋.高职院校辅导员队伍建设的时代要求、现实挑战与突破路径[J].教育与职业,2024(2):85-89.

[75] 张婧宁,柏路.党的十八大以来高校辅导员队伍建设的经验与展望[J].高校辅导员学刊,2023(5):14-18,95-96.

[76] 沈爱玲,赵贵臣.高校辅导员谈心谈话的育人价值及实践路径研究[J].现代教育科学,2023(6):75-80.

[77] 李树学,龚超.新时代高校辅导员职业能力建设的政策环境研究[J].学校党建与思想教育,2024(1):75-78.

[78] 江宇辉.新时代高校辅导员发展支持体系:构建框架、治理机制与创新进路[J].中国高等教育,2023(22):54-57.

[79] 李建伟."大思政"视域下的高校辅导员角色探析[J].国家教育行政学院学报,2017(5):51-57.

[80] 肖涵,戴静雅.新时代高校辅导员角色认知及履职理念[J].学校党建与思想教育,2018(12):87-88.

[81] 冯培.高校辅导员新时代角色定位的再认知[J].思想政治教育,2019(5):99-102.

[82] 魏金明."三全育人"背景下高校辅导员新使命与角色定位[J].思想理论教育,2020(2):96-99.

三、学位论文

[1] 周阳.TF学院行政人员绩效考核体系研究[D].成都:西南石油大学,2015.

［2］解强.Y高校行政人员绩效考核体系优化研究［D］.延安:延安大学,2021.

［3］李欣.中小学体育教师胜任特征模型的构建与检验［D］.武汉:华中师范大学,2013.

［4］韩翼.雇员工作绩效结构模型构建与实证研究［D］.武汉:华中科技大学,2008.

四、外文文献

［1］Sandberg J. Understanding Human Competence at Work:An Interpretative Approach［J］. Academy of Management Journal,2000(1):9-25.

［2］McClelland D C. Testing for Competence rather than for Intelligence ［J］. American Psychologist,1973(28):1-14.

［3］Spencer L M,Spencer S M. Competence at Work:Models for Superior Performance［M］.New York:John Wiley & Sons,Inc.,1993.

［4］Mehl M R,Gosling S D,Pennebaker J W. Personality in its Natural Habitat:Manifestations and Implicit Folk Theories of Personality in Daily Life［J］. Journal of Personality and Social Psychology,2006(5):862-877.

五、其他

［1］中央人民政府教育部.关于全国工学院调整方案的报告［N］.人民日报,1952-04-16(1).

［2］教育部.教育部关于印发《高等学校辅导员职业能力标准(暂行)》的通知［EB/OL］.(2014-03-27)［2023-08-05］. http://www. moe. gov. cn/srcsite/A12/s7060/201403/t20140327_167113. html.

［3］教育部.2021年全国教育事业发展统计公报［EB/OL］.(2022-09-14)［2024-04-01］. http://www. moe. gov. cn/jyb_sjzl/sjzl_fztjgb/202209/t20220914_660850. html.

［4］教育部办公厅.教育部办公厅关于开展第十三届"高校辅导员年度人物"暨2021年"最美高校辅导员"推选展示活动的通知［EB/OL］.(2021-07-19)［2023-08-01］. http://www. moe. gov. cn/srcsite/A12/moe_1407/s3017/202107/t20210728_547448. html.

［5］教育部.教育部关于加强高等学校辅导员班主任队伍建设的意见［EB/
OL］.（2005-01-13）［2023-07-04］. http：//www. moe. gov. cn/srcsite/
A12/moe_1407/s3017/200501/t20050113_76797. html.

［6］教育部.普通高等学校辅导员队伍建设规定［EB/OL］.（2006-07-23）
［2023-07-04］. http：//www. moe. gov. cn/srcsite/A02/s5911/moe_
621/200607/t20060723_81843. html.

［7］中共教育部党组.中共教育部党组关于印发《普通高等学校辅导员培训
规划（2013—2017 年）》的通知［EB/OL］.（2013-05-03）［2023-07-05］.
http：//www. moe. gov. cn/srcsite/A12/moe _ 1407/s3017/201305/
t20130506_151815. html.

［8］教育部.教育部关于印发《高等学校辅导员职业能力标准（暂行）》的通知
［EB/OL］.（2014-03-25）［2023-07-05］. http：//www. moe. gov. cn/
srcsite/A12/s7060/201403/t20140327_167113. html.

［9］中共中央，国务院.关于加强和改进新形势下高校思想政治工作的意见
［EB/OL］.（2017-02-27）［2023-07-05］. https：//www. gov. cn/zhengce/
2017-02/27/content_5182502. htm.

［10］教育部.普通高等学校辅导员队伍建设规定［EB/OL］.（2017-09-29）
［2023-07-05］. http：//www. moe. gov. cn/srcsite/A02/s5911/moe_
621/201709/t20170929_315781. html.

［11］教育部等八部门.教育部等八部门关于加快构建高校思想政治工作体
系的意见［EB/OL］.（2020-04-22）［2023-07-05］. http：//www. moe.
gov. cn/srcsite/A12/moe_1407/s253/202005/t20200511_452697. html.

后　记

　　本书获得金华职业技术大学专著出版基金的资助，是 2020 年度浙江省哲学社会科学规划课题(20NDJC342YBM)"新时代高校辅导员的胜任特征与职业发展培养研究"的最终成果。落笔至此，意味着该课题的研究基本告一段落。五年的时光如白驹过隙，世事如白云苍狗。在本书的创作过程中，世界百年未有之大变局加速演进，让人不禁感慨这世间唯一不变的就是"变"，而我们唯一能做的就是主动去顺应这种"变"，或许"变"才是最大的"不变"。这也正是本书对新时代语境下高校辅导员的胜任特征和职业发展问题进行讨论的意义所在。

　　我国历来重视高校辅导员队伍建设，先后出台了一系列制度以推动高校辅导员队伍健康有序发展。2005 年，为贯彻落实中共中央、国务院下发的《关于进一步加强和改进大学生思想政治教育的意见》精神，教育部印发了《关于加强高等学校辅导员班主任队伍建设的意见》，要求各高校总体上按 1∶200 的比例科学合理地配备足够数量的辅导员，于是高校辅导员队伍迎来了规模的快速扩张期。也正是在这一年，我有幸进入高校成了一名高校辅导员。在担任辅导员的近 20 年时间里，我深感辅导员工作使命光荣、责任重大，只有不断加强学习，以"不变"应"万变"，才能胜任这项工作。在此，我要感谢我的偶像曲建武老师。曲老师辞官从教、一心为生，其硕果累累的感人事迹犹如万丈光芒，一直激励着我前进。

　　本书的创作过程遇到了太多的不可控因素。我要感谢给予我无私帮助的所有领导、老师和辅导员同仁。没有他们的支持，我就无法获取翔实的资料，不能深入了解高校辅导员队伍建设的实然状态，我的课题研究也就很难顺利完成。有的老师在晚上、周末甚至重要节假日都在接受访谈，在此深表感谢,由于需要严格遵守研究的伦理道德规范,在此不再一一列出他们的姓名。同时,我也要感谢浙江省现代职业教育研究中心的邵建东主任对书稿出版问题的关心,他给了我很多非常好的意见和建议。感谢浙江大学出版社吴伟伟、刘婧雯等编辑为完善本书提出的中肯意见。

由于笔者学识水平有限,书中难免有疏漏或不足之处,敬请各位专家和读者批评指正。

俞慧刚

2024 年 11 月 19 日